pfeiffer
bei Klett-Cotta

Zu diesem Buch

Der Band bietet einen ausführlichen und kritischen Überblick über den derzeitigen Stand der psychotraumatologischen Forschung: Erscheinungsbild traumabedingter Störungen, epidemiologische Daten, Erklärungsmodelle, Therapieansätze und deren Wirksamkeit. Es richtet sich an Studenten und Wissenschaftler, aber auch an interessierte Praktiker im psychosozialen Arbeitsfeld, indem es aufzeigt, welche Ergebnisse der Psychotraumatologie für sie unmittelbare praktische Relevanz aufweisen.
Deutlich wird – wie auch im Band »Leben nach dem Trauma« gezeigt wurde –, dass durch klinische Diagnosemanuale der Blick auf kreative Lösungsversuche des Patienten verstellt werden kann. Es wird aber auch sichtbar, wo die Traumabewältigung destruktiv werden kann und alle Lebensbereiche beeinträchtigt.

Willi Butollo, Dr. phil., ist Professor für Klinische Psychologie und Psychotherapie am Institut für Psychologie an der Ludwig-Maximilians-Universität, München. Zahlreiche Veröffentlichungen, u. a. zur Integration von Verhaltens- und Gestalttherapie und zu Posttraumatischen und Angst-Störungen.
Maria Hagl und *Marion Krüsmann*, Diplom-Psychologinnen, sind wissenschaftliche Mitarbeiterinnen am gleichen Institut.

Willi Butollo
Maria Hagl
Marion Krüsmann

Kreativität und Destruktion posttraumatischer Bewältigung

Forschungsergebnisse und Thesen zum Leben nach dem Trauma

Pfeiffer bei Klett-Cotta

Leben lernen 132

Pfeiffer bei Klett-Cotta

Printed in Germany
Umschlag: Michael Berwanger, München
Titelbild: René Magritte, »Le confort de l'esprit«

Satz: G. J. Manz AG, Dillingen
Auf holz- und säurefreiem Werkdruckpapier gedruckt
und gebunden von Gutmann und Co., Talheim

Die Deutsche Bibliothek – CIP-Einheitsaufnahme

Butollo, Willi:
Kreativität und Destruktion posttraumatischer Bewältigung : Forschungsergebnisse und Thesen zum Leben nach dem Trauma / Willi Butollo ; Maria Hagl ; Marion Krüsmann. – Stuttgart : Pfeiffer bei Klett-Cotta, 1999
(Reihe leben lernen ; 132)
ISBN 3-608-89678-3

Inhalt

Dank 9

Einleitung 11

Teil 1:
Die Posttraumatische Belastungsstörung:
Von der Normalität extremer Reaktionen auf
abnorme Ereignisse 13

Kapitel 1:
Zyklen der Entdeckung und Unterdrückung:
Die Entwicklung der Traumaforschung 17

Kapitel 2:
Phänomenologie traumatischer Stressreaktionen I:
Akute und Posttraumatische Belastungsstörung 25

Kapitel 3:
Rolle des Stressors: Unterscheidung verschiedener
Formen der Traumatisierung 38

Kapitel 4:
Phänomenologie traumatischer Stressreaktionen II:
Die Folgen anhaltender Traumatisierung 41

Somatisierung 43

Dissoziation 45

Affektregulation 47

Beziehungsfähigkeit 49
Identität und kognitive Überzeugungen 50
Reviktimisierung 52

Kapitel 5:
Komorbidität: Trauma, PTB und andere psychische Störungen 59

Kapitel 6:
Epidemiologie: Prävalenz und Verlauf posttraumatischer Stressreaktionen 66

Kapitel 7:
Von der Forschung in die Praxis: Zur Relevanz epidemiologischer Daten 75

Teil 2:
Die Trauma-Person-Umwelt-Interaktion: Ätiologiemodelle, Bedingungsfaktoren und Behandlungsansätze 81

Kapitel 8:
Zur Ätiologie traumatischer Störungen: Biologische, lerntheoretische und kognitive Beiträge 86
Biologische Modelle 86
Das Phasenmodell von Horowitz 92
Lerntheoretische Ansätze 96
Netzwerkmodelle zur Informationsverarbeitung 99

Kapitel 9:
Integration: Von verschiedenen Beschreibungsebenen zu einem umfassenden Interaktionsmodell 104

Kapitel 10:
Stressorfaktoren: Was lässt ein Ereignis zur traumatischen Erfahrung werden? 110

Kapitel 11:
Personenfaktoren: Die Rolle der individuellen Bedeutungsgebung 118
Prätraumatische Persönlichkeit 119
Peritraumatisches Erleben 121
Posttraumatische Anpassung 125

Kapitel 12:
Umweltfaktoren: Die Rolle sozialer Unterstützung und des weiteren Lebensumfeldes 134

Kapitel 13:
Vom Ätiologiemodell zum Behandlungsansatz: Zur Relevanz von Erklärungsmodellen und Ursachenforschung 139

Kapitel 14:
Zur Behandlung posttraumatischer Störungen: Die Verarbeitung traumatischer Erinnerungen 143
Kognitiv-behaviorale Therapie 149
Eye Movement Desensitization and Reprocessing 158
Hypnotherapie 165
Zur Wirksamkeit von Interventionen bei posttraumatischen Störungen: Was muss eine gute Traumatherapie beinhalten? 168

Exkurs:
Dilemmata der Therapieforschung bei Traumatisierungen 172

Schluss:
Kreativität und Destruktion posttraumatischer Bewältigung 176
Die mehrphasige integrative Traumatherapie 183
Interventionsmöglichkeiten im Rahmen der mehrphasigen integrativen Traumatherapie 187

Literatur 189

Dank

Wir möchten dem Pfeiffer Verlag und vor allem Frau Dr. Christine Treml für die Möglichkeit danken, auch diesen zweiten Band zu traumabedingten Störungen zu veröffentlichen. Dann natürlich wieder allen Kollegen und Kolleginnen, die uns mit Rat und Tat zur Seite gestanden haben. Und schließlich den Klienten und Klientinnen, die uns gezeigt haben, dass auch dysfunktionale posttraumatische Anpassung – neben traurigen und destruktiven Anteilen – ein gehöriges Maß an Kreativität beinhaltet.

Gewidmet ist dieses Buch Prof. Dr. Ibrahim Tepic, Dekan der Philosophischen Fakultät der Universität Sarajewo, der im November 1997 im Alter von 49 Jahren verstorben ist. Er hat uns durch sein Beispiel gezeigt, wie selbst schwer traumatisierte Menschen Visionen entwickeln und zukunftsbezogene Aufbauarbeit leisten können.

München, im Oktober 1998

Willi Butollo
Maria Hagl
Marion Krüsmann

Einleitung

Posttraumatische Bewältigung hat viele Gesichter. Wir haben von unseren Klienten und Klientinnen gelernt, dass wir jedesmal aufs Neue hinschauen müssen. Dass wir nichts im Voraus wissen können, so viel wir auch bereits in der Praxis erfahren oder gelesen haben mögen an psychotraumatologischer Forschungsliteratur.

Diese phänomenologische Haltung ist Teil unseres humanistischen Therapieverständnisses. Doch gleichzeitig ist psychotherapeutische Praxis ohne Kenntnis der Forschung nicht denkbar. Wir sind es unseren Klienten und Klientinnen schuldig, möglichst viel vom aktuellen Stand der Forschung zu wissen: Welche Reaktionen sind typisch nach traumatischen Erfahrungen, was ist ungewöhnlich? Welche Rolle spielt das Umfeld, welche der Stressor selbst? Welche Persönlichkeitszüge des Individuums können kritisch werden, welche gilt es zu unterstützen?

Und schließlich: Welche Therapie kann helfen?

Dieser vorliegende Band stellt den aktuellen Stand der Forschung zur Psychotraumatologie dar. Er bildet praktisch die Grundlage für unsere eigene integrative Therapie traumatisierter Personen, die auf gestalttherapeutischen und lernpsychologischen Konzepten der traumabedingten Störungen basiert, wie wir es im vorausgehenden Band »Leben nach dem Trauma. Über den Umgang mit dem Entsetzen« (Butollo, Krüsmann & Hagl, 1998) dargelegt haben.

Dieses Buch richtet sich damit insbesondere an praktisch Tätige, aber darüber hinaus an alle, die ein vertieftes Verständnis der Erscheinungsweisen posttraumatischer Anpassung erhalten möchten.

Es besteht aus zwei Teilen: Teil I befaßt sich mit dem Erscheinungsbild posttraumatischer Störungen, beschreibt die damit verbundenen Diagnosen und die derzeitigen Erkenntnisse zur Epidemiologie. Teil II befasst sich mit der komplizierten Interaktion zwischen dem Individuum und seiner Umwelt und stellt dabei die wichtigsten ätiologischen Erklärungsansätze und Bedingungsfaktoren posttraumatischer Anpassung dar.

Schließlich beschreiben wir heutige Therapieansätze und deren Wirksamkeit in der Behandlung traumabedingter Störungen.

Teil 1

Die Posttraumatische Belastungsstörung: Von der Normalität extremer Reaktionen auf abnorme Ereignisse

In der therapeutischen Praxis begegnen wir naturgemäß sehr häufig Menschen, die Schlimmes im Leben erfahren haben. Nicht immer stehen solche Erfahrungen im Vordergrund oder stellen die Auslöser dar, weswegen jemand in Therapie kommt. Vielleicht wurde dieser Teil des Lebens ohne therapeutische Hilfe bewältigt. Manchmal ist es aber auch so, dass solche Erfahrungen bleibende Beeinträchtigungen zurückgelassen haben, die ganze Lebensbereiche überschatten. Dies wird nicht immer gleich zu Beginn einer Therapie deutlich. Manchmal verdecken klar sichtbare aktuelle Problematiken, wie z. B. Sucht oder schwere Depression, andere Problematiken, die dem Klienten oder der Klientin schon zur zweiten Natur geworden sind, weil sie so lange bestehen. Oder die Klienten halten diese Information zurück, wollen sie wegen zu großer Scham nicht schildern.

Durch die zunehmende gesellschaftliche Aufmerksamkeit bezüglich der Folgen von Katastrophen und Unglücken gibt es aber auch eine wachsende Zahl von Klienten, die primär wegen einer solchen potentiell traumatisierenden Erfahrung in die Praxis kommen, oft in einem akuten Notzustand.

Unsere Aufgabe ist es, kurzfristige *und* langfristige Stressreaktionen als Folge traumatisierender Ereignisse zu erkennen. Der erste Teil dieses Buches soll dabei helfen, die Posttraumatische Belastungsstörung und andere traumabedingte Störungen zu identifizieren.

Die Posttraumatische Belastungsstörung (PTB) ist definiert als »die Entwicklung charakteristischer Symptome nach der Konfrontation mit einem extrem traumatischen Ereignis« (APA, 1994; deutsch: 1996, S. 487). Ihre charakteristischen Symptome sind

1) Formen des Wiedererlebens des Ereignisses, z. B. in wiederkehrenden Alpträumen oder in ungebetenen eindringlichen Erinnerungen; dann

2) Versuche, die Erinnerung an das Ereignis und die Beschäftigung damit zu vermeiden, indem z. B. bestimmte Personen oder Situationen umgangen werden; außerdem auch eine insgesamt verminderte emotionale Ansprechbarkeit, ein emotionales Abstumpfen; schließlich
3) eine permanente Übererregung, die sich z. B. in Konzentrationsschwierigkeiten, erhöhter Reizbarkeit oder übertriebener Wachsamkeit zeigt.
Dies sind verkürzt dargestellt die Kriterien für eine »offizielle« Diagnose der Posttraumatischen Belastungsstörung. Dabei gilt aber: Grundsätzlich gibt es so viele Arten, eine traumatische Erfahrung zu bewältigen, wie es unterschiedliche Menschen gibt. Wir möchten in diesem Teil zunächst den derzeitigen Wissensstand zur Epidemiologie und Phänomenologie der posttraumatischen Stressreaktionen darstellen und kritisch beleuchten.
Nach einem kurzem Ausflug in die Geschichte der Traumaforschung werden dazu Syndrome und Störungsmuster vorgestellt bzw. die Diagnosen, wie sie heute vergeben werden, wie oft sie gestellt werden und welche Zusatzdiagnosen nötig sein können. Bei den Zahlen zur Prävalenz zeigt sich bereits die Bedeutung von Stressor-Faktoren (also die Art und Stärke des traumatisierenden Ereignisses), ebenso die Rolle von Personenfaktoren (wie z. B. die Zugehörigkeit zu einer Risikogruppe).
Zahlen und Diagnosen sind in der Humanistischen Psychologie lange Zeit eher mit Vorbehalt behandelt worden. Wir werden die Relevanz epidemiologischer Ergebnisse für das Verständnis der Posttraumatischen Belastungsstörung in Forschung und Praxis aufzeigen und Implikationen auch für erfahrensorientierte Therapien diskutieren.
In diesem Abschnitt (Teil 1) finden sich also folgende Kapitel:

Kapitel 1: Zyklen der Entdeckung und Unterdrückung: Die Entwicklung der Traumaforschung
Die Entwicklung des Traumabegriffes in Forschung und Diagnostik zeigt, dass Inhalte der Psychotraumatologie eng mit der gesellschaftlichen Bereitschaft verknüpft sind, sich mit den psychischen Folgen von Gewalt und Not auseinander zu setzen und diese anzuerkennen. Erst seit 1980 existiert die Bezeichnung »Posttraumatische Belastungsstörung« offiziell als Diagnose und dominiert seither das Verständnis traumabedingter Störungen.

Kapitel 2: Phänomenologie traumatischer Stressreaktionen I: Akute und Posttraumatische Belastungsstörung

Die Diagnosen der Akuten und Posttraumatischen Belastungsstörung werden dargestellt und an Beispielen verdeutlicht. Dabei steht vor allem die Symptom-Triade des Wiedererlebens, der Vermeidung und des erhöhten Erregungszustandes im Vordergrund. Die Diagnose der PTB nach DSM-IV kann erst einen Monat nach dem traumatisierenden Auslöser gegeben werden, davor spricht man von einer Akuten Belastungsstörung. Besteht eine PTB länger als drei Monate, wird sie als chronifiziert bezeichnet.

Kapitel 3: Rolle des Stressors: Unterscheidung verschiedener Formen der Traumatisierung

Der Diagnose PTB nach DSM-IV wurde grundsätzlich auch ein ätiologisches Moment beigefügt, nämlich das Vorliegen einer traumatischen Erfahrung, die zum Anlass für intensivste Gefühle des Entsetzens, der Furcht und der Hilflosigkeit wurde. Solche traumatischen Erfahrungen beinhalten definitionsgemäß: die Bedrohung der eigenen Integrität oder der einer anderen Person. Grundsätzlich hat sich dabei die Einteilung in zwei Kategorien traumatischer Erfahrungen bewährt: Traumata des Typs I sind relativ kurzfristige, unerwartete Ereignisse wie eine Vergewaltigung, ein Unfall oder ein Erdbeben. Traumata des Typs II sind Stressoren, die über einen längeren Zeitraum andauern oder sich wiederholen und somit zur erwartbaren Belastung werden (Beispiele sind Krieg, Gefangenschaft oder intrafamiliäre Misshandlung).

Kapitel 4: Phänomenologie traumatischer Stressreaktionen II: Die Folgen anhaltender Traumatisierung

Traumata des Typs II können ein kompliziertes, über die Kernsymptomatik einer PTB hinausgehendes Symptommuster nach sich ziehen, besonders, wenn die traumatischen Erfahrungen in der Kindheit erfolgt sind und damit nachhaltig die Entwicklung der Persönlichkeit beeinflusst haben. Das Bild der »komplexen Posttraumatischen Belastungsstörung« beschreibt ein Muster von Problematiken in den folgenden Bereichen: Somatisierung, Dissoziation, Affektregulation und Impulskontrolle, Selbstbild, Beziehungsfähigkeit, kognitive Überzeugungen und Selbstschutz. Darüber hinaus bestehen in der Regel auch die klassischen PTB-Symptome wie Intrusionen, Vermeidung, Konstriktion und Übererregung.

Kapitel 5: Komorbidität: Trauma, PTB und andere psychische Störungen
Die Posttraumatische Belastungsstörung ist bei weitem nicht die einzige Störung, die mit traumatischen Erfahrungen einhergeht. Tatsächlich erfüllen nach epidemiologischen Studien etwa 80% der Personen mit der Diagnose PTB die Kriterien einer anderen psychischen Störung, vor allem aus den Bereichen affektive Störungen, Angststörungen und Sucht. Dabei liegen die ursächlichen Zusammenhänge dieses Phänomens weitgehend im Dunkeln. Zum Teil scheint es sich dabei um dysfunktionale Reaktionen als Folge der PTB-Symptomatik und des Traumas zu handeln, zum Teil könnten auch der PTB und andere Störungen gemeinsame Vulnerabilitäten im Vorfeld des Traumas eine Rolle spielen.

Kapitel 6: Epidemiologie: Prävalenz und Verlauf posttraumatischer Stressreaktionen
Die PTB ist keine seltene Störung. Dabei ist deren Prävalenz wiederum abhängig von der Art und Häufigkeit der Stressoren. Manche Stressoren ziehen mit einer größeren Wahrscheinlichkeit eine posttraumatische Störung nach sich als andere. In der BRD ist die Wahrscheinlichkeit, eine traumatische Erfahrung zu machen, im Vergleich zu den USA oder gar zu Krisengebieten geringer. Der Verlauf einer PTB kann sehr unterschiedlich sein: Während ein Großteil der Fälle innerhalb der ersten 12 Monate remittiert, sind es doch etwa ein Drittel der Betroffenen, die auch nach Jahren oder gar Jahrzehnten weiterhin unter Symptomen zu leiden haben.

Kapitel 7: Von der Forschung zur Praxis:
Zur Relevanz epidemiologischer Daten
Die dargestellten Forschungsergebnisse werden auf ihre Bedeutung für die klinische Praxis hin überprüft: Posttraumatische Reaktionen sind häufig und werden von den Betroffenen oft nicht spontan geschildert, ebensowenig wie die traumatischen Erfahrungen an sich. Klinisch Tätige müssen von sich aus nach derartigen Erfahrungen und problematischen Bewältigungsversuchen fragen und sich der Bedeutung begleitender Faktoren, z. B. der häufig vorhandenen Suizidalität, bewusst sein.

Kapitel 1

Zyklen der Entdeckung und Unterdrückung: Die Entwicklung der Traumaforschung

Den wissenschaftlichen Entstehungshintergrund der heutigen Sicht traumabedingter Erkrankungen zu entwirren, erweist sich als gar nicht so einfach. Viele verschiedene (Forschungs-)Stränge und Sichtweisen spielen eine Rolle. Dass extreme Erfahrungen wie gewaltsamer Verlust, Krieg und Katastrophen nicht ohne psychische Folgen für die Betroffenen bleiben, ist einerseits nicht neu: in der Literatur finden sich zahlreiche Beispiele, die zeigen, dass der Menschheit posttraumatische Symptomatik sehr wohl bekannt war, bevor Medizin und Psychologie sich damit befasst haben. Andererseits ist »Psychotraumatologie« doch neu, weil sie sich jetzt erst als echte Disziplin psychologischer und psychiatrischer Forschung etabliert hat.

Dabei gab es bereits Ende des letzten Jahrhunderts äußerst moderne Erkenntnisse zur Ätiologie und Phänomenologie traumabedingter Störungen, die aber kaum beachtet wurden und zeitweise wieder in Vergessenheit geraten sind. So beschreibt Pierre Janet bereits um die Jahrhundertwende, wie die hohe Erregung im Zuge traumatischer Ereignisse dazu führt, dass solche Erfahrungen nicht in den bestehenden Erfahrungsschatz integriert werden können. Das wiederum führt dazu, dass solche Erinnerungen vom alltäglichen Bewusstsein abgespalten werden und dabei eine regelrechte Erinnerungsphobie entsteht. Solange die traumatische Erinnerung nicht in ein persönliches Narrativ der eigenen Lebensgeschichte integriert werden kann, bleibt die Person quasi an dem Trauma hängen und erlebt es in Form von zwanghaften Gedanken und Beschäftigungen oder körperlichen Angstreaktionen wieder. Diese heute so modern klingende Konzeption traumabedingter Stresserkrankungen wurde erst in den 80er Jahren wieder entdeckt, als die außerordentliche Rolle dissoziativer Vorgänge bei posttraumatischen Störungen in den Vordergrund rückte (van der Kolk & van der Hart, 1989; van der Kolk, Weisæth & van der Hart, 1996).

Van der Kolk und seine Kollegen (1996) sprechen, im Zusammenhang mit der historischen Entwicklung der Traumaforschung, von einer erstaunlichen Amnesie, die die Psychiatrie periodisch zu befallen scheint und in der Vergangenheit bewirkt hat, dass die Bedeutung traumatischer Ereignisse in der Ätiologie psychischer Störungen vergessen wurde und solche Störungen allein Faktoren wie konstitutioneller Nervenschwäche zugeschrieben wurden. Ein allseits bekanntes Beispiel ist Sigmund Freud, der zu Beginn seiner Karriere noch überzeugt war, dass die hysterische Symptomatik der von ihm behandelten Frauen weniger von einer vererbten Vulnerabilität verursacht wurde, sondern durch ein sexualisiertes Trauma in der Kinder- oder Jugendzeit. Bis auf den Täterkreis, den er vor allem durch Dienstboten und Kinderfrauen vertreten sah, beschreibt Freud in seinem frühen Vortrag »Zur Ätiologie der Hysterie« erstaunlich treffend die Dynamik des sexualisierten Kindesmissbrauchs. Privat äußerte er auch, dass er in Wirklichkeit die Täter vor allem unter den Vätern vermute (vgl. Hirsch, 1993). Mit seinen für heutige Verhältnisse ziemlich vorsichtigen Ausführungen stößt er auf harsche Ablehnung, und Freud revidierte – aus welchen Gründen auch immer – seine Theorie schließlich dahingehend, dass sich hysterische Symptome, und die neurotischen Zustände überhaupt, eher auf frühkindliche *innerpsychische* Konflikte, verursacht durch sexuelle Phantasien und Wunschvorstellungen, zurückführen lassen. Damit schuf er unglücklicherweise die Voraussetzung für die blinden Flecke ganzer Analytikergenerationen, die den realen Traumatisierungen ihrer Klienten und Klientinnen zu wenig Beachtung schenkten.

Das Problem der sogenannten Verführungstheorie Freuds, also seiner zuerst geäußerten Theorie zur Hysterie, lag vor allem darin, dass sie dazu geführt hätte, in einer durch und durch patriarchalischen Gesellschaft vor allem Männer der Unzucht mit Kindern anzuklagen.

Ein ähnlich geartetes Problem ergab sich für Militärärzte. Sie hatten die der weiblichen Hysterie scheinbar sehr ähnliche Symptomatik bei Soldaten zu beurteilen, die während Kampfeinsätzen oder danach zusammengebrochen waren. Um den Männern keine psychische Anfälligkeit zuzuschreiben, was wiederum der Truppenmoral hätte schaden können und außerdem dem Konzept »Feigheit vor dem Feind« bedenklich nahe kam, musste eine organische Ursache gefunden werden (vgl. van der Kolk, Weisæth & van der Hart, 1996). Im Ersten Weltkrieg entstand daher der Begriff »shell concussion«, der ähnlich wie der ältere Begriff »railroad spine« für den zivilen Bereich, auf eine durch »Erschütterung« bedingte organisch-neurologische Ursache der Symptome der Betroffenen schließen ließ. In beiden Bereichen wurden aber genauso schnell Stimmen laut, die an einer derartigen organischen Ursache zweifelten. Und schließlich gab es immer wieder Beiträge, die ganz einfach Simulation der Betroffenen annahmen mit der Begründung, dass diese sich dadurch Vorteile (z. B. Kompensation durch Eisenbahngesellschaften oder Freistellung vom Fronteinsatz) verschaffen wollten.

Es ergaben sich somit drei immer wieder von neuem gestellte Fragen:

1) Werden die Symptome wirklich durch die vorausgehenden Stressoren verursacht? Bei Kriegseinsatz und Zugunglücken schien der Zusammenhang eindeutig, während er den Opfern sexualisierter Gewalt und deren Umwelt meist nicht bewusst war. Eine solche Ätiologie hätte aber gesellschaftliche Konsequenzen gefordert, wie eben die Aufdeckung sexualisierter Vergehen im familiären Bereich oder eine Auseinandersetzung mit der Verherrlichung militärischen Heldentums und männlicher Kriegsehre. Was bei Hysterikerinnen nie ein Problem war, erschien auch insgesamt der gesellschaftlich einfachere Weg, nämlich die Ursache vor allem beim Individuum zu suchen. Als Kompromiss bot sich dabei die Lösung an, ein organisches Trauma durch ein erschütterndes Ereignis, wie z. B. eine Granatenexplosion, anzunehmen. Allerdings gab es zu viele Fälle von Stresserkrankungen, die sich nicht direkt auf ein derartiges organisch vermitteltes Trauma zurückführen ließen. Die zweite Frage lautete also:

2) Wie sehr handelt es sich bei derartigen Erkrankungen um Ausdruck individueller Vulnerabilität, z. B. konstitutioneller Nervenschwäche, sodass der traumatisierende Stressor eher als auslösender Faktor für eine bereits angelegte Pathologie verstanden werden konnte? Die Annahme, dass es die Empfindlichkeit der Opfer sei, die zu ihren stressbedingten Symptomen führte, konnte erklären, wieso Individuen so unterschiedlich auf ähnliche traumatische Erfahrungen reagierten und viele symptomfrei zu bleiben schienen. Zugleich war dies die sozialpolitisch angenehmste Lösung, weil es eher die Schwäche der Einzelnen als das Versagen der Gesellschaft war (z. B. die Unfähigkeit, politische Konflikte gewaltfrei zu lösen), die posttraumatisches Leiden bewirkte.

Dieser Spagat zwischen der Betrachtung des individuellen Beitrags des Opfers an seinem Leiden und der unerträglichen Einsicht in die Allgegenwärtigkeit menschlich vermittelten psychischen Leidens färbt noch heute die Diskussion um die individuelle Vulnerabilität als Prädiktor für die Entwicklung einer Posttraumatischen Belastungsstörung. Bereits in der damaligen Zeit schloss sich daran unmittelbar die Frage, inwieweit die Gesellschaft in der Rehabilitation und Kompensation gefordert war:

3) Lag es nicht an der Schwäche des Individuums und somit in seiner eigenen Verantwortlichkeit oder der seiner Familie, die Kosten für seine Heilung zu übernehmen? Und darüber hinaus, wäre es nicht eher zum Schaden des Opfers, sein Leiden mit Kompensationszahlungen quasi zu belohnen und es damit vielleicht sogar zu verlängern? Handelte es sich bei den betroffenen Personen nicht vielleicht sogar um neurotische Simulanten, die ihre anfänglich noch verständliche Schreckreaktion übertrieben, um in den Genuss einer Rente oder anderer Vorteile zu kommen?

Federführend in dieser nach dem Ersten Weltkrieg populären Sicht stressbedingter Erkrankungen waren unter anderem deutsche Psychiater, wie sich z. B. in der Diskussion des *Berliner Vereins für Innere Medizin und Kinderkrankheiten* im Jahr 1925 verfolgen lässt: »Es handelt sich gar nicht um einen Krankheitsvorgang im eigentlichen Sinn, sondern um eine in letzter Instanz psychologisch bedingte Reaktion, die eintritt bei bestimmten Wünschen und Begehrungen und die fortfällt bei deren Wegfall« (Bonhoeffer, 1926, S. 180). Das Gesetz ist die Ursache der Unfallneurosen oder Rentenneurosen, wie sie auch genannt wurden, so lautete ein vielzitierter Satz, und dieses Gesetz musste geändert werden, lautete die Forderung, um der zum Teil auch iatrogen, also durch ärztliches (Begutachtungs-)Verhalten verursachten, traumatischen Neurosen Herr zu werden, die sich »gleich einer Infektion« ausbreiteten (His, 1926, S. 185).

Dieser unrühmliche deutsche Beitrag ist deshalb zu erwähnen, weil die nachfolgende *Reichsversicherungsordnung* (RVO) dementsprechend restriktiv gestaltet wurde und nicht nur den rigorosen Umgang mit Opfern traumatischer Ereignisse in der damaligen Zeit prägte, sondern auch noch in der Zeit nach dem Zweiten Weltkrieg. Dieser Geist hat dazu beigetragen, dass viele Opfer der nationalsozialistischen Verfolgung sich in der Beweisschuld für ihr psychisches und körperliches Leiden sahen und ihnen von einer verständnislosen Behördenfront erneutes Leiden widerfuhr, wo eigentlich die »Wiedergutmachung« das erklärte Ziel gewesen war[1].

Die PTB als diagnostische Kategorie tauchte erstmals in der dritten Auflage des US-amerikanischen Diagnosemanuals DSM-III auf (Diagnostical and Statistical Manual of Mental Disorders, Third Edition; APA, 1980) und wurde schließlich auch in die ICD-10, das Diagnosemanual der Weltgesundheitsorganisation (International Classification of Deseases; WHO, 1992) aufgenommen, das in Deutschland vorwiegend verwendet wird. Dieser Entwicklung ging ein langer Weg der Anerkennung dieser diagnostischen Kategorie als eigenständige Störung voraus. Anders als in Deutschland, wo man sich in den Wiederaufbau stürzte und die Wunden des Krieges – eigene und wohl besonders fremde – möglichst schnell vergessen wollte, nahmen sich vor allem US-amerikanische Forschende dieses Themas an. In die erste Auflage des DSM (APA, 1952) wurde unter dem Eindruck der Folgen des Zweiten Weltkrieges für die beteiligten Soldaten, vor allem aber für die Opfer nationalsozialistischer Verfolgung, die diagnostische Kategorie »Schwere Belastungsreaktion« (Gross Stress Reaction) aufgenommen, verschwand aber in der zweiten Auflage mehr oder weniger wieder; hier ist nur noch von der Diagnose einer missglückten »Anpassungsreaktion« (APA, 1968) die Rede.

Der Begriff »Posttraumatische Belastungsstörung« und die damit verbundene, vor allem durch englischsprachige Beiträge geprägte Theorie hat nur schleppend in die deutsche Psychologie und Psychiatrie Einzug gehalten, wie sich zum Beispiel bei einer Durchschau des Psyndex, einer Literatursammlung deutschsprachiger Beiträge zur psychologischen Forschung, für die Jahre vor 1990 ergibt.

Dass der Forschungszweig »Trauma« nicht erneut vernachlässigt wurde (und das Leiden der Opfer wieder vergessen werden konnte), ist eng mit verschiedenen gesellschaftspolitischen Strömungen verbunden. Dies waren zum einen vor allem jüdische Vereinigungen, die verhindern wollten, dass die Folgen des Holocaust und seine Opfer in Ver-

---

1 Dargestellt ist dies in dem lesenswerten Buch: *Die Kehrseite der »Wiedergutmachung«. Das Leiden von NS-Verfolgten in den Entschädigungsverfahren* von Helga und Hermann Fischer-Hübner (Hrsg.), 1990.

gessenheit gerieten. Zum anderen war in den USA nach dem Vietnamkrieg das Ausmaß der Traumatisierung einer ganzen Männergeneration nicht mehr zu übersehen.

Schließlich trug vor allem die Frauenbewegung dazu bei, dass das Ausmaß sexualisierter und körperlicher Gewalt gegen Frauen und Kinder nicht mehr verschwiegen werden konnte. Die Folgen politischer Gewalt moderner Diktaturen und des sich ausbreitenden Terrorismus waren ein weiterer Bereich, der öffentliche Aufmerksamkeit fand. So bildeten sich in all diesen Bereichen Krisen- und Behandlungszentren, Selbsthilfegruppen und Forschungseinrichtungen. Während in den 70er Jahren vor allem von unterschiedlichen Syndromen, je nach Forschungsbereich, die Rede war: das »war sailor syndrome« (Askevold 1976/77) oder das »rape trauma syndrome« (Burgess & Holstrom, 1974), setzte sich nach und nach wieder die bereits über 100 Jahre alte Erkenntnis durch, dass sich all diese Syndrome in vieler Hinsicht glichen und sinnvollerweise in einer diagnostischen Kategorie, nämlich der Posttraumatischen Belastungsstörung, vereint werden können (ohne dabei zu vergessen, dass dabei in Dauer und Ausmaß völlig unterschiedliche Stressoren dennoch auch unterschiedliche Wirkung taten; vgl. van der Kolk, Weisæth & van der Hart, 1996). Dieser Diagnose wurde im Gegensatz zur früheren »Schweren Belastungsreaktion« ein ätiologisches Moment beigefügt: Als auslösendes Ereignis galt ein traumatisches Geschehen, »das außerhalb der üblichen menschlichen Erfahrung liegt« (DSM-III-R; APA, 1989, S. 304).

Die Formulierung einer abgrenzbaren diagnostischen Einordnung mit klaren Einschlusskriterien hat die Traumaforschung wesentlich vorangebracht. Inzwischen geht der Trend erneut hin zu einer Differenzierung einzelner Syndrome nach bestimmten traumatischen Ereignissen unterschiedlicher Qualität, dieses Mal jedoch ohne die grundlegend gemeinsame Ätiologie aus den Augen zu verlieren. Das genaue »Wie« des einzelnen Individuums rückt mehr und mehr in den Vordergrund: die bei jeder Person einzigartige Interaktion zwischen Umwelt und Organismus.

An dieser Stelle fragt sich vielleicht der Leser oder die Leserin, welche Rolle eigentlich die für unsere Perpektive von Trauma so wichtige Gestalttherapie in Theoriebildung und Fachliteratur zu traumatischen Stresserkrankungen gespielt hat. Unsere Antwort lautet zunächst: explizit eigentlich keine.

Dabei bietet die Gestalttherapie Begrifflichkeiten, die sich sehr gut zur Beschreibung des posttraumatischen Zustands eignen, z. B. das Konzept des »unerledigten Geschäftes«, das auch von nicht gestalttherapeutisch orientierten Autoren gerne verwendet wird (z. B. Rothbaum & Foa, 1996). Serok (1985) zeigt in seinem Artikel, wie gut dieses Konzept die psychische Situation traumatisierter Klienten und Klientinnen beschreiben kann und wie sehr sich gestalttherapeutische Techniken anbieten, belastende Themen aus der Vergangenheit zu bearbeiten. So fanden gestalttherapeutische Methoden folgerichtig auch reichlich Anwendung in der therapeutischen Praxis traumabedingter Störungen, siehe z. B. Crump (1984), Little (1990) und das lesenswerte Buch von Besems und van Vugt (1990) zur Behandlung von Inzestüberlebenden.
Fritz Perls selbst verwendete den Begriff Trauma in einer eher psychoanalytischen Konnotation als Frustration kindlicher Bedürfnisse. Seine persönlichen Erfahrungen als junger Medizinstudent an der deutschen Front im Ersten Weltkrieg und auch seine Erfahrungen mit dem Dritten Reich (er selbst emigrierte mit seiner Frau 1933 nach Südafrika, aber Familienmitglieder und Bekannte kamen in Konzentrationslagern ums Leben) finden keinen expliziten Eingang in sein theoretisches Werk. Dass all diese Ereignisse an ihm selbst (natürlich) nicht spurlos vorübergegangen sind, auch wenn sie explizit kein Thema in der von ihm begründeten Therapierichtung wurden, wird eigentlich erst in seiner 1969 erschienenen autobiographischen Arbeit deutlich, in der er immer wieder auf Ereignisse und Erlebnisse während der beiden Kriege Bezug nimmt (Perls, 1981).
Wir glauben, dass es Zeit wird, dass sich Vertreter und Vertreterinnen der Gestalttherapie noch stärker in die Forschung und Praxis zu posttraumatischen Störungen einschalten, weil sie dazu definitiv einiges beizutragen haben. Bisher geschah dies im deutschsprachigen Raum immerhin in Form eines Themenschwerpunktes der Zeitschrift »Gestalttherapie« (Jahrgang 12, Heft 1, 1998) und durch Veröffentlichungen des Erstautors (Butollo, 1995, 1996, 1997a, b, c) und zuletzt durch Butollo, Krüsmann & Hagl (1998).

Dieses Kapitel sollte vor allem eines verdeutlichen: wie sehr das Forschungsfeld und damit auch die Therapie der traumatischen Stresserkrankungen mit gesellschaftlichen Faktoren verknüpft ist. Dies ist wichtig, weil es zu verhindern gilt, dass die augenblicklich fast schon boomartige Beschäftigung mit dem Thema »Posttraumatische Belastungsstörung« wieder »aus der Mode kommt«. Dieses Mal vielleicht weniger aus einer Haltung des Zweifelns heraus *(»so schlimm ist es ja auch wieder nicht, die wollen doch alle nur Kapital draus schlagen«)*, obwohl eine derartige Tendenz gerade wieder im Bereich des sexualisierten Kindesmissbrauchs auszumachen ist, sodass manche Autoren von einem »backlash«, einer Gegenreaktion der Forschung bezüglich der Erkenntnisse über Ausbreitung und Folgen sexualisierter Misshandlung, sprechen (Olafson, Corwin & Summit, 1993). Noch größer erscheint die Gefahr einer allgemeinen Ermüdungs- und Entmutigungsreaktion angesichts der wachsenden Gefährdung durch Krieg, soziale Probleme und technische und natürliche Katastrophen. Es kostet Willenskraft, sich in angemessener Weise mit dem Thema zu beschäftigen, d. h. sich über die Erscheinungsformen traumabedingter Störungen zu informieren, ohne den (zwischen-)menschlichen Teil zu verdrängen: Was diese Symptome für die betroffene Person tatsächlich bedeuten, sowie – und damit sind wir selbst mitbetroffen – was das Vorhandensein solcher diagnostischer Kategorien über die Sicherheit in unserem Leben aussagt.

Alexander et al. (1989) beschreiben die Reaktionen von fünf Forscherinnen, deren Aufgabe darin bestand, die Daten von über 1000 Vergewaltigungsfällen durchzusehen und zu kodieren. Die Forscherinnen hatten keinen persönlichen Kontakt zu den Opfern, sondern sahen nur deren Angaben durch. Damit wurden sie in konzentrierter Form mit dem Ausmaß sexualisierter Gewalt in ihrem Umfeld konfrontiert und dies blieb nicht ohne Folgen: Schlaflosigkeit, Alpträume, Wut, Angst und vor allem die Erkenntnis, dass ein großer Teil der Opfer an scheinbar »sicheren« Orten, wie der eigenen Wohnung, vergewaltigt worden war. Eine der Frauen schreibt:

It's just a matter of filling in the data in the correct space. I read through the first case. A young women is raped by two men who followed her outside a nightclub. I go quickly to the next cases, reading through as many cases as possible. An 80-year-old raped in her home – her family does not want anyone to know. A 2-year-old is brought into a hospital, molested by a relative. A teenage girl is raped on a date. A married woman is raped going to her car. Her husband is angry. He's angry. I'm angry! God, why does this happen? I really want to leave. I planned to collect data another 2 hours.

I begin again. The next case he beat her up. I feel sick in my stomach. Next case, no violence here. He threatened to hurt her children and she gave in. I quickly read, page after page – a knife, a gun, all ages, all places. Tears come. This hurts. I want to leave. Let me get out of here before I get too close. I walk out the door. The sun is shining. Thank goodness. That night I don't sleep well. I wake up in the middle of the night and think of – the women.

(Alexander et al., 1989, S. 58 f)

Kapitel 2

Phänomenologie traumatischer Stressreaktionen I: Akute und Posttraumatische Belastungsstörung

Wie schon erwähnt, ist die Posttraumatische Belastungsstörung (PTB) nur eine mögliche Reaktion auf das Durch- oder Miterleben traumatischer Ereignisse. Im DSM-IV wird heute die Akute Belastungsstörung (Acute Stress Disorder – ASD), die innerhalb eines Monats diagnostiziert werden kann, von der Posttraumatischen Belastungsstörung (Posttraumatic Stress Disorder – PTSD) unterschieden, die definitionsgemäß erst nach Ablauf eines Monats nach dem traumatischen Ereignis diagnostiziert werden kann. Viele Autoren fordern die Aufnahme einer dritten Kategorie in das Diagnosemanual, die den komplizierten Störungsverläufen bei Menschen gerecht wird, die besonders extreme oder lang andauernde Traumatisierungen erfahren haben, wie dies im ICD-10 bereits verwirklicht ist. Man könnte sagen, dass die PTB den typischen Fall einer Stressreaktion umschreibt, wie sie sich nach einem extremen Ereignis im Erwachsenenalter einstellen kann. Die Diagnose kann auch bei Kindern vergeben werden, dabei ist die Reaktionsweise von Kindern auf traumatisierende Ereignisse derjenigen von Erwachsenen ähnlich, nur verhalten sie sich dabei altersgemäß und drücken sich in ihren Symptomen oft anders aus als Erwachsene. Wir werden darauf nicht ausführlich eingehen, weil sich dieses Buch vor allem mit Erwachsenen befasst. Womit wir uns näher befassen werden, sind die Folgen anhaltender Traumatisierung in der Kindheit für das Erwachsenenalter. Lang anhaltende, sich wiederholende Traumatisierung, wie zum Beispiel körperliche und sexualisierte Gewalt durch Bezugspersonen, bewirken beim Kind einen Anpassungsprozess, der auf lange Sicht eine Symptomatik nach sich zieht, der die PTB-Diagnose nur annähernd gerecht wird. Auch hier fehlt die Möglichkeit der gerade vorher schon genannten dritten Diagnose für solche komplexen Störungsverläufe, wie sie die ICD-10 bietet. Davon später mehr. Im Folgenden sind die diagnostischen Kriterien des DSM-IV dargestellt.

POSTTRAUMATISCHE BELASTUNGSSTÖRUNG (309.81)

A. Die Person wurde mit einem traumatischen Ereignis konfrontiert, bei dem die beiden folgenden Kriterien vorhanden waren:
   (1) Die Person erlebte, beobachtete oder war mit einem oder mehreren Ereignissen konfrontiert, die tatsächlichen oder drohenden Tod oder ernsthafte Verletzung oder eine Gefahr der körperlichen Unversehrtheit der eigenen Person oder anderer Personen beinhalteten.
   (2) Die Reaktion der Person umfaßte intensive Furcht, Hilflosigkeit oder Entsetzen.
   Beachte: Bei Kindern kann sich dies auch durch aufgelöstes und agitiertes Verhalten äußern.

B. Das traumatische Ereignis wird beharrlich auf mindestens eine der folgenden Weisen wiedererlebt:
   (1) Wiederkehrende und eindringliche belastende Erinnerungen an das Ereignis, die Bilder, Gedanken oder Wahrnehmungen umfassen können.
   Beachte: Bei kleinen Kindern können Spiele auftreten, in denen wiederholt Themen oder Aspekte des Traumas ausgedrückt werden.
   (2) Wiederkehrende, belastende Träume von dem Ereignis.
   Beachte: Bei Kindern können stark beängstigende Träume ohne wiedererkennbaren Inhalt auftreten.
   (3) Handeln oder Fühlen, als ob das traumatische Ereignis wiederkehrt (beinhaltet das Gefühl, das Ereignis wiederzuerleben, Illusionen, Halluzinationen und dissoziative Flashback-Episoden, einschließlich solcher, die beim Aufwachen oder bei Intoxikationen auftreten).
   Beachte: Bei kleinen Kindern kann eine traumaspezifische Neuinszenierung auftreten.
   (4) Intensive psychische Belastung bei der Konfrontation mit internalen oder externalen Hinweisreizen, die einen Aspekt des traumatischen Ereignisses symbolisieren oder an Aspekte desselben erinnern.
   (5) Körperliche Reaktionen bei der Konfrontation mit internalen oder externalen Hinweisreizen, die einen Aspekt des traumatischen Ereignisses symbolisieren oder an Aspekte desselben erinnern.

C. Anhaltende Vermeidung von Reizen, die mit dem Trauma verbunden sind, oder eine Abflachung der allgemeinen Reagibilität (vor dem Trauma nicht vorhanden). Mindestens drei der folgenden Symptome liegen vor:
   (1) bewusstes Vermeiden von Gedanken, Gefühlen oder Gesprächen, die mit dem Trauma in Verbindung stehen,
   (2) bewusstes Vermeiden von Aktivitäten, Orten oder Menschen, die Erinnerungen an das Trauma wachrufen,

(3) Unfähigkeit, einen wichtigen Aspekt des Traumas zu erinnern,
(4) deutlich vermindertes Interesse oder verminderte Teilnahme an wichtigen Aktivitäten,
(5) Gefühl der Losgelöstheit oder Entfremdung von anderen,
(6) eingeschränkte Bandbreite des Affekts (z. B. Unfähigkeit, zärtliche Gefühle zu empfinden),
(7) Gefühl einer eingeschränkten Zukunft (z. B. erwartet nicht, Karriere, Ehe, Kinder oder normal langes Leben zu haben).

D. Anhaltende Symptome erhöhten Arousals (vor dem Trauma nicht vorhanden). Mindestens zwei der folgenden Symptome liegen vor:
(1) Schwierigkeiten, ein- oder durchzuschlafen,
(2) Reizbarkeit oder Wutausbrüche,
(3) Konzentrationsschwierigkeiten,
(4) übermäßige Wachsamkeit (Hypervigilanz),
(5) übertriebene Schreckreaktion.

E. Das Störungsbild (Symptome unter Kriterium B, C und D) dauert länger als 1 Monat.

F. Das Störungsbild verursacht in klinisch bedeutsamer Weise Leiden oder Beeinträchtigungen in sozialen, beruflichen oder anderen wichtigen Funktionsbereichen.

Bestimme, ob:
Akut: Wenn die Symptome weniger als 3 Monate andauern.
Chronisch: Wenn die Symptome mehr als 3 Monate andauern.
Bestimme, ob:
Mit verzögertem Beginn: Wenn der Beginn der Symptome mindestens 6 Monate nach dem Belastungsfaktor liegt.
(APA, Diagnostisches und statistisches Manual psychischer Störungen, 1996, Göttingen: Hogrefe, Verlag für Psychologie, S. 491 f.)

Im sogenannten Stressorkriterium unter Punkt A ist festgelegt, was alles als traumatische Erfahrung zu gelten hat, nämlich die Konfrontation mit einer Bedrohung des Lebens oder der körperlichen Integrität der eigenen Person oder die Tatsache, Zeuge eines solchen Ereignisses zu werden. Nur wer ein solches Ereignis erlebt hat, kann die Diagnose erhalten. Das Kriterium wurde seit der letzten Version des Diagnostischen Manuals dahingehend geändert, dass der Ausdruck »außerhalb der üblichen menschlichen Erfahrung« (APA, 1989, S. 304) gestrichen wurde. Manche traumatisierenden Situationen, z. B. körperliche und sexualisierte Gewalt, wiederholen sich in unserer Welt einfach zu häufig, als dass man sie in dieser Weise definieren könnte. Darüber hinaus

wurde es um den Zusatz über die zu erwartende Reaktion der betroffenen Person (Furcht, Hilflosigkeit, Entsetzen) erweitert, um der Rolle der subjektiven Bedeutung eines Stressors stärker Rechnung zu tragen. Dabei wurde allerdings missachtet, dass auch ein Gefühl der Betäubung, nach außen schwer erkennbar und nicht von deutlichen Gefühlsäußerungen begleitet, eine mögliche Reaktion auf ein traumatisches Ereignis darstellen kann (Roemer, Orsillo, Borkovec & Litz, 1998).
Als Beispiele für traumatische Erfahrungen werden unter anderem folgende Ereignisse genannt: kriegerische Auseinandersetzungen, Vergewaltigung, körperlicher Angriff, Raubüberfall, Entführung und Geiselnahme, Terroranschlag, Folter, Kriegsgefangenschaft oder Gefangenschaft in einem Konzentrationslager, Katastrophen (natürliche oder durch Menschen verursachte), schwere Unfälle und schließlich die Diagnose einer lebensbedrohlichen Krankheit. Zeuge eines solchen Ereignisses zu werden, gilt ebenso als traumatische Erfahrung, wie von einem solchen Geschehnis zu erfahren, ohne unmittelbar Zeuge gewesen zu sein, wenn es sich um nahe stehende Personen handelt, z. B. Familienmitglieder, die betroffen waren. Die typischen Folgen, die aus einer Konfrontation mit einer solchen Erfahrung resultieren, lassen sich in drei Gruppen einordnen, nämlich erstens in Symptome des Wiedererlebens, zweitens in vermeidende Verhaltensweisen und drittens in Symptome, die durch eine erhöhte Erregbarkeit verursacht werden.
Symptome des Wiedererlebens (Punkt B der DSM-Kriterien) sind ausgesprochen häufig. Erinnerungen und Gedanken an das Erlebte drängen sich den Betroffenen immer wieder ungebeten auf, und zwar oft auch in Form von Bildern, Geräuschen, Gerüchen oder körperlichen Wahrnehmungen. Wenn z. B. eine Frau, die vergewaltigt wurde, immer wieder das Gesicht des Vergewaltigers vor sich sieht oder nach einem Autounfall immer wieder an das Gefühl denken muss, als sich ihr Auto überschlug, ist dieses Kriterium gegeben. Im (selteneren) Extremfall kann der oder die Betroffene glauben, sich wieder in der traumatisierenden Situation zu befinden, und nimmt die Umgebung dementsprechend bedrohlich wahr bis hin zu Halluzinationen. Diese sogenannten »Flashbacks« wurden vor allem zunächst bei Vietnam-Veteranen beschrieben, können aber bei allen Traumaopfern vorkommen. Viele Betroffene durchleben nachts in Alpträumen, die oft über Jahre den gleichen Inhalt haben können, erneut die traumatischen Ereignisse. All

diese Phänomene des Wiedererlebens nennt man auch Intrusionen, weil die Betroffenen sie als unwillkürlich, eindringlich und belastend erleben.

Grundsätzlich ist das »Ständig-wieder-daran-denken-Müssen« oder das ständige Aufdrängen von Bildern oder Geräuschen nach einem belastenden Ereignis normal. Entscheidend ist, wie sehr eine Person unter solchen intrusiven Phänomenen leidet, ob sie diese als normal betrachtet oder als Zeichen nimmt, verrückt zu werden, und wie sehr sie durch diese Intrusionen in ihrer Lebensqualität eingeschränkt wird. Steil, Ehlers und Clark (1997) nehmen an, dass es weniger das Vorhandensein von intrusiven Gedanken und Bildern ist, die zu einer PTB führen, als der Versuch, diese Intrusionen zu vermeiden, was praktisch unmöglich ist bzw. dazu führt, dass die Betroffenen das Nachdenken selbst vermeiden müssten.

Solche intrusiven Gedanken können zwar durch äußere Reize ausgelöst werden, treten aber auch völlig spontan auf. Und bereits ein innerer Erregungszustand kann ein Auslöser von Intrusionen sein.

Eine jugendliche Klientin, die zu uns zur Diagnostik kam, Julia, litt an PTB, seit ihr Onkel bei einem Motorradunfall ums Leben kam. Sie konnte den verstörenden Anblick des toten Mannes im Sarg nicht vergessen, und dieses Bild überlagerte jegliche positiven Erinnerungen an ihn. Gerade nachts hatte sie plötzlich das Gefühl, der Tote sei neben ihr, und immer wieder sah sie ihn vor sich. Dabei konnte selbst ihr eigenes Gesicht im Spiegel ein Auslöser für diese intrusiven Bilder sein. Julia sah ihrem Lieblingsonkel ähnlich, und manchmal, wenn sie sich im Spiegel sah, sah sie das Gesicht ihres toten Onkels – eine ziemlich erschreckende Vorstellung.

Julia fürchtete sich vor diesen Erinnerungsbildern, sie schlief schlecht und war in der Schule unkonzentriert. Nicht nur die Gedanken an ihren Onkel, sondern auch der Anblick oder das Geräusch von Motorrädern lösten bei ihr Angst und Unbehagen aus, ebenso starker Blumenduft, der sie an die Beerdigung erinnerte.

Die beiden letzten Symptomkriterien unter Punkt B weisen auf die psychischen und körperlichen Reaktionen hin, die durch die Konfrontation mit solchen Reizen auftreten, die an die traumatische Situation erinnern. Was dabei alles als Auslöser wirken kann, ist bei jeder Person verschieden und kann sowohl äußere wie auch innere Reize umfassen: ein Film, ein Geruch, ein Gefühl der Ohnmacht oder des Kontrollverlustes, das einen in die frühere Situation versetzt, Schmerzen, die noch von entsprechenden Verletzungen herrühren, oder der Jahrestag des Ereignisses.

Eines dieser unter Punkt B genannten fünf Symptome des Wiedererlebens muss erfüllt sein, damit die Diagnose PTB nach DSM-IV berechtigt ist.

Weil das intrusive Wiedererleben des Traumas für die Betroffenen belastend ist, versuchen sie natürlich, dies zu vermeiden. Solche Vermeidungsreaktionen werden im DSM-IV unter Punkt C abgehandelt. Dabei wurden unglücklicherweise zwei Phänomene vermischt, die man einerseits eher mit phobischem Vermeiden und Verleugnen umschreiben könnte, andererseits mit dem Begriff »Konstriktion«, also einem In-sich-zurück- bzw. Zusammenziehen (Foa, Riggs & Gershuny, 1995; Litz et al., 1997; zur Faktorstruktur posttraumatischer Symptomatik siehe auch: Buckley, Blanchard & Hickling, 1998; Taylor, Kuch, Koch, Crockett & Passey, 1998). Die ersten beiden Kriterien beschreiben das bewusste Vermeiden aller möglichen Auslöser, die an das traumatische Erleben erinnern können, und zwar innerer Auslöser, wie Gedanken und Erinnerungen, oder bestimmte Gefühle, wie starke Aufregung, aber auch das Sprechen über das Ereignis (was von der mangelnden Bereitschaft der Umgebung, zuzuhören, noch unterstützt werden mag). Genauso werden äußere Auslöser vermieden, z. B. bestimmte Orte, Menschen oder Tätigkeiten. So meiden viele Personen, die einen Verkehrsunfall erlebt haben, von da an den Straßenverkehr, fahren z. B. nicht mehr Auto. Für Opfer von körperlicher oder sexualisierter Gewalt durch vertraute Personen kann der nähere Kontakt mit Menschen grundsätzlich angstbesetzt sein.

Julia, das gerade geschilderte junge Mädchen, versuchte, alle die zuvor genannten Erinnerungsauslöser zu vermeiden, und sie äußerte, dass sie nie wieder auf einem Motorrad mitfahren würde.

Ein anderer Klient, Felix, kam zwei Jahre, nachdem er von einem langjährigen Nachbarn niedergeschlagen und mit einer Pistole bedroht worden war, zu uns in die Praxis.

Felix konnte, nachdem er sich von den körperlichen Folgen des Anschlags erholt hatte, sein Haus nur noch unter großer Angst verlassen. Gleichzeitig weigerte sich etwas in ihm wegzuziehen und sich geschlagen zu geben. Nach und nach zog er sich zurück und verkroch sich mehr und mehr in seinem Schlafzimmer. Seine Gedanken und Handlungen kreisten häufig um den Nachbarn, wie er sich an ihm rächen könnte, wie er weitere Übergriffe verhindern könnte. Gleichzeitig vermied er alle Situationen, die einen Zusammenhang mit dem Anschlag aufwiesen. Wurde er unvorhergesehen mit etwas konfrontiert, was ihn an den Nachbarn erinnerte, überfielen ihn Angst, Erregung und körperliche Verspannungen. Auch fühlte er sich in Gegenwart anderer Menschen nicht mehr sicher und verließ das Haus nur noch, wenn es absolut notwendig war.

Die Unfähigkeit, sich an einen wichtigen Aspekt des Traumas zu erinnern, beschreibt das dritte Kriterium unter Punkt C und wird auch psychogene Amnesie genannt. Diese Amnesie ist selten vollständig, sondern betrifft meistens eher besonders bedrohliche Aspekte des Traumas und ist nicht durch eine Verletzung, z. B. ein Schädel-Hirn-Trauma, verursacht.

Eine Frau aus dem ehemaligen Jugoslawien, die während der Flucht von der gegnerischen Seite aufgegriffen und interniert wurde, konnte sich zu ihrem eigenen Entsetzen weder an die Flucht, noch an die Monate im Lager und die Überführung nach Deutschland erinnern. Alles, was sie berichten konnte, wusste sie nur aus den Erzählungen ihrer Begleiter. Das Letzte, woran sie sich erinnerte, waren Männer mit Gewehren, die mit ihr auf einer Brücke waren und sie in ein Auto zwangen. Sie war gemeinsam mit ihrer Familie geflüchtet, beim Überqueren eines Flusses hatte sie zuviel Angst gehabt, durch das Wasser zu gehen. Sie war allein auf der Straße zurückgeblieben und hatte es über die Brücke versuchen wollen. Alle anderen waren weiter querfeldein gegangen.

Heute hat sie Narben und Schmerzen, an deren Ursache sie sich nicht erinnern kann.

Die Kriterien vier bis sieben werden im Amerikanischen auch unter dem Begriff »Numbing« geführt oder eben dem älteren Begriff der Konstriktion und beschreiben ein Phänomen, das bei vielen Traumaopfern vorkommt, nämlich das Gefühl eines emotionalen Abstumpfens. Die Betroffenen ziehen sich häufig zurück und verlieren das Interesse an Dingen, die ihnen früher Freude gemacht haben. Dabei fühlen sie sich oft von anderen Menschen isoliert. Viele Traumaopfer denken, dass niemand sie verstehen könne, und fühlen sich ihren Mitmenschen gegenüber entfremdet. Sie haben das Gefühl, nicht so lachen, lieben oder trauern zu können wie andere Menschen, gerade im zwischenmenschlichen Bereich fühlen sie sich eingeschränkt und den anderen, den »Unbeschadeten«, unterlegen.

Das Gefühl einer eingeschränkten Zukunft wurde vor allem bei Kindern und Jugendlichen beschrieben, die nach einer traumatischen Erfahrung oft glauben, nicht erwachsen oder alt zu werden und von einer glücklichen Zukunft ausgeschlossen zu sein (Terr, 1991).

Johanna war zu uns gekommen, nachdem ihr erstes Kind, eine Frühgeburt, gestorben war. Sie klagte darüber, dass ihr seitdem alles im Leben egal sei. Sie könne niemandem und nichts mehr gegenüber irgendetwas empfinden. Einzig ihrem verstorbenen Sohn gegenüber verspüre sie Zärtlichkeit und Traurigkeit, aber diese Gefühle halte sie meist nicht aus. Das Schlimmste aber sei, dass sie sich für nichts mehr interessieren würde und sie auch nichts mehr erledigen könne, außer sich in die Arbeit zu quälen. Um sie herum würde ihre Wohnung im Chaos versinken, und sie, die früher Ordnung und Gemütlichkeit so geliebt habe, würde sich durch den Tag schleppen, ohne irgend etwas für sich selbst tun zu können.

Auch die Beziehungen zu ihren Freunden würden immer mehr einschlafen. Keiner würde es mehr mit ihr aushalten und ihr selbst schienen die Kontakte unwirklich und oberflächlich. Schließlich verstünde sie ohnehin niemand.

Damit die Diagnose einer PTB berechtigt ist, müssen nach DSM-IV drei der unter Punkt C aufgezählten Symptome des Vermeidens oder der eingeschränkten Reagibilität vorhanden sein.

Der dritte Symptombereich (Punkt D) beschreibt die anhaltende Veränderung des Erregungsniveaus, die nach traumatischen Ereignissen eintreten kann (oft »Hyperarousal« genannt). Betroffene leiden oft unter Schlafstörungen, die neben der allgemeinen Nervosität auch durch Alpträume mitbedingt sein können. Viele Betroffene berichten über eine Reizbarkeit, die sie vorher so an sich nicht kannten. Häufig sind Betroffene grundsätzlich übervorsichtig und wachsam (hypervigilant) und können besonders schreckhaft wirken. Manche haben Schwierigkeiten, sich zu konzentrieren oder Aufgaben zu Ende zu bringen. Diese allgemeine Übererregbarkeit zeigt sich nicht nur als Reaktion auf Reize, die an das Trauma erinnern, sondern auch auf allgemeinerem Niveau. Die meisten Betroffenen fühlen sich ständig auf dem Sprung und haben Schwierigkeiten, sich zu entspannen.

Ein Klient, der in politischer Gefangenschaft gewesen war, berichtet:

Unter Schlafstörungen würde er seit dem Aufenthalt im Gefängnis leiden, er habe mehrere Jahre unter schlimmen Alpträumen gelitten. In diesen erlebte er die Todesängste, die er während der Zeit der Verhöre hatte, immer wieder und er schreckte schweißgebadet aus diesen Alpträumen auf. Auch tagsüber würde er immer wieder durch Kleinigkeiten in die Zeit im Gefängnis zurückversetzt werden. Mittlerweile hätten diese zwanghaften Erinnerungen etwas nachgelassen, doch die Nervosität, die Erregbarkeit und die Schlafstörungen hätten ihn nie mehr verlassen.

Tagsüber bemühe er sich, seine Arbeit zu erledigen; dies gelinge ihm nicht immer, da er häufig in große Erregung verfalle, die er nicht mehr kontrollieren könne. Dies habe ebenfalls nach der Zeit in Haft begonnen. Er sei davor ein sehr ausgeglichener und lebensfroher Mensch gewesen, nach der Haft habe er sich selbst nicht mehr gekannt. Er habe aber versucht, sich zusammenzunehmen und seinen Lebensaufgaben gerecht zu werden.

Bei einer Person müssen mindestens zwei dieser Arousal-Symptome vorhanden sein, damit von einer PTB gesprochen werden kann.

Im F-Kriterium wird die Diagnosemöglichkeit weiter beschränkt: Nur wenn die Symptomatik die betroffene Person im täglichen Leben einschränkt und bzw. oder entsprechenden Leidensdruck verursacht, soll PTB diagnostiziert werden. Es geht also um den Krankheitswert oder Leidensdruck. In der Praxis wird man aber kaum Klienten treffen, die die dargestellte Symptomatik schildern, sich davon aber nicht in »klinisch bedeutsamer Weise« beeinträchtigt fühlen. Eher kann es vorkommen, dass Betroffene bestimmte Symptome nicht schildern, weil sie sie nicht mit ihrem Problem in Verbindung bringen. Zum Beispiel kann eine Klientin wegen ihrer inneren Unruhe und Reizbarkeit Hilfe suchen und mag sie auch mit einer vorausgegangenen Vergewaltigung in Verbindung bringen, beschreibt aber von sich aus keine intrusiven Phänomene, weil sie allein den Gedanken an diese Intrusionen und damit an das Geschehene vermeiden möchte. Die ausgeprägten Vermeidungstendenzen verhindern oft, dass Betroffene selbst ihr Leiden überhaupt mit einem vorausgegangenen Trauma in Verbindung bringen oder, selbst wenn sie dies tun, dass sie sich dafür Hilfe holen.

Kriterium E bezieht sich auf die Dauer der Symptomatik. Nach DSM-IV kann eine PTB erst diagnostiziert werden, wenn das Störungsbild bereits länger als einen Monat besteht. Das bedeutet, dass eine PTB definitionsgemäß erst dann besteht, wenn das auslösende Trauma vor mindestens einem Monat geschah. Dies ist vor allem deshalb sinnvoll, weil im ersten Monat nach einem Trauma ein beträchtliches Ausmaß an Heilung stattfinden kann. Bei einer Studie mit Frauen, die vergewaltigt wurden (oder eine versuchte Vergewaltigung erlitten), zeigten 94%

zunächst ausreichend Symptome, um eine PTB zu diagnostizieren. Nach Ablauf eines guten Monats waren es nur noch 65%, nach etwa drei Monaten waren es noch 47% (Rothbaum, Foa, Riggs, Murdock & Walsh, 1992). Diese Rate änderte sich bei den Folgeuntersuchungen kaum, sodass es nach diesen Daten durchaus sinnvoll ist, ab drei Monaten von einer Chronifizierung zu sprechen (Rothbaum & Foa, 1993). Während praktisch alle zunächst mit posttraumatischen Symptomen reagierten, war es nach drei Monaten nur die Hälfte, die eine chronifizierte PTB entwickelt hatte. Unmittelbar nach der traumatischen Erfahrung die Diagnose einer PTB zu stellen, wäre nach den Ergebnissen von Rothbaum et al. (1992) zumindest bei Frauen, die vergewaltigt wurden, wenig hilfreich, weil dies zu einer unnötigen Pathologisierung der Hälfte der Betroffenen führen würde. Andererseits sind die unmittelbaren Symptome nicht weniger belastend, und ihr Ausmaß sagt auch etwas über den weiteren Verlauf aus (Classen, Koopman, Hales & Spiegel, 1998; Harvey & Bryant, 1998a). Aus diesen Gründen sollte auch eine formale Diagnose möglich sein, die einerseits dem Leidensdruck der Betroffenen Rechnung trägt, andererseits die vorübergehende Natur der Störung in einer Vielzahl von Fällen betont.
Das DSM-IV bietet dafür die Kategorie »Akute Belastungsstörung«. Diese beschreibt im Wesentlichen die gleichen Symptome wie die Posttraumatische Belastungsstörung und soll bei solchen Betroffenen gegeben werden, bei denen die unmittelbare und darauffolgende Reaktion auf ein traumatisches Ereignis auf besondere Anpassungsschwierigkeiten schließen lässt. Das impliziert auch eine stärkere Beeinträchtigung der Funktionalität, sodass es den Betroffenen z. B. unmöglich ist, mit Nahestehenden über das Trauma zu sprechen oder sich anderweitig Hilfe zu holen. Nachfolgend sind die Diagnosekriterien der Akuten Belastungsstörung nach DSM-IV aufgelistet.

AKUTE BELASTUNGSSTÖRUNG (308.3)

A. Die Person wurde mit einem traumatischen Ereignis konfrontiert, bei dem die beiden folgenden Kriterien erfüllt waren:
   (1) Die Person erlebte, beobachtete oder war mit einem oder mehreren Ereignissen konfrontiert, die den tatsächlichen oder drohenden Tod oder eine ernsthafte Verletzung oder Gefahr der körperlichen Unversehrtheit der eigenen Person oder anderer Personen beinhalteten.

(2) Die Reaktion der Person umfaßte intensive Furcht, Hilflosigkeit oder Entsetzen.

B. Entweder während oder nach dem extrem belastenden Ereignis zeigte die Person mindestens drei der folgenden dissoziativen Symptome:
   (1) subjektives Gefühl von emotionaler Taubheit, von Losgelöstsein oder Fehlen emotionaler Reaktionsfähigkeit,
   (2) Beeinträchtigung der bewussten Wahrnehmung der Umwelt (z. B. »wie betäubt sein«),
   (3) Derealisationserleben,
   (4) Depersonalisationserleben,
   (5) dissoziative Amnesie (z. B. Unfähigkeit, sich an einen wichtigen Aspekt des Traumas zu erinnern).

C. Das traumatische Ereignis wird ständig auf mindestens eine der folgenden Arten wiedererlebt: wiederkehrende Bilder, Gedanken, Träume, Illusionen, Flashback-Episoden oder das Gefühl, das Trauma wiederzuerleben, oder starkes Leiden bei Reizen, die an das Trauma erinnern.

D. Deutliche Vermeidung von Reizen, die an das Trauma erinnern (z. B. Gedanken, Gefühle, Gespräche, Aktivitäten, Orte oder Personen).

E. Deutliche Symptome von Angst oder erhöhtem Arousal (z. B. Schlafstörungen, Reizbarkeit, Konzentrationsschwierigkeiten, Hypervigilanz, übertriebene Schreckreaktionen, motorische Unruhe).

F. Die Störung verursacht in klinisch bedeutsamer Weise Leiden oder Beeinträchtigung in sozialen, beruflichen oder anderen wichtigen Funktionsbereichen oder beeinträchtigt die Fähigkeit der Person, notwendige Aufgaben zu bewältigen, z. B. notwendige Unterstützung zu erhalten oder zwischenmenschliche Ressourcen zu erschließen, indem Familienmitgliedern über das Trauma berichtet wird.

G. Die Störung dauert mindestens 2 Tage und höchstens 4 Wochen und tritt innerhalb von 4 Wochen nach dem traumatischen Ereignis auf.

H. Das Störungsbild geht nicht auf die direkte körperliche Wirkung einer Substanz (z. B. Droge, Medikament) oder eines medizinischen Krankheitsfaktors zurück, wird nicht besser durch eine kurze psychotische Störung erklärt und beschränkt sich nicht auf die Verschlechterung einer bereits vorher bestehenden Achse I- oder Achse II-Störung.

(APA, Diagnostisches und statistisches Manual psychischer Störungen, 1996, Göttingen: Hogrefe, Verlag für Psychologie, S. 495 f.)

Zu den bereits bei der PTB dargestellten Reaktionsweisen wird eine Reihe von dissoziativen Phänomenen beschrieben, von denen mindestens drei gegeben sein müssen, damit von einer Akuten Belastungsstörung gesprochen werden kann. Dissoziative Phänomene während des Traumas (sogenannte peritraumatische Dissoziation) und als Reaktion darauf haben sich als Zeichen einer erschwerten Anpassung herauskristallisiert. Peritraumatische Dissoziation scheint ein relativ guter Prädiktor für die Entwicklung einer PTB zu sein (Marmar, Weiss, Metzler & Delucci, 1996; Tichenor, Marmar, Weiss, Metzler & Ronfeldt, 1996; Ehlers, Mayou & Bryant, 1998). Deshalb sollte bei akut Traumatisierten immer auf Anzeichen von dissoziativen Verhaltensweisen geachtet werden, z. B. wenn sie sich nicht an wichtige Aspekte des Ereignisses erinnern können, kaum ansprechbar erscheinen oder kaum Emotionen zeigen. Dies kann bedeuten, dass die betroffene Person versucht, den erlebten Schrecken zu bewältigen, indem sie diese Inhalte von der bewussten Wahrnehmung abspaltet (»mir ist das nicht passiert, sondern einem anderen«).

Während das DSM-IV als Diagnosemanual praktisch überall in der Forschung verwendet wird (und damit die dort festgelegte Definition der PTB), findet im Gesundheitswesen fast ausschließlich der entsprechende Teil der ICD-10 Anwendung.

Die ICD-10 enthält eine eigene Kategorie für »Reaktionen auf schwere Belastungen und Anpassungsstörungen«. Darin befindet sich unter anderem die Beschreibung einer »akuten Belastungsreaktion«, die zumindest prinzipiell der Akuten Belastungsstörung nach DSM-IV entspricht. In der ICD-10 wird die Betonung aber viel stärker auf die unmittelbare Reaktion einer Person auf ein traumatisches Ereignis gelegt – nach ihrer Definition verschwinden die Symptome rasch, wenn eine Entfernung aus der belastenden Umgebung möglich ist.

Die Posttraumatische Belastungsstörung ist in der ICD-10 zwar prinzipiell gleich konzipiert, aber weniger spezifiziert:

> »Zusätzlich zu dem Trauma muss eine wiederholte unausweichliche Erinnerung oder Wiederinszenierung des Ereignisses in Gedächtnis, Tagträumen oder Träumen auftreten. Ein deutlicher emotionaler Rückzug, Gefühlsabstumpfung, Vermeidung von Reizen, die eine Wiedererinnerung an das Trauma hervorrufen könnten, sind häufig zu beobachten, aber für die Diagnose nicht wesentlich. Die vegetativen Störungen, die Beeinträchtigung der Stimmung und das abnorme Verhalten tragen sämtlich zur Diagnose bei, sind aber nicht von erstrangiger Bedeutung.« (WHO, 1993, S. 170)

Die ICD-10 nennt also intrusive Phänomene als Leitsymptom, während Vermeidung und erhöhter Erregbarkeit eine geringere Rolle zugeschrieben wird. Letzteres könnte sich als durchaus sinnvoll erweisen, denn die Vergabe einer PTB-Diagnose »scheitert« oft daran, dass die Betroffenen nicht »ausreichend« Vermeidungsverhalten oder konstriktive Symptome zeigen (z. B. Winter, 1996). Andererseits kristallisiert sich bei der Erforschung der Entstehungsbedingungen der PTB zunehmend heraus, dass intrusive Phänomene an sich kaum Vorhersagewert besitzen. Eher scheint ein ausgeprägter Erregungszustand bedeutsam zu sein (McFarlane & Yehuda, 1996) und möglicherweise entwickelt sich gerade das Phänomen der Konstriktion (emotional numbing) sekundär aus der Übererregtheit und Ängstlichkeit und könnte sich in Zukunft als zentrales Leitsymptom zumindest für chronifizierte Fälle von PTB erweisen (Foa, Riggs & Gershuny, 1995).
Foa et al. (1995) postulieren, dass sich posttraumatische Reaktionen vielleicht grundsätzlich in zwei Reaktionsformen unterscheiden lassen: Die erste ist eine eher phobische Reaktion, bei der ängstliches Vermeiden im Vordergrund steht und die nicht unbedingt als PTB bezeichnet werden sollte. Gerade bei Opfern von Verkehrsunfällen entstehen oft solche phobischen Reaktionen ohne Phänomene der Konstriktion (Frommberger, Stieglitz, Nyberg & Berger, 1997; vgl. Winter, 1996). Die zweite ist das Vollbild der PTB, bei dem sich neben der phobischen Vermeidung auch Symptome emotionalen Abstumpfens entwickelt haben, die auch als sekundäre Reaktion verstanden werden können. Das ist in dem Sinne zu verstehen, dass es erst dann zur emotionalen Konstriktion kommt, wenn andere Formen der Bewältigung der Übererregung versagt haben wie bewusstes Vermeiden bestimmter Stimuli. Möglicherweise spielt hier auch die Schwere und Bedeutung des Stressors eine Rolle. Wir sind hier bei der grundsätzlichen Frage, welchen Einfluss die Art des traumatischen Ereignisses auf die Symptomatik hat und ob eine gemeinsame diagnostische Kategorie wie die Posttraumatische Belastungsstörung sinnvoll ist.

Kapitel 3

Rolle des Stressors: Unterscheidung verschiedener Formen der Traumatisierung

Wie schon beschrieben, gab es zunächst weniger eine zusammenhängende Traumaforschung, sondern eher voneinander getrennte Bereiche, in denen unterschiedliche Syndrome benannt und untersucht wurden, z. B. das »rape trauma syndrome« (Burgess & Holstrom, 1974). Die gemeinsame Symptomatik dieser Reaktionsweisen auf traumatische Erfahrungen zu erkennen und eine gemeinsame diagnostische Kategorie zu schaffen, brachte die Traumaforschung einerseits ein wesentliches Stück voran. Andererseits hat genau das dazu geführt, dass Ergebnisse aus einem Bereich zu schnell auf andere Bereiche übertragen werden. Forschungsergebnisse zu einer bestimmten Art von Traumatisierung werden manchmal zu schnell verallgemeinert; oft wird bei der Zitation von Ergebnissen nicht angegeben, an welcher Gruppe von Betroffenen diese Ergebnisse gefunden wurden. Aber auch wenn sich die Reaktionen vergewaltigter Frauen und Soldaten, die im Kampfeinsatz waren, prinzipiell stark ähneln, gibt es wichtige Unterschiede, die nicht nur mit der Unterschiedlichkeit der Opfer zu erklären sind oder mit dem Ausmaß des Stressors (sofern sich das Ausmaß eines Stressors, also die Größe einer persönlichen Katastrophe, überhaupt quantifizieren lässt).

Um der Unterschiedlichkeit von traumatischen Erlebnissen Rechnung zu tragen, wird versucht, die Dimensionen traumatischer Belastungen zu definieren, also das eigentlich Traumatische einer Situation zu erfassen und damit zumindest ansatzweise zu quantifizieren. Verschiedene Aspekte traumatischer Erfahrungen haben sich als bedeutsam in ihrer Wirkung auf die anschließende Anpassung erwiesen:

– ob das Trauma von Menschen verursacht wurde oder »unpersönlich« durch Natur oder Technik;

– ob eine Verletzung oder gar Verstümmelung die Folge war und/oder Lebensbedrohung bestand;

– die Dauer des Traumas;
– ob dabei andere Menschen den Tod fanden oder sogar Freunde oder Angehörige.

Auf die Bedeutung dieser Qualitäten traumatischer Ereignisse wollen wir im 10. Kapitel genauer eingehen, vor allem auf die in unseren Augen wichtigste Dimension, nämlich ob ein Trauma durch Menschen zugefügt wurde oder ob es sich als Unfall oder Unglück ereignet hat.

Grundsätzlich hat sich in der Literatur eine Einteilung durchgesetzt, die Terr (1991) ursprünglich zur Definition kindlicher Traumata eingeführt hat: Die Kategorisierung in Traumatisierung des Typs I und des Typs II.

Mit einer Traumatisierung im Sinne des Typs I sind die Folgen eines unerwarteten einzelnen Ereignisses gemeint, die am ehesten (auch bei Kindern) der Beschreibung einer typischen PTB entsprechen. Nach Terr ist es dabei eher wahrscheinlich, dass die Kinder eine ziemlich genaue Erinnerung an das Ereignis bewahren und von intrusiven Phänomenen geplagt werden. Eine Traumatisierung im Sinne des Typs II entsteht durch mehrmalige, sich wiederholende oder andauernde Traumata, wie zum Beispiel im Falle von anhaltender sexualisierter Gewaltanwendung. Zwar mag die Reaktion des Kindes zunächst einer Traumatisierung des Typs I entsprechen, durch das Andauern der traumatischen Situation oder deren ständiger Wiederholung, oft über Jahre hinweg, durchläuft das Kind aber eine Art Anpassungsprozess. Es findet Strategien, die traumatischen Situationen besser zu überstehen, wie Methoden der Selbsthypnose und Dissoziation, sodass es nicht zu spüren scheint, was ihm passiert, und das Erlebte nachher gleich wieder vergisst.

Solche Prozesse führen zu einer vielgestaltigen Symptomatik im Erwachsenenalter, die sich kaum mit der Diagnose einer PTB abdecken lässt. Terr verweist selbst darauf, dass diese Kategorisierung als Richtlinie zu verstehen ist und sich in der Praxis viele Mischformen finden lassen. Ein Kind, dessen Leben von Gewalt und Missbrauch geprägt ist, mag auf ein davon unabhängiges traumatisches Ereignis, wie einen schweren Autounfall, mit den gleichen Bewältigungsstrategien reagieren, die es zur Bewältigung seines ohnehin bereits horrenden Alltags verwendet. Und andererseits ziehen viele scheinbar einmalige Ereignisse Konsequenzen nach sich, die für sich selbst traumatisierend wirken, z. B. zahlreiche Folgeoperationen, wenn das Kind einen Unfall hatte, und werden damit zu einem Stressor, der eine Traumatisierung des Typs II zur Folge haben kann.

Diese Einteilung Terrs (1991) wurde von vielen Autoren auch für die Beschreibung von Traumafolgen im Erwachsenenalter übernommen und ebenso für die Charakterisierung der Stressoren selbst verwendet: Typ-I-Traumata sind demnach relativ kurzfristige, in sich abgeschlossene und unerwartete Ereignisse wie Vergewaltigung, Überfall, Unfall, Unglück, Naturkatastrophe. Solche Ereignisse prägen sich oft klar in das Gedächtnis einer Person ein und führen eher zu einer »klassischen« PTB-Symptomatik. Das Typische an solchen traumatischen Situationen ist, dass die Person meist völlig von den Ereignissen überwältigt wird und danach erschüttert zurückbleibt. Dabei können die *Folgen* solcher Ereignisse für sich selbst wieder traumatisch sein, z. B. wenn man einen Angehörigen verliert, sich schwere Verletzungen zugezogen hat und/oder die eigene materielle Existenzgrundlage zerstört ist, sodass der Typ-I-Stressor sich in einen Typ-II-Stressor verwandelt.

Traumata des Typs II sind vor allem sexualisierte und körperliche Misshandlung, aber auch Krieg mit seinem Gefolge von Flucht, Gefangenschaft, Verlusten, Verletzungen und Folter: in erster Linie Grausamkeiten, die Menschen durch andere Menschen erfahren müssen. Um zu überleben, versucht das Opfer, sich anzupassen, und entwickelt dabei Strategien wie dissoziatives Abspalten der Erfahrung, emotionales Abstumpfen oder es betäubt sich durch Drogen. Es erfährt durch die Ereignisse in der Regel eine entscheidende Veränderung seiner Persönlichkeit. Besonders, wenn es sich bei den Opfern um Kinder handelt, sind die Auswirkungen solcher Erfahrungen anhaltend. Gerade bei ihnen können Bewältigungsstrategien wie Dissoziation zum Vergessen bestimmter Aspekte dieser Erfahrungen führen.

Solche tiefgreifenden Veränderungen einer Person oder – bei Kindern – tiefgreifende Einflüsse auf die Persönlichkeitsentwicklung werden durch die Symptom-Kategorien einer PTB nur annähernd beschrieben. Die Diagnose der Posttraumatischen Belastungsstörung mag bei vielen Opfern von Langzeittraumatisierung zwar zutreffen, sie wird dem Ausmaß und der Variabilität der Symptomatik aber nicht gerecht. Die PTB ist also nur *eine* mögliche Folge traumatischer Erfahrungen.

Kapitel 4

Phänomenologie traumatischer Stressreaktionen II: Die Folgen anhaltender Traumatisierung

Das DSM-IV erwähnt tiefgreifende Veränderungen oder Prägung der Persönlichkeit durch das Trauma eher am Rande, nämlich als ein die Kardinalsymptome begleitendes Symptommuster, das besonders bei Traumatisierungen, die einen zwischenmenschlichen Faktor beinhalten (und einem Typ-II-Trauma entsprechen) auftritt:

»... verminderte affektive Schwingungsfähigkeit; selbstschädigendes und impulsives Verhalten; dissoziative Symptome; somatische Beschwerden; Gefühle der Insuffizienz, Scham, Verzweiflung oder Hoffnungslosigkeit; sich dauerhaft geschädigt fühlen; Verlust zuvor bewahrter Überzeugungen; Feindseligkeit; sozialer Rückzug; ständiges Gefühl des Bedrohtseins; beeinträchtigte Beziehung zu anderen oder Veränderung der Persönlichkeit im Vergleich zu früher« (APA, 1996, S. 489).

In der ICD-10 gibt es die Kategorie »andauernde Persönlichkeitsänderung nach Extrembelastung«, die folgendes Symptommuster beinhaltet:

1. Eine feindliche und mißtrauische Haltung der Welt gegenüber.
2. Sozialer Rückzug.
3. Gefühle der Leere und Hoffnungslosigkeit.
4. Ein chronisches Gefühl von Nervosität wie bei ständigem Bedrohtsein.
5. Entfremdung.

(WHO, 1993, S. 235)

Eine solche diagnostische Möglichkeit fehlt also im DSM und damit in der Forschung. Deshalb wird von verschiedenen Autoren die Einführung einer neuen Kategorie gefordert, die zum Beispiel mit »Disorder of Extreme Stress« (DES) oder »Complex PTSD« bezeichnet wird.
Die Beschreibung der komplexen posttraumatischen Belastungsstö-

rung wird insgesamt vor allem an den Beispielen von Opfern sexualisierter und körperlicher Gewalt in der Kindheit belegt, zeigt sich aber durchaus in ähnlicher Form bei erwachsenen Opfern von anhaltender Traumatisierung, z. B. bei Überlebenden von Folter und Gefangenschaft.
Herman (1992, 1993) hat sich ausgiebig mit den Folgen lang anhaltender, durch Menschen verursachter Traumatisierung befasst, sei es durch sexualisierten und körperlichen Missbrauch in der Kindheit oder durch Folter und Gefangenschaft. Nach Herman sind es vor allem drei Bereiche, in denen sich eine derartige Viktimisierung auswirkt: 1) Auf einer symptomatischen Ebene in einer Vielzahl von Symptomen und Problematiken, 2) auf einer eher charakterlichen Ebene vor allem in Veränderungen der Beziehungsfähigkeit und des Identitätsgefühls und 3) auf der Verhaltensebene in einer erhöhten Vulnerabilität gegenüber einer erneuten Viktimisierung.
Auf der Symptomebene zeigen sich bei Opfern anhaltender zwischenmenschlicher Traumatisierung eine Reihe von Problemen, die sich zunächst nicht immer unmittelbar mit einer Traumageschichte in Verbindung bringen lassen. Zwar ist es keinesfalls so, dass z. B. die überwältigende Mehrheit der Frauen, die in ihrer Kindheit sexualisierte Gewalt erfahren haben, in der Psychiatrie enden (Herman, 1992; Draijer, 1990), andererseits berichten aber überdurchschnittlich viele psychiatrische Patientinnen, dass sie in ihrer Kindheit sexualisiert missbraucht worden sind, nach Herman zwischen 40–70%, je nach Studie. Derartige traumatische Erfahrungen in der Kindheit spielen also eine gravierende Rolle als Vulnerabilitätsfaktor bei psychiatrischen Störungen.
Es gibt wohl kaum einen Bereich, in dem die Prävalenzzahlen derartig auseinander klaffen, wie es bei sexualisierter Kindesmisshandlung der Fall ist. Dies hat mehrere Gründe: die geheime Natur der Misshandlung, die retrospektive Erhebung (manche geben diese Erlebnisse nicht an, manche mögen sie vergessen haben), die Art, wie erhoben wird (von Fragebogen bis Tiefeninterview) und wie sexualisierte Gewalt definiert wird (abhängig von Schwere und Ausmaß und abhängig von unterschiedlichen Altersgrenzen). Dadurch wird es schwierig, die Bedeutung einer erhöhten Missbrauchsprävalenz in klinischen Gruppen zu bewerten.
Ellerbrok, Heuft & Senf (1995) argumentieren, dass sexualisierter

Missbrauch vor allem dort zum Vulnerabilitätsfaktor wird und sich dann auch verstärkt im klinischen Bereich wiederfindet, wo er schwerer ist, länger andauert, früher begonnen hat und der oder die Täter eine Bezugsperson ist bzw. Bezugspersonen sind.
Diese Interpretation wird durch viele Untersuchungen gestützt, z. B. durch die Studie von Draijer (1990), die die Inzestprävalenz, also nur intrafamiliäre Misshandlung, bei einer Stichprobe holländischer Frauen im Alter von 20–40 Jahren erhob. Von der repräsentativ gezogenen Ausgangsstichprobe hatten sich 49% zur Teilnahme an der Studie bereit erklärt, nachdem sie Informationen über den Inhalt der Studie erhalten hatten (n = 1054). 15,6% dieser Frauen berichteten von innerfamiliären Missbrauchserfahrungen in der Kindheit, bei gut der Hälfte in einer eher leichteren Form, bei 44,4% schwerwiegend. Etwas über die Hälfte dieser Frauen zeigen psychische und psychosomatische Problematiken. Das Ausmaß der Symptomatik im Erwachsenenalter wiederum wurde vorhergesagt durch die Schwere der Misshandlung, durch frühen Beginn, frühe Trennungserfahrungen und zusätzliche Missbrauchserfahrungen außerhalb der Familie. Von den 24 Frauen, die in psychiatrischer Behandlung waren, fiel die Hälfte in die Gruppe derer, die sexualisierte Gewalt in der Kindheit erfahren hatten.
Typische Folgen von Typ-II-Traumatisierung, aber in der PTB-Diagnose so nicht enthalten, finden sich in den Bereichen Somatisierung, Dissoziation und Affektregulation.

Somatisierung

Auf der somatischen Ebene sind dies zunächst die bereits beschriebenen Symptome einer erhöhten Erregung, also Hypervigilanz und Schreckhaftigkeit, Nervosität und Schlafstörungen. Darüber hinaus leiden aber viele Betroffene an einer Reihe von psychosomatischen Beschwerden. Dies zeigt sich sowohl bei Opfern politischer Gewalt und Kriegsgefangenen als auch bei Opfern sexualisierter und körperlicher Gewalt in der Kindheit. Natürlich ergeben sich solche Krankheiten auch als rein medizinische Folge aus Verletzungen, Not und Vernachlässigung, aber Ausmaß und Vielzahl der oft eher unspezifischen Beschwerden lassen auf erschwerende psychogene Faktoren schließen.

Tatsächlich erbrachte eine Untersuchung an 100 Frauen in psychotherapeutischer Behandlung, die verstärkt über eine Reihe von psychosomatischen Beschwerden klagten, folgende Ergebnisse: Die Frauen (knapp die Hälfte), die die Kriterien einer sogenannten Somatisierungsstörung erfüllten (die definiert ist als ein Muster von multiplen somatischen Beschwerden, die sich nicht durch medizinische Krankheitsfaktoren erklären lassen), hatten zu 90% in irgendeiner Form Misshandlung erlebt und zu 80% sexualisierten Missbrauch in Kindheit oder Erwachsenenalter (Pribor, Yutzy, Dean & Wetzel, 1993). Offensichtlich ist eine Reihe von unspezifischen psychosomatischen Erkrankungen zumindest für sexuell traumatisierte Frauen geradezu typisch, wobei solche Korrelationsstudien nie etwas über einen kausalen Zusammenhang aussagen können. Umgekehrt finden Studien, die von PTB als Diagnose ausgehen, ebenfalls hohe Werte im Bereich Somatisierung (z. B. McFarlane, Atchison, Rafalowicz & Papay, 1994, bei Feuerwehrleuten nach Einsatz bei einer Buschfeuerkatastrophe).
Van der Kolk (1996a) bringt die erhöhte Tendenz traumatisierter Personen zur Somatisierung in Zusammenhang mit dem Alexithymie-Konzept: Manchen Betroffenen gelingt es nicht, die traumatischen Erfahrungen und die damit verbundenen Gefühle in Worte zu fassen, und sei es nur für sich selbst. Diese Unfähigkeit, sich und seine Gefühle zu verbalisieren, mag dazu führen, dass der Körper sich in Symptomen ausdrückt. Manche Autoren sprechen von »Körpererinnerungen«, bei denen Schmerzen und Verspannungen im Körper auf Erlebnisse hinweisen, für die keine bewusste Erinnerung besteht (Brenneis, 1994; Terr, 1991: *»behavioral reenactments«*). Somatisierung wiederum steht in engem korrelativen Zusammenhang mit Amnesie und anderen dissoziativen Symptomen. In der bereits erwähnten Studie von Pribor et al. (1993) zeigte sich ein enger Zusammenhang zwischen dem Grad der Somatisierung und dissoziativen Phänomenen. Und umgekehrt findet sich bei Personen mit dissoziativen Störungen (z. B. Dissoziativer Identitätsstörung oder Multipler Persönlichkeitsstörung, wie sie früher genannt wurde) ein großer Anteil von Patientinnen und auch Patienten, denen man ebensogut die Diagnose Somatisierungsstörung stellen könnte (Saxe et al., 1994). Neu ist dies alles nicht: Diese Überlappung der Diagnosen entstand einfach durch die künstliche Aufspaltung des alten Hysterie-Konzeptes, das sowohl die Symptomaspekte der Disso-

ziation als auch der Somatisierung unter dem Label der Hysterie subsumierte (vgl. Nemiah in: van der Kolk, Pelcovitz et al., 1996).

Dissoziation

Dissoziative Phänomene schälen sich zunehmend als ausgesprochen wichtige Faktoren in der Entstehung und Aufrechterhaltung der PTB heraus. Dabei ist noch nicht klar, ob die allgemeine Neigung zu dissoziieren als Prädiktor für dissoziative Phänomene während und unmittelbar nach einem Trauma gelten und diese wiederum als Prädiktor für die Entwicklung einer PTB. Oder ob andersherum dissoziatives Verhalten sich als eines der Symptome bei traumabedingten Störungen entwickelt und dann von den Betroffenen retrospektiv vielleicht auch mehr dissoziative Erlebnisse während des traumatischen Ereignisses berichtet werden.

Dissoziation kann beschrieben werden als eine strukturelle Aufspaltung mentaler Prozesse (»a structured separation of mental processes«; Butler, Duran, Jasiukaitis, Koopman & Spiegel, 1996), bei der es zu einer Abspaltung von Wahrnehmungen, Bedeutungen, Gefühlen, Erinnerungen oder gar Teilen der Identität kommen kann. Beispiele aus dem Alltag sind etwa Tagträume bei gleichzeitigem Ausblenden langweiliger Vorträge oder das Fahren auf der Autobahn per geistigem Autopilot. Im klinischen Bereich ist Dissoziation ein altbekanntes Phänomen und wurde z. B. bei hysterischen Patientinnen als *»la belle indifference«* beschrieben, wenn diese mit scheinbarer Gleichgültigkeit oder gar Heiterkeit über Konversionssymptome berichteten, dass sie z. B. ihre Beine nicht mehr spüren könnten. Das entspricht einer doppelten Dissoziation, nämlich durch die Abspaltung von Wahrnehmungseindrücken und durch die Abspaltung emotionaler Anteile, etwa der eigentlich zu erwartenden Betroffenheit.

Als dissoziative Amnesie bezeichnet man die Unfähigkeit, sich an bestimmte Ereignisse, Teilaspekte davon oder andere wichtigen persönliche Informationen zu erinnern, ohne dass ein medizinischer Faktor (z. B. ein Schädel-Hirn-Trauma) diese Erinnerungslücken erklären könnte. Andere häufigere Formen dissoziativen Erlebens sind Phänomene der Depersonalisation und Derealisation, wie sich außerhalb sei-

nes Körpers fühlen, sich leblos oder irgendwie automatenhaft fühlen oder ein Gefühl der Irrealität, dass z. B. alles abläuft wie ein Film, als würde es dem Betreffenden gar nicht wirklich passieren, sondern einer anderen Person. Während all diese Erlebensweisen in der Regel als befremdend oder beängstigend wahrgenommen werden, können sie auch als Überlebensstrategie und Schutzmechanismus verstanden werden, wenn eine Situation die normalen Bewältigungsstrategien übersteigt.
Dissoziatives Erleben während einer traumatischen Situation wird sowohl von Kindern als auch Erwachsenen berichtet, z. B. stellen sich Kinder vor, sie wären in Wirklichkeit woanders oder eine andere Person, unsichtbar oder schmerzunempfindlich (Terr, 1991). Frauen, die vergewaltigt wurden, berichten z. B. von der Vorstellung, die Szenerie von außerhalb ihres Körpers wahrzunehmen und Mitleid für »die Frau« zu empfinden, der das zu passieren schien (Classen, Koopman & Spiegel, 1993). Nach Herman (1992) sind es vor allem Opfer von andauernder und sich wiederholender Gewalt, also Traumatisierung des Typs II, bei denen derartige Bewältigungsstrategien auftreten. Sie zeigen auch nach Beendigung von Missbrauch oder Gefangenschaft solche dissoziativen Verhaltensweisen, vor allem unter Stress. Studien, die sich mit den Folgen andauernder interpersonaler Traumatisierung befassen, finden fast durchgängig hohe Dissoziationswerte (z. B. Chu & Dill, 1990; van der Kolk, Pelcovitz et al., 1996), Studien, die Patienten auf Dissoziation untersuchten, fanden bei verstärkter dissoziativer Symptomatik mit hoher Wahrscheinlichkeit traumatische Kindheitserfahrungen (z. B. Saxe et al., 1993). Bei der Dissoziativen Identitätsstörung (vormals Multiple Persönlichkeitsstörung), die dadurch gekennzeichnet ist, dass bei einer Person unterschiedliche, voneinander abgrenzbare Persönlichkeiten oder Identitäten existieren und abwechselnd im Vordergrund stehen, findet sich praktisch durchweg schwerste Misshandlung in der Vorgeschichte (Coons, Bowman & Milstein, 1988; Putnam, Guroff, Silberman, Barban & Post, 1986). Der geistige Mechanismus, der diesen Personen half, die schweren Misshandlungen durchzustehen *(»das passiert gar nicht mir, das passiert einem anderem«)*, hat sich in diesen Fällen buchstäblich verselbstständigt.
Nach van der Kolk (1996a) ist Dissoziation einer der Mechanismen, der bei selbstverletzendem Verhalten beteiligt ist, indem den Selbstverletzungen Gefühle der Entfremdung und des Abgestumpftseins vor-

ausgehen und die Betroffenen den Schmerz, den sie sich zufügen, vermindert wahrnehmen. Der Schmerz wiederum kann helfen, wieder »auf den Boden zurückzukommen« und sich lebendig zu fühlen. In einer Längsschnittuntersuchung verfolgten van der Kolk, Perry & Herman (1991) die Schicksale von jungen Erwachsenen, die zu selbstschädigendem Verhalten neigten (in der Untersuchung war es ursprünglich um eine Validierung der Diagnose »Borderline-Persönlichkeit« gegangen). Vor allem die Personen, die in ihrer Kindheit sexualisiert misshandelt und/oder schwer vernachlässigt worden waren, zeigten im Verlauf der Studie (4 Jahre) weiter selbstzerstörerisches Verhalten, vor allem Selbstverletzungen wie sich schneiden oder ritzen, obwohl sie sich fast durchgängig in therapeutischer Betreuung befanden. Dabei schien den Selbstverletzungen im Vergleich zu anderem selbstzerstörerischem Verhalten wie Fressanfällen, Risikoverhalten oder Suizidversuchen eine besondere Rolle zuzukommen. Sie waren besonders stark mit hohen Werten auf einer Dissoziationsskala verbunden. Das Schneiden schien, z. B. im Gegensatz zu Suizidversuchen, die unter anderem auch kommunikative Funktion hatten, vor allem der Affektregulation zu dienen, also als ein Ausweg aus aversiven inneren Zuständen.

Affektregulation

Nach Herman (1992) sind schwere affektive Störungen nach Somatisierung und Dissoziation der dritte Symptomkomplex, der durch die PTB-Diagnose nur unzureichend erfasst wird: Depression, Ängstlichkeit, Verzweiflung und Aggressionen, die im machtlosen Status der Abhängigkeit – sei es als misshandeltes Kind oder als gefolterter Erwachsener – nur unterdrückt werden konnten. Abgesehen davon, dass es sich dabei um völlig nachvollziehbare Reaktionen handelt, liegt ihnen eine tiefgreifende Störung der Affektregulation zugrunde, die umso ausgeprägter sein kann, je früher in der Entwicklung eine Traumatisierung begann. Van der Kolk (1996a) beschreibt die Wichtigkeit, die ein Gleichgewicht von Stimulierung und Beruhigung für die frühkindliche Entwicklung hat. Vermittelt durch die Bezugspersonen, lernt das Kind schließlich, seine eigenen affektiven Zustände selbst zu regulieren. Bei frühkindlicher Traumatisierung, übrigens auch bei Isolierung

und Vernachlässigung, kommt es zu Störungen in der Ausbildung der Affektmodulation und Impulskontrolle und somit zu überschießenden Reaktionen. Das kann sich z. B. in Form von aggressivem Verhalten anderen oder sich selbst gegenüber äußern. Weiter kann es und zu depressivem und dissoziiertem Verhalten wie geringerer Ansprechbarkeit, Abgestumpftheit führen. Bei Personen, die erst als Erwachsene traumatisiert wurden, ist diese Fähigkeit, innere Zustände zu regulieren, (idealerweise) ausgebildet, kann aber besonders durch lang anhaltende interpersonale Traumatisierung empfindlich gestört werden.
Die Innenwelt der betroffenen Person wird zu einer aversiven Erfahrung, voll überschießender Reaktionen auf objektiv gesehen ungefährliche Stressoren und voll Intrusionen des Erlebten, das die Person mit allen Mitteln vergessen will. Um dies zu vermeiden, flüchten die Betroffenen in eine Abgestumpftheit *(emotional numbing)*, durchbrochen von scheinbar unkontrollierbaren Gefühlsausbrüchen. Nach außen hin selbstzerstörerisches Verhalten sieht van der Kolk (1996a) als Versuch, der inneren Betäubung und dissoziativen Auflösung zu entgehen, z. B. durch Selbstverletzungen oder riskante Lebensweise. Es kann aber auch dazu dienen, die ständige innere Retraumatisierung durch Wiedererinnern und Übererregtheit zu bekämpfen, z. B. durch Suchtverhalten, das bei traumatisierten Personen nicht zuletzt als Versuch der Selbstmedikation verstanden werden kann. Die hohe Suizidrate bei Personen, die an posttraumatischer Symptomatik leiden, besonders aber bei Personen, die schwere interpersonale Traumatisierungen erfahren haben, erklärt sich nicht zuletzt durch die verzweifelten Versuche, dem eigenen Innenleben zu entgehen (Adams & Lehnert, 1997).
Neben diesen drei Symptomkomplexen, Somatisierung, Dissoziation und Affektregulation, besteht bei Opfern lang anhaltender interpersonaler Gewalt eine Reihe pathologischer Veränderungen oder genuiner Entwicklungen in den Bereichen Beziehungsfähigkeit und Identität. Traumatisierung durch Bezugspersonen in der Kindheit, sei es ausgeübte Gewalt oder völlige Vernachlässigung, stellen äußerst negative Botschaften an das Kind dar, bezüglich der Verlässlichkeit bzw. Gefährlichkeit der Welt und dessen eigener Wertigkeit in dieser Welt. Auch bei Erwachsenen, die sich z. B. in Gefangenschaft befinden und dort gefoltert werden, können frühere positive Konzepte durch die neuen entsetzlichen Erfahrungen zerstört und durch negative Kon-

zepte ersetzt werden, geprägt durch die schier unglaubliche Bandbreite menschlicher Grausamkeit und die bis an das Äußerste gehende Erfahrung über das Ausmaß der eigenen Verletzlichkeit und Machtlosigkeit.

Beziehungsfähigkeit

Nach Herman (1992) entwickelt sich bei andauernder interpersonaler Gewalt zwischen Opfer und Täter eine pathologische Form der Bindung, die alle weiteren Beziehungen des Opfers färben wird. Fortgesetzte interpersonale Traumatisierung ist überhaupt nur möglich, wenn Opfer und Täter auf Dauer aneinander gebunden sind. Voraussetzung dafür ist ein Ungleichgewicht der Macht, bei der der Täter Möglichkeiten der Kontrolle besitzt, die das Opfer von seinem Wohlwollen abhängig machen. Diese Bedingungen finden sich, so Herman, in Gefängnissen, Konzentrationslagern, in manchen religiösen Vereinigungen oder in Vereinigungen organisierter Kriminalität, etwa wenn das Ziel die sexuelle Ausbeutung ist. Die prinzipielle Struktur, nämlich das Ungleichgewicht der Macht, kann sich auch in Familien finden. Die Methodik des Täters zur Kontrolle des Opfers ist dabei erstaunlich konsistent: Durch systematisches Zufügen psychischer Traumatisierung, nicht immer, aber meistens in Verbindung mit körperlicher Gewalt, versucht der Täter das Opfer zu terrorisieren, hilflos zu machen, zu isolieren, es gleichzeitig zu korrumpieren. Er tut dies, indem er kleine Zugeständnisse gewährt und letztlich so dessen Autonomie und Eigenständigkeit zerstört. Sein Ziel ist erreicht, wenn er zur einzig denkbaren Quelle an menschlicher Nähe wird, sodass sich das Opfer in absurder Weise an ihn gebunden fühlt. Diese traumatische Bindung, wie Herman es nennt, kann sich bei Opfern von Entführung und Geiselhaft und allgemein bei Menschen in langer Gefangenschaft (vor allem bei Isolation) ebenso finden wie bei Frauen, die geschlagen werden und trotzdem beim gewalttätigen Partner bleiben. Und natürlich gilt das auch bei Kindern, die den sie missbrauchenden Elternteil lieben und seine Handlungen decken. Sie tun dies ja nicht nur aus der begründeten Angst vor den Drohungen, sondern eben auch aufgrund der pathologischen Bindung. Wenn wir Hermans Begrifflichkeit der pathologischen Bindung übernehmen, meinen wir nicht, das Opfer hätte ja nur die ge-

sündere Möglichkeit einer völligen Ablehnung und inneren Unabhängigkeit zu wählen brauchen. Eben jenes Machtungleichgewicht, das traumatische Situationen menschlicher Ausbeutung charakterisiert, verunmöglicht diese Wahl.
Ein wichtiger Aspekt dieser pathologischen Beziehungsbildungen ist, dass durch die Kontrolle des Täters und die Abhängigkeit des Opfers letzterem die eigenen Kontrollmöglichkeiten fast gänzlich entzogen sind. Eine der Kernqualitäten jeglicher traumatischer Erfahrung sind die Überwältigung der eigenen Kontrollmöglichkeiten und ein Gefühl der Machtlosigkeit. Manche Autoren haben deshalb das Konzept der erlernten Hilflosigkeit auf Opfer anhaltender Traumatisierung übertragen, um so deren depressives und antriebsloses Verhalten zu erklären. Das Gefangensein in der traumatischen Situation raubt dem Opfer jegliche Initiative, so Herman (1992), und Überlebende solcher Erfahrungen müssen diese Defizite erst (wieder) mühsam auffüllen[1].
Die Konsequenzen dieser traumatischen Bindungsqualität äußern sich neben der gerade geschilderten Hilflosigkeit darin, dass spätere Bindungen durch das Opfer im selben Licht wahrgenommen werden. Nähe bedeutet Gefahr, ebenso Verlassenwerden. Viele Überlebende zwischenmenschlicher Ausbeutung schwanken zwischen Intimität und Rückzug, Idealisierung und Wut und haben große Schwierigkeiten, anderen Menschen zu vertrauen.

Identität und kognitive Überzeugungen

Die Botschaft, die mit der Ausbeutung einhergeht, bleibt nicht ohne Konsequenzen für das Selbstbild und Identitätsgefühl. Die systematische Abwertung und Vereinnahmung durch den Täter untergräbt den eigenen Selbstwert und das Gefühl einer eigenständigen, unabhängigen Identität. Opfer andauernder zwischenmenschlicher Gewalt können das Gefühl verlieren, ein vollwertiger Mensch zu sein, und empfinden

1 Herman (1993, S. 128) bringt das Beispiel eines politischen Gefangenen, der eindrücklich schildert, wie scheinbar simpelste Alltagsanforderungen nach 13 Jahren Gefangenschaft bewusste Überwindung kosteten. So griff er von sich aus nicht mehr spontan nach Türklinken, weil es ihm 13 Jahre lang verboten war, dies zu tun, und die Türen für ihn geöffnet und hinter ihm geschlossen wurden.

sich als dauerhaft beschädigt. Besonders wenn schwere Misshandlung in der frühen Kindheit vorliegt, entwickelt sich kein stabiles Identitätsgefühl und die Betroffenen fühlen sich manchmal nicht unbedingt als Angehörige der menschlichen Rasse, sondern eher als Monster, das es eigentlich zu vernichten gilt. Gefühle von Schuld, Scham und absolutem Unwert sind fast die Regel. Durch die Bewältigungsversuche mittels Dissoziation kommt es zu einer weiteren Destabilisierung des ohnehin fragilen Identitätsgefühls. Wie schon beschrieben, lässt sich die Dissoziative Identitätsstörung, die als Beispiel eines besonders stark beeinträchtigten Identitätsgefühls verstanden werden kann, fast immer mit schwersten Missbrauchserfahrungen in der Kindheit in Zusammenhang bringen.

Die Beeinflussung des Selbstbildes und des Beziehungskonzeptes findet sich nicht ausschließlich nach interpersonaler Traumatisierung, sondern beschreibt den grundsätzlichen Einfluss traumatischer Erschütterung auf Selbst- und Fremdkonzept. Interpersonale Traumatisierung wirkt sich nur besonders verheerend auf die Ausbildung oder Beeinflussung solcher Konzepte aus. Die Welt wird nicht (mehr) als grundsätzlich positiver Ort empfunden, sondern als gefährlich und bedrohlich. Von Menschen droht Gefahr und sie können deshalb nur bedingt als Ressource und Schutz genutzt werden. Sich selbst schätzt man als nicht fähig und auch nicht wertvoll genug ein, sich zu schützen. Vor allem Janoff-Bulman (1989) hat sich mit der Bedeutung zentraler Konzepte zur Welt, zu sich selbst und zu den Mitmenschen befasst. Sie konnte bestätigen, dass Personen (zumindest Studenten), die traumatische Erfahrungen gemacht hatten, sich von ihren Kommilitonen dadurch unterschieden, dass sie sich selbst grundsätzlich als weniger wertvoll einstuften und die Welt als Ganzes als weniger wohlgesonnen.

Eines der Grundkonzepte des menschlichen Selbstbildes ist die Illusion der Unverletzbarkeit, das heißt, die meisten Menschen scheinen ein beträchtliches Ausmaß an Optimismus und Ignoranz von Wahrscheinlichkeiten bezüglich der eigenen Vulnerabilität zu nähren. Eine kognitive Leistung, die ein Traumaopfer deshalb erbringen muss, ist die gemachte Erfahrung in bestehende Erfahrungsschemata zu integrieren. Für Erwachsene mag das bedeuten, dass sie ihre bestehenden Vorstellungen revidieren müssen oder die gemachte Erfahrung ignorieren, die aber in der Regel zu gewaltig ist. Das heißt, sie müssen eine kognitive

Anpassungsleistung erbringen. Wie ist das mit kindlichen Opfern anhaltender Traumatisierung? Möglicherweise bilden sich bei ihnen von vornherein negativere Schemata bezüglich der eigenen Wertigkeit und der Verlässlichkeit der Welt aus, sodass sie von nachfolgenden Traumatisierungen in ihren Selbst- und Fremdkonzepten eher bestätigt denn erschüttert werden. Newman, Riggs & Roth (1997) untersuchten 84 Personen, die ein potentiell traumatisches Erlebnis erfahren hatten, auf PTB und Symptome der komplexen Belastungsstörung, wie sie hier geschildert wurde. Außerdem stellten sie Fragen über eine Reihe problematischer Lebensthematiken, die Selbst- und Fremdkonzept negativ beeinflussen. Dazu gehörten u. a. Schuld, Scham, mangelnder Selbstwert und Ansichten zur Verlässlichkeit der Menschen und zur Güte der Welt allgemein. Besonders die Personen, die PTB zusammen mit einer komplexeren Symptomatik aufwiesen, zeigten solche ungelösten und problematischen Thematiken. Wurde unterschieden zwischen Personen, die interpersonale Traumatisierung erfahren hatten, und solchen, deren Traumata unpersönlicher Natur waren, zeigten erstere verstärkt ungelöste Lebensthematiken. Das galt auch dann, wenn das Alter bei der ersten Traumatisierung und die Zahl der traumatischen Erlebnisse statistisch kontrolliert wurden. Offensichtlich deckt sich die Konzeption problematischer Lebensthematiken dieser Forschungsgruppe stark mit den grundsätzlichen Problembereichen von Opfern anhaltender interpersonaler Traumatisierung. Es zeigt sich aber zugleich, dass bei dieser Gruppe tatsächlich besonders dysfunktionale Selbst- und Fremdkonzepte vorliegen.

Da Menschen grundsätzlich dazu neigen, ihre Vorannahmen eher zu bestätigen als zu widerlegen (Fiske & Taylor, 1991), besteht deshalb besonders bei in der Kindheit traumatisierten Personen die Gefahr, alles später Erlebte durch die Linse des Traumas wahrzunehmen und zu deuten.

Reviktimisierung

Damit in Zusammenhang mag auch das, nach der Symptom- und Persönlichkeitsebene, dritte Charakteristikum von Opfern andauernder interpersonaler Traumatisierung stehen, das von Herman (1992) auf

der Verhaltensebene als eine erhöhte Vulnerabilität gegenüber einer erneuten Viktimisierung beschrieben wird. Als Beleg bringt sie dabei einerseits die oben geschilderten Tendenzen mancher Betroffener, sich selbst Verletzungen zuzufügen oder sich anderweitig selbst zu schädigen. Aber auch im zwischenmenschlichen Bereich finden sich derartige Tendenzen, z. B., indem an missbräuchlichen Partnerschaften festgehalten wird oder durch riskantes Sexualverhalten.
Solche Handlungen werden manchmal auch mit dem alten psychoanalytischen Konzept des Wiederholungszwanges beschrieben: Eine Person begibt sich immer wieder in Situationen, in denen sie alte Verletzungen erneut durchlebt in der unbewussten Hoffnung, dieses Mal eine bessere Lösung herbeizuführen. Wir halten diese Erklärung für unzureichend und erwähnen sie nur, weil der Begriff des Wiederholungszwanges immer wieder auftaucht. Tatsächlich besteht aber z. B. für Opfer kindlichen Missbrauchs eine erhöhte Wahrscheinlichkeit, auch im Erwachsenenalter in missbräuchlichen Beziehungen zu leben oder vergewaltigt zu werden (Cloitre, Tardiff, Marzuk, Leon & Portera, 1996; Follette, Polusny, Bechtle & Naugle, 1996). Manche wechseln auch von der Rolle eines Opfers in die des Täters und misshandeln ihrerseits Kind oder Partner oder leben ein gewalttätiges Leben. Herman betont, dass das aber ein geringerer Anteil ist, als man gemeinhin annimmt, und stützt sich dabei auf einen Überblicksartikel von Kaufman & Zigler (1987), die Studien zur intergenerationalen Transmission von Missbrauchserfahrungen ausgewertet haben.
Auch in anderen Bereichen finden sich Hinweise auf die Konsequenzen interpersonaler Gewalt: Die *National Vietnam Veterans Readjustment Study* von Kulka et al. (1990) beschreibt mögliche Folgen von Kriegstraumatisierung: Männliche Veteranen waren öfter obdachlos, begingen mehr Gewalttaten und kamen verstärkt mit dem Gesetz in Konflikt, als es in der zivilen und militärischen Kontrollgruppe der Fall war. Bei weiblichen Veteranen war dies übrigens nicht zu beobachten.
Die Gefahr der Reviktimisierung oder Viktimisierung von anderen kann am besten als Folge einer Verkettung verschiedener Defizite verstanden werden: mangelnde Fähigkeit zur Impulskontrolle und Affektregulation; ein verringertes Selbstwertgefühl, das einerseits den Mangel an Selbstschutz zu rechtfertigen scheint, andererseits ein geringeres Durchsetzungsvermögen nach sich zieht; keine Modelle in der Kind-

heit, die fürsorgliches Verhalten hätten vorleben können und ebenso wenig selbstverantwortliches Verhalten. Schließlich die Neigung, ähnliche pathologische Bindungen einzugehen, wie sie in der Missbrauchssituation als Opfer häuslicher oder politischer Gewalt bestanden, sei es, weil dieser Bindungsstil vertraut ist und kein anderer zur Verfügung steht, sei es, weil das Lebensumfeld das Gleiche bleibt.

Für die Neuausgabe des DSM-IV wurden groß angelegte Feldstudien zu verschiedenen Störungsbereichen durchgeführt, auch zur Frage, ob es ein klar abgrenzbares Syndrom einer komplexen PTB gibt. Die Forschungsgruppe um van der Kolk (z. B. Pelcovitz et al., 1996) hat dazu ein strukturiertes Interview entwickelt, das im Rahmen der PTB-Feldstudie 520 Personen vorgelegt wurde, die sich zu gut zwei Dritteln aus einem Sample in Behandlung und zu knapp einem Drittel aus einer Stichprobe aus der Allgemeinbevölkerung ergaben. Stellte man den Personen, die schon früh interpersonale Traumatisierung (bis zum Alter von 13 Jahren) erfahren hatten, jenen gegenüber, die eine Naturkatastrophe erlebt hatten, zeigte die erste Gruppe eine deutlich schwerere Symptomatik. Personen, die ein interpersonales Trauma *nach* dem 13. Lebensjahr zum ersten Mal erlebt hatten, lagen in der Symptomatik zwischen den beiden Gruppen. Damit schält sich die Diagnose »komplexe PTB« zunächst vor allem für Opfer frühkindlicher Traumatisierung des Typs II heraus, also in der Regel sexualisierter und/oder körperlicher Missbrauch. Roth, Newman, Pelcovitz, van der Kolk & Mandel (1997) untersuchten dieselbe Stichprobe noch genauer, dieses Mal alle Betroffenen, die interpersonale Traumatisierung erlitten hatten, zusammen, ohne nach Alter zu unterscheiden (n = 234). Das Lebenszeitrisiko, eine komplexe PTB zu entwickeln, lag bei 50%. Dabei trat die komplexe Symptomatik fast nie auf, ohne dass nicht auch die Kriterien der »einfachen« PTB erfüllt gewesen wären, also Intrusion, Vermeidung oder Konstriktion und Übererregung. Sexualisierte Misshandlung im Vergleich zu rein körperliche Misshandlung erwies sich als besonderer Vulnerabilitätsfaktor. Allerdings war die Definition für körperlichen Missbrauch äußerst eng. Jemand, der oder die als Kind häufig geschlagen wurde, ohne schwere Verletzungen davonzutragen, hätte nach der Definition von Roth et al. die Frage nach körperlicher Gewalt verneinen können. In zwei Untersuchungen von Zlotnick und Kolleginnen (Zlotnick et al., 1996; Zlotnick & Pearlstein, 1997) wurde das Bild der komplexen PTB an Frauen untersucht, die in der Kindheit sexualisierte Gewalt erfahren haben und größtenteils stationäre Behandlung gesucht hatten. Das bedeutet, dass diese Frauen für die Gesamtgruppe von Frauen mit sexualisierten Gewalterfahrungen keinesfalls repräsentativ sind. Dabei konnte der Symptomkomplex mit anderen Fragebögen als dem oben genannten Interview bestätigt und das strukturierte Interview zur Erfassung der komplexen PTB in einem ersten Ansatz auch validiert werden.

Tabelle 1 zeigt 7 Problembereiche mit ihren jeweiligen Subskalen auf, die mit dem strukturierten Interview von Pelcovitz et al. (1997) untersucht werden, dem *Structured Interview for Disorders of Extreme Stress* (SIDES). Damit werden zugleich noch einmal die auf den vorhergehenden Seiten näher dargestellten Problemkonstellationen der komplexen PTB zusammengefasst.

Tab. 1: Kriterien des *Structured Interview for Disorders of Extreme Stress* (SIDES) nach Pelcovitz et al. (1997)[a]

I. Veränderung in den Bereichen Affektregulation und Impulskontrolle
   - A. Gestörte Affektregulation
   - B. Schwierigkeiten in der Modulation von Gefühlen der Wut
   - C. Selbstzerstörerisches Verhalten
   - D. Beschäftigung mit Suizidgedanken
   - E. Schwierigkeiten, das eigene Sexualverhalten zu modulieren
   - F. Exzessive Risikobereitschaft und selbstgefährdendes Verhalten

II. Veränderungen in den Bereichen Aufmerksamkeit und Bewusstheit
   - A. Amnesie
   - B. Vorübergehende dissoziative Episoden und Gefühle der Depersonalisation

III. Veränderungen im Bereich Selbstwahrnehmung
   - A. Gefühle der eigenen Ineffektivität
   - B. Gefühl, auf Dauer beschädigt zu sein
   - C. Gefühle der Schuld und Verantwortung

D. Scham
E. Gefühl, von niemandem verstanden zu werden
F. Herunterspielen der Bedeutung des Traumas

IV. Veränderung im Bereich, wie der Täter wahrgenommen wird
A. Übernahme verzerrter Überzeugungen
B. Idealisierung des Täters
C. Übermäßige Beschäftigung mit Plänen, sich am Täter zu rächen

V. Veränderungen im Bereich Beziehungen mit anderen
A. Unfähigkeit, zu vertrauen
B. Reviktimisierung
C. Viktimisierung von anderen

VI. Somatisierung
A. Verdauungssystem
B. Chronischer Schmerz
C. Herz-Kreislauf-System
D. Konversionssymptome
E. Beschwerden im sexuellen Bereich

VII. Veränderungen im Bereich kognitive Überzeugungen
A. Verzweiflung und Hoffnungslosigkeit
B. Verlust von zuvor haltgebenden Glaubensinhalten

[a] Aus jedem Bereich muss eine bestimmte Anzahl der Subskalen erfüllt sein, damit das Kriterium erfüllt ist; das Kriterium »Wahrnehmung des Täters« muss nicht erfüllt sein (zu wenig Teilnehmerinnen der Validierungsstudie stimmten den entsprechenden Items zu).

Besonders bei sexualisiertem Missbrauch in der Kindheit scheint somit in der Folge eine Symptomatik aufzutreten, die die übliche PTB-Symptomatik zwar beinhaltet, aber qualitativ über sie hinausgeht. Nun ist die Frage, ob sich diese Diagnose auch bei anderen Betroffenen schwerer anhaltender Traumatisierung findet, z. B. Opfern von Folter. Da die Symptomatik im klinischen Bereich vor allem bei Opfern kindlichen Missbrauchs untersucht wurde, könnte es sich einerseits um ein Syndrom handeln, das vor allem als Folge sexueller Traumatisierung auftritt, oder – weil die Gruppe der sexuell Traumatisierten fast ausschließlich aus Frauen besteht – um eine typisch weibliche Reaktionsweise auf Extrembelastungen. Newman, Orsillo, Herman, Niles &

Litz (1995) fanden das Muster der komplexen PTB auch bei 10 männlichen Veteranen mit PTB. Da allerdings 8 von ihnen auch von kindlichen Missbrauchserfahrungen berichteten, bleibt offen, ob es nicht eher die frühe Traumatisierung war, die hauptsächlich zum Störungsbild der komplexen PTB beitrug. Dies gilt ebenso für die Untersuchung von Jongedijk, Carlier, Schreuder & Gersons (1996), bei der die Autoren bei 8 von 21 holländischen männlichen Veteranen komplexe PTB zusätzlich zur »einfachen« PTB-Symptomatik fanden. Immerhin scheint dieses Störungsbild auch bei Männern existent zu sein.

In allen Untersuchungen war das Auftreten der komplexen PTB-Symptomatik eng verknüpft mit einer »simplen« PTB, also Symptomen des Vermeidens, intrusiven Phänomenen und Symptomen einer erhöhten Erregung. In der Untersuchung von Newman, Riggs & Roth (1997) zu den Lebensthematiken fanden die Autoren, dass es besonders die schweren PTB-Fälle waren (und zwar die mit den höchsten Vermeidungs- und Intrusionswerten, gemessen mit der Impact-of-Event-Scale von Horowitz, Wilner & Alvarez, 1979), die die meisten ungelösten Thematiken zeigten. Der kausale Zusammenhang ist dabei nicht klar. Möglicherweise führt schwere interpersonale Traumatisierung einerseits zu mehr dysfunktionalen Selbst- und Fremdkonzepten und andererseits zu schweren Intrusions- und Vermeidungssymptomen. Ebenso ist es möglich, dass Personen, die ausgeprägte kognitive und affektive Veränderungen zeigen, wie sie sich in den untersuchten Lebensthematiken spiegeln, dadurch anfälliger für die klassische PTB-Symptomatik sind.

Die Diagnose der komplexen PTB hat sich in jedem Fall als sinnvoll erwiesen. Tatsächlich beschreibt sie eine Reihe von zusammenhängenden Phänomenen, die in der therapeutischen Praxis, vor allem im Bereich der Folgen sexualisierter Misshandlung im Kindesalter, wohlbekannt sind. Newman et al. (1995) argumentieren, dass eine diagnostische Auseinandersetzung mit den im Konzept der komplexen PTB beschriebenen Symptombereichen ein besseres Verständnis für die besonders komplizierte Therapeut-Klient-Beziehung schaffen kann und den Blick auf zusätzliche Interventionsziele neben der typischen PTB-Symptomatik lenkt.

Kritisch anzumerken ist, dass die diagnostische Formalisierung dieses Syndroms dazu verführen könnte, vom Vorhandensein der Symptome auf ein ätiologisches Moment, nämlich auf sexualisierte oder körperliche Misshandlung in der Kindheit, zu schließen. Dies ist aber nicht möglich, es gibt kein eindeutiges Syndrom, von dem sich zwingend auf kindliche Missbrauchserfahrungen schließen lässt (Kinzl, Biebl & Hinterhuber, 1991), und es ist für die Behandlung einer derartigen Problematik auch nicht zwingend notwendig, ein scheinbar verdecktes Trauma aufzudecken.

Auf alle Fälle ist die Diagnose der komplexen Posttraumatischen Belastungsstörung ein besserer Ansatz, als schwer traumatisierten Menschen eine Reihe von Diagnosen zuzuschreiben, z. B. zusätzlich zur PTB eine Somatisierungsstörung, eine nicht näher benannte dissoziative Störung, eine Borderline-Persönlichkeitsstörung oder eine affektive Störung. Das Konzept der komplexen PTB wird dieser Art der Symptomatik besser gerecht und ist weniger mit einer Stigmatisierung verbunden als z. B. die Diagnose einer Borderline-Persönlichkeitsstörung.

Gleichzeitig sind wir inzwischen bei einem viel diskutierten allgemeineren Thema angelangt, nämlich der Frage nach der Komorbidität bei posttraumatischen Störungen. Erst wenn wir diesen Teilbereich näher beleuchtet haben, macht es Sinn, einige Daten zur Prävalenz der PTB zu betrachten.

Kapitel 5

Komorbidität: Trauma, PTB und andere psychische Störungen

Sämtliche Studien zur allgemeinen PTB-Prävalenz, die auch nach anderen psychiatrischen Störungen suchen, finden eine hohe Komorbiditätsrate. Das bedeutet, wer irgendwann im Leben eine PTB entwickelt, hat auch ein erhöhtes Lebenszeitrisiko, an einer anderen psychischen Störung zu erkranken. Laut der aktuellsten US-amerikanischen Untersuchung an der Allgemeinbevölkerung (die *National Comorbidity Survey;* Kessler, Sonnega, Bromet, Hughes & Nelson, 1995) hatten mindestens 88,3% der Männer und 79% der Frauen, die eine Lebenszeitdiagnose für PTB hatten, auch irgendwann eine andere psychische Störung, vornehmlich aus dem Bereich affektive Störungen, Angststörungen, Sucht[1]. (Um es vorwegzunehmen: geschätzte 7,8% der Gesamtstichprobe entwickelten irgendwann in ihrem Leben PTB nach DSM-III-R, und damit handelt es sich um eine der häufigeren psychischen Störungen.) Auch für spezifische Gruppen lässt sich eine hohe Komorbidität bestätigen: Green, Lindy, Grace & Leonard (1992) verglichen ihre Ergebnisse zur Komorbidität bei Vietnam-Veteranen (n = 191) mit einer Stichprobe von Erwachsenen (n = 193), die 14 Jahre davor eine Flutkatastrophe überlebt hatten, sich also sowohl in den demographischen Faktoren als auch im Stressor deutlich von den Vietnam-Veteranen unterschied. Die Ergebnisse sind erstaunlich ähnlich: Sowohl als Lebenszeitdiagnosen als auch zum Zeitpunkt der Erhebung waren vor allem Depression (Major Depression nach DSM-III-R) und Angststörungen (vor allem Generalisierte Angststörung) verstärkt mit dem Vor-

1 Die meisten folgenden Angaben basieren auf US-amerikanischen Studien. Sicher gibt es Unterschiede zwischen Deutschland und den USA, die die Zahlen zur Komorbidität und Prävalenz beeinflussen. Trotzdem lassen sich die nordamerikanischen Zahlen in jedem Fall als Anhaltspunkt zur deutschen Realität werten. Zu erwähnen ist außerdem, dass die meisten hier zitierten Studien die Diagnose PTB nach DSM-III-R vergeben haben, wobei sich die Zahlen durch eine Verwendung der DSM-IV-Kriterien nicht tiefgreifend verändern dürften.

liegen einer PTB verbunden. Antisoziale Persönlichkeitsstörung fand sich im Gegensatz zu der Stichprobe von Vietnam-Veteranen nur in einem einzigen Fall, ebenso war bei den Überlebenden der Flutkatastrophe zwar der Alkoholmissbrauch erhöht, nicht aber der Drogenmissbrauch. Während sich Angststörungen und Depression als häufige Begleiter posttraumatischer Symptomatik herausgeschält haben, können also bei bestimmten Problematiken sozio-kulturelle Faktoren eine Rolle spielen, z. B. bei dem Drogenproblem vieler Vietnam-Veteranen.

Wie nun all diese statistischen Zusammenhänge zu interpretieren sind, ist nicht ohne weiteres zu klären, vor allem deshalb, weil es sich in allen Studien um retrospektive Daten handelt, die durch lückenhafte Erinnerung, das Bemühen, die eigene Lebensgeschichte in einen sinnvollen Zusammenhang zu bringen, aber auch durch die Art der Datenerhebung verzerrt werden. Die hohe Komorbiditätsrate kann grundsätzlich aus verschiedenen Gründen entstehen bzw. durch verschiedene Faktoren beeinflusst werden (vgl. Breslau, Davis, Peterson & Schultz, 1997; Skodol et al., 1996). Vier mögliche Erklärungen sind die Folgenden:

1) Zum Teil kann es sich bei den Ergebnissen um ein Artefakt handeln: Die Kriterien und natürlich auch die Symptomatik der PTB überschneiden sich mit Symptomen anderer Angststörungen und affektiver Störungen. Besonders bei strukturierten Interviews, die einfach Störungskriterien abfragen, kann es leicht zu missgedeuteten Symptomen kommen. So weisen Keane & Wolfe (1990) auf eine Studie aus den 80er Jahren hin, bei der 35% der untersuchten Veteranen die Kriterien für eine schizophrene Störung erfüllten – erhoben mit dem Diagnostic Interview Schedule von Robins, Helzer, Croughan, Williams & Spitzer, 1981. Im klinischen Urteil hingegen war klar geworden, dass es sich bei den vermeintlichen psychotischen Symptomen um intrusive Phänomene wie Flashbacks handelte. Heutige Studien versuchen, solche Fehler zu vermeiden.

2) Die nächste Erklärung der hohen Komorbidität bezieht sich vor allem auf die hohe Depressions- und Suchtrate. Die Vermutung liegt nahe, dass die belastenden Symptome der PTB einerseits depressive Reaktionen nach sich ziehen. Andererseits kann der erhöhte Substanzmissbrauch zum Teil als Versuch der Betäubung und Selbstmedikation verstanden werden. Solche Fragen können nur beantwortet werden, wenn die Reihenfolge des Auftauchens verschiedener Störungen unter-

sucht wird. Allerdings ist die Tatsache, dass sich z. B. eine Depression nach einer PTB entwickelt, nicht unbedingt ein Hinweis auf deren Verursachung durch posttraumatische Symptome. Eine ebenso naheliegende Erklärung ist folgende:

3) Beide Störungen können mehr oder weniger unabhängig voneinander durch eine spezifische Vulnerabilität verursacht werden, nicht zuletzt durch die traumatische Erfahrung selbst. Aus der Live-event-Forschung ist bekannt, dass die Entwicklung einer Depression durch belastende Erfahrungen begünstigt wird (z. B. Kessler, 1997), umso mehr durch traumatische Erfahrungen. Ein Indiz für diese Begründung wäre, wenn sich in der Allgemeinbevölkerung bei traumatischen Erfahrungen eine erhöhte Wahrscheinlichkeit für die Entwicklung anderer Störungen als PTB finden lassen würde, und zwar unabhängig davon, ob die Betroffenen mit posttraumatischen Symptomen reagieren. Da diese aber in der Regel unmittelbar nach einem traumatischen Ereignis einsetzen, ist im Nachhinein nicht mehr zu entscheiden, ob eine nachfolgende Problematik kausal mehr durch das Trauma selbst oder durch die belastende posttraumatische Symptomatik oder am meisten durch einen dritten gemeinsamen Faktor verursacht wurde, z. B. durch eine konstitutionelle Neigung, mit allen möglichen Symptomen zu reagieren. Schließlich könnte es auch

4) grundsätzlich der Fall sein, dass bestimmte vorausgehende Störungen, z. B. Depression, bei Erleben einer traumatischen Erfahrung die Vulnerabilität für PTB erhöhen.

Breslau et al. (1997) versuchten, diesen Fragen anhand einer Gelegenheitsstichprobe von 801 Müttern auf den Grund zu gehen. Diese Daten sind also nicht ohne weiteres auf die Allgemeinbevölkerung – schon gar nicht die kinderlose männliche – zu übertragen und können nur als Anhaltspunkte für weitere Forschung gelten. 73% der Frauen, die eine PTB entwickelt hatten, erfüllten irgendwann in ihrem Leben auch die Kriterien irgendeiner anderen Störung, während dies nur bei 38,3% der Frauen der Fall war, die keine PTB entwickelt hatten. Die absoluten Zahlen sollten vorsichtig bewertet werden, denn die Daten wurden mit dem oben kritisierten strukturierten Interview erhoben – was zählt, ist der Vergleich zwischen den beiden Gruppen. Die stärksten Zusammenhänge fanden sich für Agoraphobie, Generalisierte Angststörung und vor allem für Depression (Major Depression nach DSM-III-R).

Eine nähere Analyse ergab, dass Depression, Angststörungen allgemein, Alkoholmissbrauch oder -abhängigkeit und in der Tendenz auch Missbrauch/Abhängigkeit von illegalen Substanzen mit größerer Wahrscheinlichkeit *infolge* einer PTB auftraten. Dagegen fand sich eine signifikant erhöhte Wahrscheinlichkeit, nach einem Trauma eine dieser Störungen zu entwickeln, ohne dass sich auch eine PTB eingestellt hätte, nur für Alkoholismus. Gleichzeitig erhöhte eine zuvor bestehende Depression die Wahrscheinlichkeit, im Anschluss an ein Trauma PTB zu entwickeln. Und zusätzlich erhöhten Ängste, Depression und der Missbrauch illegaler Substanzen unabhängig voneinander das Risiko, eine traumatische Erfahrung zu machen. Die Zusammenhänge sind also ziemlich kompliziert und geben einen Ausblick darauf, wie genau der Verlauf verschiedener psychischer Störungen in Hinblick auf die Folgen traumatischer Erfahrungen untersucht werden muss, wenn in Zukunft klare Aussagen getroffen werden sollen.
In der Untersuchung von Breslau et al. (1997) schienen traumatische Erfahrungen grundsätzlich mit PTB und meistens zusätzlich mit einer anderen Störung einherzugehen, während es kaum Fälle gab, die »nur« eine andere Störung als PTB entwickelten. Lediglich für Alkoholprobleme erhöhte sich das statistische Risiko durch Trauma, ohne dass zusätzlich eine PTB vorlag. Das lässt sich so deuten, dass Personen, die »vulnerabel genug« sind, irgendeine Störung nach einer traumatischen Erfahrung zu entwickeln, in der Regel auch mit posttraumatischer Symptomatik reagieren. Oder, dass traumatische Erfahrungen, die schwer genug sind, eine psychische Störung nach sich zu ziehen, auch meistens posttraumatische Symptomatik wie Intrusionen und Übererregung verursachen.
Klinische Studien zeichnen ein etwas anderes Bild der Komorbidität. Sie bestätigen den Zusammenhang posttraumatischer Symptomatik mit Depression, Angst und Substanzmissbrauch. Zusätzlich findet sich aber bei einer Reihe von Störungen, wie der Somatisierungsstörung (Pribor et al., 1993), der Dissoziativen Identitätsstörung (Saxe et al., 1993; Saxe et al., 1994) und beim Bild der Borderline-Persönlichkeitsstörung (Ogata et al., 1990; van der Kolk, Hostetler, Herron & Fisler, 1994), ein Zusammenhang mit traumatischen Erfahrungen in der Kindheit. Gerade frühkindliche anhaltende Traumatisierung ist ja mit erschwerter Symptomatik verbunden. Möglicherweise findet sich dieser

Zusammenhang in allgemeinepidemiologischen Studien deshalb nicht, weil dort nicht nur eindeutig behandlungsbedürftige Fälle erfasst werden und die gerade genannten Störungen weniger häufige Extremfälle darstellen. Oft werden stationäre Patienten bewusst aus solchen Studien ausgeschlossen (z. B. bei Kessler et al., 1995).

Noch wahrscheinlicher ist aber, dass derartige Studien nicht die tatsächliche Prävalenz solcher frühkindlichen Traumata erfassen können. Nur dann aber wird nach PTB gefragt und ohne das erfüllte A-Kriterium könnte die Diagnose auch gar nicht gestellt werden. Die Interviews erfolgen meist in relativ kurzer Zeit und bestehen aus standardisierten Fragen. Wieso sollten Personen, die vielleicht noch mit niemandem über ihre Erfahrungen gesprochen haben, gerade bei einer derartigen Gelegenheit spontan ihr Schweigen brechen? Somit dürfte der Zusammenhang gerade zwischen schwerem interpersonalem Trauma und psychischen Störungen dadurch verwischt werden, dass solche oftmals tabuisierten Erfahrungen, wie z. B. sexualisierte Gewalt innerhalb der Familie, nicht immer angegeben werden. Bei der Untersuchung von Draijer (1990) zu Prävalenz und Folgen intrafamiliären Missbrauchs bei einer repräsentativen Stichprobe holländischer Frauen verweigerte etwa die Hälfte die Teilnahme. Diejenigen, die angaben, aus persönlichen Gründen ihre Teilnahme zu versagen, nannten bei telefonischer Nachfrage vorwiegend den Gegenstand der Befragung als Begründung. So viel zur Repräsentativität. Möglicherweise verschleiert die hohe Teilnehmerquote bei Untersuchungen wie der *National Comorbidity Survey* die Tatsache, dass manche Befragten bei bestimmten Themen »aussteigen« und nur ungenau oder einfach falsch antworten.

In einer deutschen Untersuchung zur Prävalenz sexualisierter Gewalterfahrungen bei stationären Psychotherapiepatienten und -patientinnen stellte sich heraus, dass diese Erfahrungen bei nur 38,5% der Befragten bereits vor der stationären Behandlung thematisiert worden war (Ellerbrok, Heuft & Senf, 1995). Selbst im klinischen Bereich offenbaren sich Betroffene oft nicht von Anfang an. Die bisherigen Studien zur Komorbidität und Prävalenz der PTB in der Allgemeinbevölkerung haben nur unzureichend nach Symptomen wie Dissoziation und Somatisierung gesucht – und selbst im stationären Bereich wird eine derartige Symptomatik oft nicht ausreichend erfasst (Chu & Dill, 1990; Saxe et al., 1994).

Wo nun in den klinischen Studien zu den oben aufgezählten Störungen zusätzlich zur Kindheitsgeschichte nach posttraumatischer Komorbidität gesucht wurde, bestätigt sich diese auch (Saxe et al., 1993). Mueser et al. (1998) untersuchten 275 Patienten und Patientinnen mit schweren psychischen Störungen (definiert als Vorliegen einer Achse I-Störung und schwerer Beeinträchtigung des sozialen Funktionsniveaus) auf das Vorhandensein von traumatischen Ereignissen in der Vorgeschichte und einer Posttraumatischen Belastungsstörung. 98% der Befragten gaben mindestens ein potentiell traumatisches Erlebnis an, und bei 43% waren die Kriterien einer PTB nach DSM-IV erfüllt. Am niedrigsten war die PTB-Rate bei schizophrenen Störungen, am höchsten bei Patient(inn)en mit Depression und der Diagnose einer Borderline-Persönlichkeitsstörung. Bei nur drei Personen war PTB von den 119, die in der Untersuchung die Diagnose einer PTB erhielten, bereits zuvor diagnostiziert worden! Nach bisheriger Datenlage ist also anzunehmen, dass vor allem bei Störungen wie Dissoziativer Identitätsstörung, Somatisierungsstörung und Borderline-Persönlichkeit mit einer hohen Komorbidität mit PTB zu rechnen ist.
In den Untersuchungen zur komplexen Posttraumatischen Belastungsstörung, die sich inhaltlich massiv mit den gerade genannten Störungen überschneidet (mit dem Unterschied, dass das Vorliegen eines Traumas Bedingung für die Diagnose ist), fanden sich praktisch keine Fälle von komplexer PTB, die nicht zugleich die Symptome der »einfachen« PTB zeigten, also Phänomene des Wiedererlebens, Vermeidungsverhalten und Übererregbarkeit (Roth et al., 1997). Roth & Batson (1997) vermuten für den Bereich sexualisierten Kindesmissbrauch, dass komplexe PTB, Borderline-Störung und Dissoziative Identitätsstörung jeweils einen Anstieg im Schweregrad des posttraumatischen Anpassungsprozesses darstellen (vgl. van der Kolk, 1988).
Möglicherweise lässt sich nun das nicht ganz einheitliche Bild der Komorbidität bei Posttraumatischer Belastungsstörung wie folgt interpretieren: Bei Vorliegen einer traumatischen Erfahrung kann es zu einer Reihe von Symptomentwicklungen kommen, und manche Symptome können durch die Anpassung an die Ausgangssymptomatik hinzukommen. Je nach Schwere und Bedeutung der Traumatisierung, aber auch je nach psychischer Ausgangslage und Entwicklungsstand der betroffenen Person, und vor allem wenn die Traumatisierung wiederholt auf-

tritt und für sich selbst schon einen Anpassungsprozess fordert, können sich diese primären und sekundären Entwicklungen stärker oder schwächer ausbilden. Auf der einen Seite des Kontinuums steht möglicherweise die Verschärfung einer bereits bestehenden Angststörung oder Depression mit der Entwicklung einer sogenannten »einfachen« PTB, auf der anderen Seite des Kontinuums steht die komplexe PTB bis hin zu schweren Störungen der Persönlichkeit wie Borderline-Störung und Dissoziative Identitätsstörung, begleitet von Depression, Angst, Suizidalität und Sucht, wie es bei solchen Problematiken sehr oft der Fall ist. Auf diesem Hintergrund sind nun die folgenden Zahlen zur Prävalenz der Posttraumatischen Belastungsstörung zu sehen, die möglicherweise die unvollständige *Basis* eines ‚Eisberges darstellen.

Kapitel 6

Epidemiologie: Prävalenz und Verlauf posttraumatischer Stressreaktionen

Wie schon erwähnt, findet die *National Comorbidity Survey (NCS;* n = 5877; Alter der Befragten: 15–54 Jahre) in der US-amerikanischen Allgemeinbevölkerung eine Lebenszeitprävalenz von 7,8%, das heißt, etwa jede(r) Dreizehnte kann irgendwann im Leben PTB entwickeln (Kessler et al., 1995). Damit ist die PTB eine häufige Störung, etwa wie Depression und andere Angststörungen. Solche Zahlen werden immer durch die jeweilige Erhebungsmethodik stark beeinflusst, so findet die *NCS* grundsätzlich eine höhere Prävalenz psychischer Störungen als ältere Untersuchungen in der Allgemeinbevölkerung (z. B. auch für Angststörungen allgemein: Kessler et al., 1994). Die Größenordnung der Prävalenz der PTB wird aber auch durch die anderen Untersuchungen bestätigt, die die Kriterien des DSM-III-R anwenden, es ist also nicht anzunehmen, dass das Vorhandensein von PTB in der (nordamerikanischen) Bevölkerung überschätzt wird (Breslau, Davis, Andreski & Peterson, 1991; Breslau, Davis, Peterson & Schultz, 1997; Resnick, Kilpatrick, Dansky, Saunders & Best, 1993).

Diese Zahlen lassen sich natürlich nicht ohne weiteres auf europäische oder deutsche Verhältnisse übertragen, da die Wahrscheinlichkeit, eine PTB zu entwickeln, ja von der Wahrscheinlichkeit abhängt, eine traumatische Erfahrung zu machen. Das Risiko, eine solche Erfahrung zu machen oder gemacht zu haben, dürfte aus verschiedenen Gründen in den USA um einiges höher liegen als z. B. in der BRD: eine Reihe von Kampfeinsätzen in den letzten 50 Jahren, höhere Verbrechensrate vor allem in den Großstädten und nicht zuletzt die zunehmend dramatische Entwicklung der dortigen Wetterverhältnisse. Die *NCS* gibt an, dass 60,7% der befragten Männer und 51,2% der befragten Frauen im Laufe ihres Lebens irgendeinen Stressor, wie er im Kriterium A der PTB-Diagnose definiert ist, erfahren haben. Beim Großteil dieser Menschen bleibt es nicht bei einer solchen Erfahrung, sondern sie erleben zwei oder mehr traumatische Ereignisse im Laufe ihres Lebens. Die häufigsten Ereignisse, die genannt wurden, waren folgende: Zeuge bei einer schweren Verletzung oder beim gewaltsamen Tod eines Menschen zu werden; eine (Natur-) Katastrophe zu erleben; in einen lebensbedrohlichen Unfall verwickelt zu werden[1].

Die Wahrscheinlichkeit, eine PTB nach einer traumatischen Erfahrung zu entwickeln, ist dabei je nach Stressor unterschiedlich. Insgesamt lag sie im Durchschnitt bei 8,2% bei den Männern und bei 20,4% bei den Frauen, doch diese durchschnittliche Zahl ist wenig aussagekräftig. Bei beiden Geschlechtern war die Wahrscheinlichkeit am höchsten für Vergewaltigung, und zwar zwischen 45,9% bis 65%. Folgende Erfahrungen wurden bei Männern, wenn sie vorlagen, am wahrscheinlichsten als schlimmstes erlebtes Ereignis genannt: Vergewaltigung, Kampfeinsatz, Vernachlässigung oder körperliche Misshandlung in der Kindheit. 44,6% der Männer, die irgendeinen Stressor erlebt hatten, berichteten ein derartiges Ereignis. Dagegen nannten 67,6% der Frauen, die ein traumatisches Erlebnis hatten, als schlimmstes Ereignis eines, das für sie mit einem hohen Erkrankungsrisiko verbunden war: nämlich Vergewaltigung, sexuelle Belästigung, körperlichen Angriff und Bedrohung mit einer Waffe, körperliche Misshandlung in der Kindheit.

Dieser Vergleich ist wichtig, weil die *NCS*, konsistent mit anderen Studien, für Frauen eine etwa doppelt so hohe Prävalenz von PTB findet als bei Männern (10,4%, respektive 5%). Diese erhöhte Rate bei Frauen passt einerseits zu deren erhöhter Erkrankungswahrscheinlichkeit auch bei anderen Angststörungen und bei Depression. Andererseits scheinen Frauen ganz einfach mit einer größeren Wahrscheinlichkeit besonders traumatisierende Ereignisse zu erleben, vor allem eben sexualisierte Gewalterfahrungen. Dass es möglicherweise auch das traumatische Ausmaß des Stressors sein könnte, das die Geschlechterdiffe-

1 Die *NCS* wurde nach den Kriterien des DSM-III-R durchgeführt. Eine neuere Studie von Breslau et al. (1998) bestätigt die Ergebnisse der *NCS* weitgehend, findet aber eine noch höhere Stressorprävalenz, nämlich 89,6% insgesamt. Das häufigste erlebte Trauma war der unerwartete Tod eines nahen Verwandten oder Freundes (das erst seit dem DSM-IV im A-Kriterium der PTB-Diagnose enthalten ist und damit als auslösender Stressor berücksichtigt wird): 60% der 2181 befragten Personen zwischen 18 und 45 Jahren hatten dies erlebt. Das damit verbundene PTB-Risiko lag bei 14,3%, d. h., in dieser Studie entwickelte etwa jede(r) Siebte, der oder die den plötzlichen Tod eines nahe stehenden Menschen erleben musste, eine Posttraumatische Belastungsstörung.

renz bei PTB mitbedingt, darauf weisen auch die Ergebnisse der *National Vietnam Veterans Readjustment Study* hin, der größten Studie zu den Folgen des Vietnam-Krieges für die US-amerikanischen Beteiligten. Diese Studie ist die einzige, die bei Frauen anteilsmäßig eine geringere PTB-Häufigkeit findet, was sich vielleicht damit erklären lässt, dass Frauen im Vietnamkrieg nicht direkt im Kampf eingesetzt wurden und damit in geringerem Ausmaß besonders grotesken und traumatischen Ereignissen ausgesetzt waren (Kulka et al., 1990)[2].
Tab. 2 fasst die wichtigsten Ergebnisse der *National Comorbidity Survey* zusammen. Tab. 3 zeigt für Männer und Frauen getrennt die Häufigkeiten, mit der einzelne Stressoren berichtet wurden, und die Wahrscheinlichkeit, dass diese Stressoren mit einer PTB einhergingen, wenn sie als schlimmstes Ereignis vom Untersuchungsteilnehmer oder von der Untersuchungsteilnehmerin gewählt wurden.

Tab. 2: Epidemiologische Ergebnisse der *National Comorbidity Survey* (nach Kessler et al., 1995)

	Männer (in %)	Frauen (in %)
Stressorprävalenz: Anteil der Personen, die mindestens ein traumatisches Ereignis berichteten	60,7	51,2
Störungsrisiko nach Trauma: durchschnittliche Wahrscheinlichkeit, nach irgendeinem Trauma PTB zu entwickeln	8,2	20,4
PTB-Prävalenz: Vorhandensein einer PTB (Lebenszeit)	5,0	10,4
Komorbidität: Vorliegen mindestens einer zusätzlichen psychischen Störung (Lebenszeit)	88,3	79,0

2 Allerdings bestätigt die aktuellste epidemiologische Studie von Breslau et al. (1998) die erhöhte Erkrankungswahrscheinlichkeit für Frauen: Auch wenn der Einfluss der Qualität der auslösenden Traumata statistisch kontrolliert wurde, fand sich bei Frauen doppelt so häufig die Diagnose einer Posttraumatischen Belastungsstörung als bei Männern.

Tab. 3: Häufigkeiten einzelner Stressoren und das damit verbundene PTB-Risiko (nach Kessler et al., 1995)

Art des Stressors	Männer: Häufigkeit d. Stressors (in %)	Männer: PTB nach Stressor (in %)[a]	Frauen: Häufigkeit d. Stressors (in %)	Frauen: PTB nach Stressor (in %)[a]
Vergewaltigung	0,7	**65,0**	9,2	**45,9**
sexuelle Belästigung	2,8	12,2	12,3	26,5
körperlicher Angriff	11,1	1,8	6,9	21,3
Kampfeinsatz	6,4	**38,8**	0,0	–
Bedrohung mit Waffe, Geisel, Entführung	19,0	1,9	6,8	**32,6**
lebensbedrohlicher Unfall	25,0	6,3	13,8	8,8
Naturkatastrophe/Feuer	18,9	3,7	15,2	5,4
körperlicher Missbrauch in der Kindheit	3,2	**22,3**	4,8	**48,5**
schwere Vernachlässigung in der Kindheit	2,1	**23,9**	3,4	19,7
Zeugenschaft von gewaltsamem Tod oder schwerer Verletzung	35,6	6,4	14,5	7,5
Schock, weil ein Angehöriger von einem solchen Ereignis betroffen war	11,4	4,4	12,4	10,4
anderes Trauma[b]	2,2	12,7	2,7	**33,4**

[a] Diese Zahl bezeichnet die Wahrscheinlichkeit, mit der Personen, die dieses traumatische Erlebnis als ihr schlimmstes Erlebnis angeben, irgendwann in ihrem Leben die Kriterien einer PTB erfüllen.

[b] Kessler et al. (1995, S. 1051) führen diese Kategorie nicht genauer aus, die Frage lautete: »Other (›any other terrible experience that most people never go through‹).«

Für die BRD gibt es noch kaum Zahlen zur Häufigkeit und Schwere traumatischer Erfahrungen und zur Prävalenz der PTB. Perkonigg & Wittchen (im Druck) untersuchten 3021 Jugendliche und junge Erwachsene (14–24 Jahre) auf traumatische Erfahrungen, PTB-Symptomatik und Komorbidität. 25,2% der männlichen und 17,7% der weiblichen Untersuchungsteilnehmer berichteten, dass sie mindestens ein traumatisches Ereignis erlebt hatten. Insgesamt waren dies vor allem körperliche Angriffe und schwere Unfälle. Die jungen Männer nannten häufiger körperliche Angriffe, schwere Unfälle und Zeuge zu werden bei derartigen Ereignissen; die jungen Frauen nannten häufiger, dass sie als Kind (definiert bis zum Alter von 14 Jahren) sexualisiert misshandelt wurden oder eine Vergewaltigung erlebt hatten. Für beide Geschlechter waren sexualisierter Missbrauch bzw. Vergewaltigung die Ereignisse, die mit der größten Wahrscheinlichkeit mit der Entwicklung einer PTB verbunden waren.
Insgesamt lag die Wahrscheinlichkeit, bei Vorliegen einer traumatischen Erfahrung, eine PTB zu entwickeln, bei nur 2,2% für die männlichen Teilnehmer und bei 14,5% für die weiblichen Teilnehmerinnen. Die PTB-Lebenszeit-Prävalenz lag bei 0,4% für die männlichen und bei 2,2% für die weiblichen Jugendlichen und jungen Erwachsenen. Damit sind junge Menschen in Deutschland weniger häufig traumatisierenden Ereignissen ausgesetzt als die Angehörigen ihrer Altersgruppe in den USA und entwickeln dementsprechend auch seltener eine PTB.
Ein wichtiger Aspekt bei der Häufigkeit von Stressoren bzw. der Wahrscheinlichkeit, ein traumatisches Ereignis zu erleben, ist, dass diese auch durch Eigenschaften des Individuums selbst mitbeeinflusst wird. Wir haben bei der Darstellung der komplexen PTB schon das Problem der Reviktimisierung angesprochen. Gerade Personen, die in ihrer Kindheit Gewalterfahrungen gemacht haben, sind als Erwachsene verstärkt gefährdet, erneut traumatische Erfahrungen zu erleben. Personen, die in sozial und ökonomisch benachteiligten Gebieten wohnen, sind stärker gefährdet als andere. Manchmal mag ein erhöhtes Risiko, traumatische Erfahrungen zu machen, auch mehr oder weniger bewusst in Kauf genommen werden, z. B. durch die Wahl eines riskanten Berufes oder einer riskanten Sportart oder auch durch Substanzmissbrauch. Persönlichkeitsfaktoren können also eine Rolle spielen. Bres-

lau, Davis & Andreski (1995) untersuchten drei Jahre nach ihrer Prävalenzstudie zur Häufigkeit traumatischer Stressoren und der Posttraumatischen Belastungsstörung bei jungen Erwachsenen ihre Stichprobe erneut (n = 979). 19% der Teilnehmer machten in dem Dreijahreszeitraum eine traumatische Erfahrung, von diesen wiederum erfüllten 11% die Kriterien einer PTB (DSM-III-R), die meisten Ereignisse waren Gewalterfahrungen oder Zeugenschaft bei schwerer Gewalt. Die Persönlichkeitsfaktoren Extroversion und Neurotizismus, außerdem afroamerikanische Abstammung und, unabhängig davon, frühere Traumatisierung hingen mit einer Traumatisierung im erfragten Zeitraum zusammen. Dabei handelt es sich nur um einen statistischen Zusammenhang. Wie immer lassen sich keine zwingenden Aussagen zur Kausalität treffen, trotzdem ergibt sich dadurch ein Hinweis darauf, dass das Risiko, eine PTB zu entwickeln, nicht nur durch eine Vulnerabilität gegenüber traumatisierenden Ereignissen beeinflusst wird, sondern auch durch eine Vulnerabilität, solche Ereignisse zu erleben.

Es ist davon auszugehen, dass das Ausmaß interpersonaler Traumatisierung in der Kindheit in den bisher genannten Studien unterschätzt wird. Perkonigg & Wittchen (im Druck) unterschieden bei ihrer Befragung nicht zwischen körperlichen Angriffen durch Bezugspersonen (also körperliche Misshandlung) und solchen durch Gleichaltrige oder andere außenstehende Personen (also in der Regel eher abgegrenzte Ereignisse).

Die *NCS* (Kessler et al., 1995) gibt für körperliche Misshandlung in der Kindheit eine Prävalenz von 3,2% bei Männern und 4,8% bei Frauen an, für schwere Vernachlässigung 2,1% und 3,4%. Nach anhaltender sexualisierter Misshandlung in der Kindheit wurde nicht ausdrücklich gefragt, die Untersuchenden nahmen wohl an, dass die Frage nach Vergewaltigung und sexueller Belästigung diesen Bereich abdecken würde. Das Lebenszeitrisiko einer Vergewaltigung lag bei Männern bei 0,7%, bei Frauen bei 9,2%, für sexuelle Belästigung waren die Zahlen 2,8% gegenüber 12,3%. Resnick et al. (1993) fragten in ihrer Untersuchung an etwas über 4000 zufällig ausgewählten Frauen genauer nach, aber ebenfalls nicht getrennt nach Erwachsenenalter und Kindheit. Danach erlebten 12,65% der befragten Frauen eine »vollzogene« Vergewaltigung (d. h. mit Penetration) und 14,32% irgendeine andere Form von sexuellen Angriffen und Übergriffen. Die Wahrscheinlichkeit, nach solchen Erfahrungen irgendwann im Leben eine PTB zu entwickeln, ist hoch: jeweils ein knappes Drittel der Frauen erfüllte irgendwann die Diagnosekriterien für PTB, 12,4% bzw. 13% zum Zeitpunkt der Erhebung. Bei allen diesen Erhebungen handelt es sich um relativ kurze Befragungen, sodass anzunehmen ist, dass viele Befragten nicht spontan Ereignisse bejahen, die sie sonst verschweigen. Bei der Studie von Perkonigg & Wittchen (im Druck) ist zudem zu berücksichtigen, dass etwa zwei Drittel der Befragten zudem noch bei den Eltern lebten und noch nicht volljährig waren.

Vergleicht man diese Zahlen mit denen von Draijer (1990), die ausführliche Interviews führen ließ, wird die Bedeutung der Erhebungsmethode sichtbar: Draijer (1990) fand bei holländischen Frauen im Alter von 20–40 Jahren allein für Inzest, also intrafamiliären Missbrauch, eine Prävalenz von 15,6%, wobei 44,4% davon als schwerer Missbrauch (mehrmals und mit vollzogenem Geschlechtsverkehr in Verbindung mit Drohung und Gewalt) eingestuft wurden (vgl. S. 43). Umgerechnet gab also etwa jede 15. Frau an, so eine schwerwiegende Erfahrung gemacht zu haben. Das ist eine schier unglaubliche Zahl, und selbst wenn man von einer höchst unwahrscheinlichen positiven Selektion bei der Stichprobe ausgeht (es hatte sich ja nur knapp die Hälfte der Frauen zur Untersuchung bereit erklärt), dann würde dies statistisch gesehen noch auf mindestens jede 30. Frau der Ausgangsstichprobe zutreffen.

Wir sind hier an einer heiklen Stelle angelangt. Um die Prävalenzzahlen zu sexualisierten Gewalterfahrungen in der Kindheit ist ein regelrechter Glaubenskrieg entbrannt, der von den Medien auch eifrig geschürt wird. Dabei ist völlig erklärbar, dass sich die Zahlen je nach Studie unterscheiden; das ist bei allen epidemiologischen Studien so, zu welcher Problematik auch immer. Bei traumatischen Erfahrungen in der Kindheit kommen neben den üblichen Problemen wie Definitionskriterien und Erhebungsart noch spezielle Schwierigkeiten dazu, wie die Tabuisierung des Themas und die mögliche Amnesie. Aus genau diesen Gründen wird die Validität der Aussagen Betroffener angezweifelt, was für die Opfer eine erneute Verletzung bedeutet. Dabei ist eines klar: Sexualisierte und andere Gewalterfahrungen, ebenso wie emotionale Vernachlässigung in der Kindheit, *sind nicht selten und ihre Auswirkungen können verheerend für die Entwicklung des Kindes sein!* Wie die genauen Zahlen dazu lauten, ist für die klinische Praxis nicht entscheidend, wenn das allgemeine Ausmaß bekannt ist. Für die Forschung freilich wären sie wichtig. Denn nur, wenn die tatsächliche Prävalenz eines Stressors bekannt wäre, könnte die damit verbundene Wahrscheinlichkeit, eine posttraumatische Störung zu entwickeln, wirklich bestimmt werden.

Was ist nun zum *Verlauf* der Posttraumatischen Belastungsstörung zu sagen? Auch hier fehlt der Forschung der echte Einblick, und die Angaben können wiederum nur Anhaltspunkte sein. In der *NCS* (Kessler et al., 1995) wurden aus den retrospektiven Angaben der Befragten so genannte »Überlebenskurven« errechnet, die folgendes Bild ergeben: In den ersten 12 Monaten nach Beginn der Symptomatik besteht die größte Wahrscheinlichkeit einer Remission, und zwar in eher gleich bleibender Weise. Die Verlaufsdaten der Gruppe um Foa, nach denen sich statistisch gesehen nach den ersten 3 Monaten entscheidet, wer eine chronische PTB entwickelt, wurden somit nicht bestätigt (Rothbaum & Foa, 1993). Wurden die Personen getrennt danach befragt, ob sie Behandlung für ihre Problematik gesucht hatten oder nicht, zeigte sich bei den Behandelten eine durchschnittliche Dauer von 36 Monaten gegenüber 64 Monaten bei der Gruppe, die keine Behandlung erhalten hatte. Wichtig ist, dass etwa ein Drittel der Personen, die eine PTB entwickelt hatten, auch nach Jahren noch nicht symptomfrei war, und zwar unabhängig davon, ob sie in Behandlung waren oder nicht (Kessler et al., 1995).

Der mögliche Verlauf einer Posttraumatischen Belastungsstörung kann in etwa so beschrieben werden: Während und unmittelbar nach einem traumatischen Ereignis reagiert praktisch jede(r) mit Schrecken, Erschütterung und Entsetzen. Aber bereits zu diesem Zeitpunkt scheint es Reaktionen zu geben, die auf eine erschwerte Anpassung hindeuten, nämlich, wenn in verstärktem Maße dissoziatives Erleben auftritt und möglicherweise auch dann, wenn besonders starke und anhaltende Übererregung vorhanden ist. Innerhalb des ersten Monats spricht man von einer Akuten Belastungsstörung, wenn die Symptome klinische Relevanz besitzen. Praktisch alle Personen, die eine traumatische Erfahrung machen, scheinen zunächst von posttraumatischen Symptomen wie Vermeidung, Intrusion und Übererregung gequält zu werden (Rothbaum et al., 1992; Shalev, 1992), was nicht bedeuten muss, dass sich diese Symptome zu einer bleibenden PTB entwickeln. Wahrscheinlich ist es eher der Umgang mit diesen Symptomen, also die Art, wie das Individuum versucht, ein erneutes Gleichgewicht zu erlangen, die deren Aufrechterhaltung und damit den Übergang von einer unvermeidbaren und praktisch normalen Erschütterung zur pathologischen und damit auch beeinflussbaren Belastungsreaktion führt (vgl. McFarlane & Yehuda, 1996). Chronifiziert diese posttraumatische Belastungsreaktion, kann sie ohne Behandlung (und manchmal auch mit) über Jahre oder sogar Jahrzehnte hinweg andauern. Green et al. (1992) fanden in ihrer Studie zu den psychischen Folgen einer Flutkatastrophe nach einem Dammbruch noch 14 Jahre nach dem Ereignis eine PTB-Rate von 25%. Die *National Vietnam Veterans Readjustment Study* von Kulka et al. (1990) fand bei amerikanischen Veteranen aus dem Vietnam-Krieg zum Zeitpunkt der Untersuchung eine PTB-Prävalenz von 15,2% (Männer) bzw. 8,5% (Frauen), fast zwei Jahrzehnte nach deren Einsatz in Vietnam. Kulka et al. (1990) schildern auch das Beispiel einer PTB mit verzögertem Beginn, bei der eine Frau erst über 10 Jahre nach ihrem Vietnam-Einsatz im Zuge ihres Übertritts ins Zivilleben eine PTB entwickelte. Bereits Niederland (1968) beschreibt einen derartigen Zeitraum der scheinbaren Symptomfreiheit bei Personen, die nationalsozialistische Konzentrationslager überlebt haben.

Die unterschiedlichen Verläufe der PTB zeigen, wie komplex das Bedingungsgefüge posttraumatischer Anpassung ist. Umso mehr, als zu unterschiedlichen Zeiten des Störungsverlaufs jeweils andere Symptombereiche im Vordergrund stehen können. Und schließlich ist noch unklar, welche Rolle komorbide Störungen, wie Depression und Ängste, bei Entwicklung und Aufrechterhaltung der PTB-Symptomatik spielen.

Kapitel 7

Von der Forschung in die Praxis: Zur Relevanz epidemiologischer Daten

Bevor wir uns ganz in Faszination und Widersprüchen der epidemiologischen Forschung verlieren: Was bedeuten nun all diese Zahlen zur Komorbidität, zur Prävalenz und zum Verlauf traumabedingter Störungen?

Stressorprävalenz: Lebensumfeld und Persönlichkeitsfaktoren erhöhen das Risiko, eine traumatische Erfahrung zu machen. Das heißt also, wer sozial oder finanziell schlechter gestellt ist, dem oder der passiert auch eher etwas. Sei es, weil er oder sie nicht gelernt hat, sich ausreichend zu schützen, oder weil er oder sie nicht genug Geld hat, in einer Umgebung zu wohnen, die ausreichend Sicherheit bietet. Für die Bewohner in den Entwicklungsländern gilt dies ohnehin. Bei uns in der BRD gilt diese Benachteiligung vor allem für sozial schlechter Gestellte, Obdachlose (und da wiederum vor allem für obdachlose Jugendliche), für Asylbewerber und Bürgerkriegsflüchtlinge, die zum Teil bereits schwer traumatisiert in unser Land kommen und sich dann einer für sie oft undurchdringlich erscheinenden Behördenmaschinerie gegenübersehen, oft noch einer wachsenden Fremdenfeindlichkeit ausgesetzt sind.

Was bedeuten die Zahlen zur Prävalenz noch? Dass wir uns immer noch in einer vom Patriarchat geprägten Gesellschaft bewegen, in der verstärkt Gewalt gegen Frauen ausgeübt wird. Und dass Gewalt gegen Kinder (körperliche, sexualisierte Gewalt und Vernachlässigung) keine Seltenheit ist, auch und gerade nicht innerhalb der Familien.

Vermutlich ist die beste Prävention, die wir auf Dauer leisten können, sozial-, wirtschafts- und umweltpolitisches Engagement.

Was bedeuten die Zahlen zur Prävalenz für die klinische und pädagogische Tätigkeit? Bei einem substanziellen Anteil der Personen, die sich in Behandlung begeben oder Beratung suchen, können wir davon ausgehen, dass sie irgendwann in ihrem Leben eine traumatische Erfahrung zu verarbeiten hatten. Wenn nicht gerade klassische PTB-Symptome im Vordergrund stehen, ist es wahrscheinlich, dass die betroffene Person ihre derzeitige Problematik nicht mit dieser Erfahrung in Verbindung bringen wird und sie deshalb möglicherweise nicht von selbst berichtet. Bei tabuisierten Erfahrungen wie Gewalt durch den Partner, Vergewaltigung und Gewalt in der Kindheit ist die Wahrscheinlichkeit noch größer, dass die Erlebnisse nicht von vornherein angegeben werden. Das bedeutet, dass wir grundsätzlich behutsam nach solchen Erfahrungen fragen müssen. Je spezifischer wir nachfragen, desto größer die Wahrscheinlichkeit, dass wir von möglicherweise prägenden Erlebnissen erfahren.

PTB-Prävalenz: Die Posttraumatische Belastungsstörung ist eine häufige psychische Störung. Wo Klienten und Klientinnen von traumatischen Erfahrungen berichten, sollte grundsätzlich nach posttraumatischer Symptomatik gefragt werden. Oft wird eine derartige Problematik nicht angegeben, weil sich die Betroffenen des Ereignisses oder ihrer Reaktion darauf schämen. Gerade in die gesellschaftliche Rolle des Mannes passt es schlecht, nachts aus Alpträumen hochzuschrecken, sich auch tagsüber äußerst schreckhaft und übervorsichtig zu verhalten und insgesamt eine unangenehme Erfahrung nicht einfach wegzustecken. Dissoziative Phänomene, intrusive Gedanken, besonders intrusive Wahrnehmungen und Flashback-Reaktionen werden von den Betroffenen manchmal als so abstrus wahrgenommen, dass sie sich schämen, davon zu berichten, oder befürchten, für verrückt gehalten zu werden oder gar, es zu sein.

Ganz unbegründet ist die Befürchtung, als Psychotiker eingestuft zu werden, nicht: Wir haben schon erwähnt, dass bei strukturierten Interviews, die nicht von erfahrenen Klinikern durchgeführt werden, die Gefahr einer Falscheinschätzung positiver PTB-Symptomatik wie Flashbacks und sensorischer Intrusionen als Wahnphänomene besteht. Personen mit Dissoziativer Identitätsstörung berichten in der Regel auch über sogenannte »Schneidersche Symptome«, wie z. B. das Hören von Stimmen, die als Symptome bei schizophrenen Störungen gelten. Von über 200 Fällen von Dissoziativer Identitätsstörung hatten, je nach Studie, ein Viertel bis fast die Hälfte zuvor schon einmal unzutreffenderweise die Diagnose »Schizophrenie« erhalten (Coons, Bowman & Milstein, 1988; Putnam, Guroff, Silbermann, Barban & Post, 1986; Ross et al., 1990).

Gerade Personen mit komplexer PTB schämen sich ihrer Symptomatik oft und verachten sich selbst dafür, dass »sie sich so aufführen«. Grundsätzlich kann es bei der Diagnostik helfen, Beispiele vorzugeben *(»bei Menschen mit solchen Erfahrungen kann es vorkommen, dass …«)*. Dabei darf es auf keinen Fall darum gehen, dem Klienten oder der Klientin alles in den ersten Sitzungen »aus der Nase zu ziehen«. Gerade weil manche Erlebnisse und die Symptomatik schambesetzt sein können, kann übereifrige Diagnostik zu einer erneuten Traumatisierung führen, sei es, weil sich die Betroffenen in eine traumatische Situation der Machtlosigkeit und Grenzüberschreitung zurückversetzt fühlen, sei es, weil sie noch nicht in der Lage sind, all die mit dem Trauma und der belastenden Symptomatik verbundenen Gefühle auf einmal zu tragen. Diagnostik muss sich grundsätzlich nach dem Tempo und der Erinnerungsbereitschaft der Betroffenen richten und es ist sinnvoll, immer offen zu halten, dass manche Dinge vielleicht erst später genauer ans Tageslicht kommen. Und zwar sowohl traumatische Inhalte als auch Aspekte der Symptomatik. Es ist äußerst wichtig, nach selbstverletzenden Verhaltensweisen wie Schneiden oder bulimischem Essverhalten zu fragen, aber erst, wenn eine entsprechende Vertrauensbasis geschaffen ist.

Komorbidität: Personen, die unter posttraumatischen Symptomen leiden, werden mit großer Wahrscheinlichkeit auch eine Reihe anderer Problematiken aufweisen, allen voran Depression und Antriebslosigkeit, ängstliches Verhalten auch unabhängig von traumarelevanten Situationen (z. B. auch Generalisierte Angst- oder Panikstörung) und Substanzmissbrauch (auch von verschriebenen Medikamenten, z. B. zur Beruhigung). In einer einseitigen Konzentration auf eine eng mit dem Trauma verbundene Symptomatik kann der Blick für die gesamte Problemkonstellation verloren gehen. Das wiederum kann den Therapieerfolg entscheidend behindern oder ganz gefährden, wenn z. B. eine begleitende Depression unbehandelt bleibt. Oder die therapeutische Konfrontation mit dem Trauma kann für eine Klientin so belastend werden, dass sie eine Verschlimmerung in einem dysfunktionalen Bewältigungsverhalten, wie z. B. Alkoholmissbrauch, erlebt, weil dieses von der Therapeutin nicht gleichzeitig mitbehandelt wurde (Abueg & Fairbank, 1995).

In jedem Fall muss die bei traumabedingten Störungen erhöhte Suizidrate beachtet werden. Der oder die Klient(in) muss nach suizidalen Gedanken oder Plänen gefragt werden, wobei die weitverbreitete Angst, mit solchen Fragen erst eine suizidale Krise heraufzubeschwören, unbegründet ist.

Verlauf: Wie verschieden die Verläufe bei posttraumatischen Reaktionen sein können, unterstreicht, wie wichtig es ist, im Einzelfall möglichst viele Informationen zu aufrechterhaltenden und modifizierenden Faktoren zu sammeln. Eine PTB kann bereits so lange bestehen, dass die sekundäre Anpassung an die belastende Symptomatik mitzuberücksichtigen ist. Zusätzlich deuten die Verlaufszahlen darauf hin, dass eine richtige Therapie offensichtlich nicht für alle Betroffenen zu erreichen ist – oder die erreichbaren Therapien nicht für alle Betroffenen sinnvoll sind. Ein Drittel der PTB-Fälle scheint unabhängig von einer Behandlung auf lange Sicht hin zu chronifizieren. Diese Daten von Kessler et al. (1995) sind retrospektiv, sie beziehen sich also in etwa auf die letzten beiden Dekaden. Vielleicht wird sich das Bild in Zukunft ändern, denn gerade in den letzten 10 Jahren wurde in großem Ausmaß Therapieforschung und -weiterentwicklung betrieben. Die Zahlen von Kessler und Kollegen zeigen aber auch, dass ein großer Anteil der Betroffenen sich gar nicht um therapeutische Hilfe bemüht hat. Das bedeutet einerseits, dass wir mehr Informationen zu Erscheinungsformen und Behandlungsmöglichkeiten posttraumatischer Störungen verbreiten müssen, damit die Bevölkerung, aber auch im Gesundheitswesen Tätige, z. B. somatisch behandelnde Ärzte und Ärztinnen, überhaupt erkennen, ob z. B. eine PTB vorliegen könnte. Andererseits kann es auch bedeuten, dass wir den Zugang zur Therapie niederschwelliger gestalten müssen. Posttraumatische Symptomatik bedeutet meistens auch, alles, was mit dem Trauma in Verbindung steht, vermeiden zu wollen. Die Therapiemotivation kann entsprechend gering sein. Wir müssen diese Ambivalenz der Betroffenen, sich an ihr Trauma heranzuwagen, berücksichtigen, sie also da abholen, wo sie stehen. Sonst wird es uns nicht gelingen, ihnen zu begegnen.
Das engere soziale Umfeld wie auch das weitere, nämlich die Gesellschaft, ist oft ebenso wenig an einer Bearbeitung traumatischer Erfahrungen interessiert. Die Beschäftigung damit kann unangenehme Fra-

gen nach Verantwortung und Schuld auslösen. Wenn es so viele Fälle interpersonaler Gewalt und Traumatisierung gibt, wo kommen dann all die Täter her? Wieso bricht mitten im Europa der 90er Jahre ein Krieg aus? Wer hat die Klimaveränderungen zu verantworten und wer trägt die Folgen?
Die Daten zur Phänomenologie und Epidemiologie posttraumatischer Reaktionsformen zeigen zunächst vor allem eines: Solche Reaktionen sind häufig und vielgestaltig, wir müssen lernen, sie besser zu erkennen und zu behandeln, und weitere Informationen über ihre Bedeutung sammeln. Langfristig gesehen heißt das aber auch, dass es gilt, die gesellschaftliche Verantwortung, die darin enthalten ist, mitzuteilen und auch selbst mitzutragen.

Fazit: Wie normal ist die Posttraumatische Belastungsstörung? Wir haben diesen ersten Teil des Buches mit der Überschrift »Von der Normalität extremer Reaktionen auf abnorme Ereignisse« versehen. In der Literatur finden sich oft derartige Aussagen, die die posttraumatische Symptomatik als normale Reaktionen auf extreme und unnormale Ereignisse begreifen. Auch Therapeuten und Therapeutinnen wählen oft solche Formulierungen, um ihren Klienten und Klientinnen die Angst zu nehmen, ihre Reaktionen seien ein Zeichen von Schwäche oder beginnender Verrücktheit.
Wäre die Posttraumatische Belastungsstörung in dem Sinne normal, dass praktisch jeder mit dieser Symptomatik auf traumatisierende Ereignisse reagieren würde, könnte man nicht von einer psychischen Störung sprechen. Tatsächlich gibt es eine Vielzahl möglicher Reaktionen auf entsetzliche Situationen. Manche Personen werden von einem Ereignis schwer getroffen, entwickeln eine Reihe von Symptomen, können diese aber wieder überwinden und gehen vielleicht sogar gestärkt aus der Krise hervor (siehe Tedeschi, Park & Calhoun, 1998). Andere bleiben quasi in der posttraumatischen Krise hängen, sodass es zu einer chronifizierten traumabedingten Störung kommt. Eine entscheidende Rolle in der langfristigen traumatisierenden Wirkung eines Stressors scheint die individuelle Anpassungsleistung an die posttraumatischen Veränderungen in der Umwelt *und* in einem selbst zu sein. Die Bewältigungsleistung der durch ein Trauma ausgelösten Veränderungen kann man prinzipiell aus zwei verschiedenen Blickwinkeln betrachten: Auf

der einen Seite mit dem Fokus auf die Verwundbarkeit des Menschen, seine Vulnerabilität, oder auf der anderen Seite mit dem Fokus auf die menschliche Widerstandskraft und Anpassungsfähigkeit (im englischsprachigen Raum mit dem Konzept »resilience« umschrieben; vgl. McFarlane & Yehuda, 1996). Aus der einen Sichtweise heraus könnte man sagen, dass der menschlichen Anpassungsfähigkeit kaum Grenzen gesetzt sind, aber manche Menschen aus bestimmten Gründen besonders verletzlich sind und deshalb mit der Bewältigung bestimmter Erfahrungen überfordert. Aus der anderen Sicht heraus könnte man sagen, dass manche Erfahrungen so überwältigend sind, dass sie praktisch die Bewältigungsmöglichkeiten eines oder einer jeden überschreiten, sodass nur besonders starke und unverletzliche Menschen unbeschadet aus ihnen hervorgehen können. Je nach Blickrichtung kann sich die psychotraumatologische Forschung nun eher auf die Identifikation von protektiven Faktoren oder von Risikofaktoren konzentrieren.

Wie eine bestimmte Person letztlich die Herausforderung einer existentiellen Erfahrung bewältigt, hängt von ihrer ganz persönlichen Situation ab, dem Zusammenspiel der individuellen Ressourcen (Resilienz und Vulnerabilität) mit äußeren Faktoren wie dem traumatisierenden Ereignis selbst und den Reaktionen und Hilfsangeboten der Umwelt.

Wir wollen uns im zweiten Teil dieses Buches zunächst mit Erklärungsansätzen zur Entstehung und Aufrechterhaltung posttraumatischer Störungen befassen und mit Daten zu möglichen Situations- und Personenfaktoren. Anschließend wenden wir uns therapeutischen Ansätzen zu.

Teil 2

Die Trauma-Person-Umwelt-Interaktion: Ätiologiemodelle, Bedingungsfaktoren und Behandlungsansätze

Zuletzt ging es um die Frage, warum manche Personen traumatische Störungen entwickeln und andere (die Mehrheit) nicht? Es geht also um die Ätiologie der Posttraumatischen Belastungsstörung und anderer traumatischer Störungen. Dazu gibt es eine Reihe von Erklärungsansätzen aus verschiedenen Feldern: lerntheoretische, kognitive und biologische. Sie alle wählen dabei einen bestimmten Fokus bei der Erklärung des Entstehungspfades der PTB. Jeder dieser Ansätze scheint jeweils eine bestimmte Symptomgruppe der traumatischen Störungen besonders gut zu erklären, doch keines der Modelle ist für sich allein genommen ausreichend, um die Vielfalt der möglichen Reaktionsweisen und die individuelle Ausprägung der Symptomatik erschöpfend zu erklären. Wie bei anderen komplexen Störungen auch ist ein integratives, multifaktorielles Erklärungsmodell gefordert, das dem Zusammenspiel physiologischer, kognitiver, sozialer und kultureller Komponenten gerecht wird.

Nachdem wir auf einige der bestehenden ätiologischen Erklärungsansätze eingegangen sind, möchten wir einige Forschungsergebnisse zu den modifizierenden Faktoren bei der Entstehung und Aufrechterhaltung posttraumatischer Störungen vorstellen. Wir erheben nicht den Anspruch, dass unsere Darstellung in erschöpfender Weise sämtliche Daten zur Interaktion von Trauma-, Umwelt- und Personenfaktoren berücksichtigt, sondern greifen nur uns besonders wichtige Aspekte aus der Fülle der Daten heraus. Dabei konzentrieren wir uns auf das Individuum und seine kognitiven und emotionalen Bewältigungsmechanismen.

Im zweiten Teil dieses Abschnittes (Kapitel 14) möchten wir die wichtigsten Ansätze zur Therapie posttraumatischer Störungen vorstellen. Ebenso wie die ätiologischen Erklärungsmodelle, auf die sie sich stützen, konzentrieren sich diese Interventionsmodelle meist auf einen bestimmten Teil der PTB-Symptomatik und werden deren Bandbreite nicht ausreichend gerecht. Ebenso wie zu einem umfassenden Ätiologiemodell muss es bei der Therapie der Posttraumatischen Belastungsstörung und anderer traumabedingter Störungen zu einer schulen- und methodenübergreifenden Integration jener Ansätze kommen, die bisher gute Ergebnisse gezeigt haben. Damit ein derartiger Integrationsversuch nicht in hilflosem Eklektizismus endet, bedarf es eines umfassenden Rahmenmodells, in das sich hilfreiche Methoden vereinen lassen. In unseren Augen kann das humanistische Menschenbild und seine Implikationen für die therapeutische Beziehungsgestaltung einen derartigen Rahmen bilden.

In diesem Teil finden sich also folgende Kapitel:

Kapitel 8: Zur Ätiologie traumatischer Störungen:
biologische, lerntheoretische und kognitive Beiträge
Biologische Modelle befassen sich mit den psychophysiologischen Veränderungen, die während einer traumatischen Erfahrung im Organismus stattfinden und welche chronischen Dysregulationen auf neuroendokrinologischer Ebene daraus entstehen können. So lässt sich ein Teil der posttraumatischen Symptomatik, nämlich die Übererregbarkeit, auf einer sehr grundlegenden Ebene erklären.
Das Phasenmodell von Horowitz beschreibt posttraumatisches Erleben eher auf einer klinisch-psychologischen Ebene. Im Zentrum dieses Modells steht dabei die Informationsverarbeitung aus psychodynamischer Sicht: Die traumatische Erfahrung bedroht bisherige Ordnungsschemata und Rollenkonzepte in dramatischer Weise, sodass deren Verarbeitung in einem Wechsel zwischen Verleugnung und intrusiver Beschäftigung erfolgt.
Lerntheoretische Modelle zur PTB sind inzwischen weit über einfache Lernkonzepte wie die Zwei-Faktoren-Theorie hinausgewachsen und berücksichtigen kognitive und informationsverarbeitungstheoretische Ansätze. So konzipieren Foa und Kollegen in ihrem Modell der Furchtstrukturen PTB als die Folge einer aufgeblähten stark mit negativer Bedeutung beladenen Erinnerungsstruktur, die übermäßig leicht aktivierbar ist und zugleich so aversiv, dass die Betroffenen diese Akti-

vierung vermeiden wollen, was wiederum eine heilsame Modifikation dieser Trauma-Struktur verhindert.

Kapitel 9: Integration von verschiedenen Beschreibungsebenen zu einem umfassenden Interaktionsmodell
Integrative Modelle versuchen der Komplexität der posttraumatischen Entwicklung gerecht zu werden, indem sie unter Berücksichtigung der verschiedenen Beschreibungsebenen der zuvor genannten Modelle versuchen, alle bei der Entstehung und Aufrechterhaltung der PTB beteiligten Faktoren zu berücksichtigen und zu einem Interaktionsmodell zusammenzufassen. Nur eine Berücksichtigung aller sowohl schützenden als auch vulnerabilisierenden Faktoren auf Seiten des Ereignisses, der Person und des Umfelds kann letztlich erklären, wieso ganz bestimmte Personen eine traumabedingte Störung entwickeln, während andere nach einer Phase der Erschütterung ohne symptombedingten Leidensdruck weiterleben können.

Kapitel 10: Stressorfaktoren: Was lässt ein Ereignis zur traumatischen Erfahrung werden?
Das traumatische Ereignis ist definitionsgemäß das eigentliche ätiologische Moment traumabedingter Störungen. Dabei zeigen aber unterschiedliche traumatische Erfahrungen unterschiedliche Wirkung. Definiert wird der Stressor durch quantitative und vor allem qualitative Dimensionen: Dauer und Intentionalität, Vorhersehbarkeit und Kontrollierbarkeit, Entsetzlichkeit und Absurdität, Verlust, Bedrohung, Verletzung, Verantwortlichkeit. Letztlich ist die persönliche Bedeutungszuschreibung des Individuums die wichtigste Dimension.

Kapitel 11: Personenfaktoren: die Rolle der individuellen Bedeutungsgebung
Mag unmittelbar während und nach einer Traumatisierung die Natur und Intensität des Stressors noch der entscheidende Faktor in der Ausformung der Symptomatik sein, spielen im Verlauf der Chronifizierung oder Heilung die individuellen Vulnerabilitäten und Stärken des betroffenen Individuums eine zunehmend wichtige Rolle in der posttraumatischen Anpassung. Seine Persönlichkeit beeinflusst nicht nur die Wahrscheinlichkeit, ein bestimmtes Ereignis zu erleben, sondern auch,

wie dieses erlebt und überstanden wird. Besonders ausschlaggebend sind individuelle Faktoren aber in der Bewältigung der posttraumatischen Reaktionen: Wie die traumatische Erfahrung in den Lebenszusammenhang eingeordnet, wie mit Trauer und Belastung und den zunächst fast unvermeidlichen Symptomen der Übererregung und des Wiedererlebens umgegangen wird.

Kapitel 12: Umweltfaktoren: die Rolle sozialer Unterstützung und des weiteren Lebensumfeldes
Eng mit der Anpassung des Individuums verknüpft sind Faktoren sozialer Unterstützung und im weiteren Sinne kulturelle und gesellschaftliche Faktoren. Soziale Unterstützung kann für eine traumatisierte Person eine Quelle der Sicherheit, Wärme, ebenso eine materielle Ressource bedeuten. Kulturelle Faktoren spielen nicht nur als Determinanten der sozialen Bedeutung bestimmter traumatischer Erfahrungen eine Rolle (und damit inwieweit ein Individuum Unterstützung erwarten kann), sondern bestimmen auch das Krankheits- und Heilungsmodell und damit die Bedürfnisse traumatisierter Personen mit.

Kapitel 13: Vom Ätiologiemodell zum Behandlungsansatz: Zur Relevanz von Erklärungsmodellen und Ursachenforschung
Die psychotraumatologische Forschung darf in ihrer Suche nach den ätiologischen Faktoren der Entwicklung und vor allem der Chronifizierung der Posttraumatischen Belastungsstörung nicht der Gefahr erliegen, sich in einem defizitorientierten Blick zu sehr auf das Individuum zu konzentrieren. Die Kenntnis der ganz spezifischen Trauma-Person-Umwelt-Interaktion, so das Fazit, ist unerlässlich, um zu begreifen, warum eine Person eine traumabedingte Störung entwickelt, und ebenso, um zu erkennen, welche spezifische Intervention angezeigt ist.

Kapitel 14: Zur Behandlung posttraumatischer Störungen: Die Verarbeitung traumatischer Erinnerungen
Eine Reihe von Interventionsmöglichkeiten steht zur Bearbeitung posttraumatischer Symptomatik zur Verfügung. Als Beispiel für akute Intervention unmittelbar nach einer traumatischen Erfahrung kann das *Critical Incident Stress Debriefing* gelten. In der Behandlung chronifizierter posttraumatischer Störungen haben sich vor allem kognitiv-be-

haviorale Verfahren etabliert: anhaltende Konfrontation mit der Erinnerung *(prolonged exposure)*, Stressimpfungstraining und Techniken der kognitiven Umstrukturierung. Diese Verfahren wurden in einigen kontrollierten Studien in ihrer Wirksamkeit belegt. Dagegen ist die Wirkung des *Eye Movement Desensitization and Reprocessing* noch umstritten. Hypnotherapeutische Verfahren haben geradezu klassischerweise einen Platz unter den Traumatherapien, was von verschiedenen Autoren damit begründet wird, dass die hypnotische Trance einen besonderen Zugang zur posttraumatischen Symptomatik bietet, weil sie dem dissoziativen Erleben während und nach einer traumatischen Erfahrung strukturell ähnlich ist.

Kernstück der hier vorgestellten Interventionsmöglichkeiten ist die Konfrontation mit der traumatischen Erinnerung. Dabei sind die vorgestellten Therapien nicht bei allen Betroffenen wirksam und möglicherweise auch nicht angezeigt. Weitere vergleichende Psychotherapiestudien sind gefordert, vor allem zur Frage der differentiellen Indikation. Dabei darf sich Traumatherapie nicht auf die Behandlung der klassischen PTB-Symptomatik beschränken, sondern muss den ganzen Menschen in seinem Lebenszusammenhang betrachten und die existentielle Dimension einer traumatischen Erfahrung berücksichtigen.

Kapitel 8

Zur Ätiologie traumatischer Störungen: Biologische, lerntheoretische und kognitive Beiträge

Im Grunde gibt es keine abgeschlossenen und allumfassenden Ätiologiemodelle zur PTB. Die Forschenden waren und sind sich bewusst, dass sie von ihrem Bereich aus immer nur einen Teil der beteiligten Faktoren fassen können, und verstehen ihre Beiträge klugerweise eben nur als Beiträge, die versuchen, die Entstehung und Aufrechterhaltung der PTB immer besser zu erklären. Für sich genommen reicht keiner dieser Ansätze aus, um »die ganze Geschichte zu erzählen«, aber jeder ist ein äußerst fruchtbarer Beitrag, wenn er als Teilkonzept verstanden wird. Alle zusammen betrachtet beleuchten wichtige Facetten des Phänomens PTB, geben also im Ansatz eine Antwort, wie es zu posttraumatischen Symptomentwicklungen und deren Chronifizierung kommt. Wir wollen dabei im Wesentlichen drei Blickrichtungen herausgreifen:
1) die biologische Perspektive, die sich mit den psychophysiologischen Veränderungen befasst, die während einer traumatischen Situation im Organismus stattfinden, und deren bleibenden Konsequenzen;
2) den fast schon klassischen Ansatz von Horowitz (1976, 1993), der als psychodynamisch-kognitives Modell verstanden werden kann; und
3) die verschiedenen im weitesten Sinne behavioral-kognitiven Ansätze, die sich einerseits mit der konditionierenden Wirkung einer traumatischen Situation und mit der, die PTB-Symptomatik aufrechterhaltenden Vermeidung befassen, und andererseits mit der kognitiven Bedeutung des Traumas und Aspekten der Informationsverarbeitung.

Biologische Modelle

Tatsächlich spielt bei den verschiedenen Kern-Symptomen der PTB die physiologische Komponente eine wichtige Rolle: Das Erinnern der traumatischen Situation geht in der Regel mit erkennbarer physiologischer Erregung einher, wie Herzklopfen oder Schwitzen; insgesamt besteht ein allgemein erhöhtes Erregungsniveau, das sich in übertriebenen Schreckreaktionen und Hypervigilanz, in Reizbarkeit und Konzentrationsschwierigkeiten und in Schlafstörungen äußern kann.

Dieses Bild ließ bereits Kardiner (1941), einer der Pioniere auf dem Gebiet der PTB bei Soldaten, konstatieren, die traumatische Neurose sei im Grunde eine »Physioneurose«. Aus heutiger Sicht (jedenfalls nach der Mehrheit in der wissenschaftlichen Gemeinschaft) lässt sich jedes Verhalten, ob funktional oder dysfunktional, auch auf einer physiologischen Ebene beschreiben und begreifen – oder ließe sich, wenn die nötigen Einsichten in die äußerst komplexen neurophysiologischen Zusammenhänge vorhanden wären. In der Psychotraumatologie gibt es eine Flut von Befunden zu den psychophysiologischen Korrelaten posttraumatischer Symptomatik. Die Ergebnisse sind zum Teil widersprüchlich und noch nicht ausreichend, um umfassende und wirklich funktionierende Modelle zur Entstehungsgeschichte einer PTB zu liefern, aber äußerst interessant: Wie bei vielen psychischen Störungen stehen die Forschenden dabei mitten in Fragestellungen zur Leib-Seele-Problematik, also der Frage nach dem Zusammenspiel zwischen Körper und Geist.

In der biologischen Psychotraumatologie werden Ergebnisse der allgemeinen Stressforschung mit dem Wissen aus Tiermodellen zu traumatischen Situationen (z. B. dem experimentellen Paradigma des unausweichlichen Schocks – *»unescapable shock«*) verbunden und mit den Befunden verglichen, die sich bei der Untersuchung von Personen mit chronischer PTB ergeben, und zwar bisher größtenteils bei männlichen Kriegsveteranen.

Die chronischen Konsequenzen traumatischer Erlebnisse zeigen sich zum Teil direkt auf der Ebene biochemischer Veränderungen und zum Teil in veränderten physiologischen Reaktionen im Vergleich zu Kontrollgruppen. Aber eben nur, wenn eine PTB vorliegt. Das bedeutet, dass nicht immer klar ist, ob die biochemischen Veränderungen als Konsequenz des Traumas auftraten oder als Konsequenz einer chronifizierten PTB im Sinne einer neurochemischen Anpassung. Oder ob es sich zum Teil nicht vielleicht um biologische Marker handelt, die bereits vor dem Trauma als Zeichen einer erhöhten Vulnerabilität in der Person bestanden und bei der Entwicklung der posttraumatischen Reaktion eine Rolle spielten.

Auf der physiologischen Reaktionsebene der PTB finden sich Veränderungen im Erregungsniveau, sowohl als spezifische Reaktion auf traumarelevante Stimuli, also Reize, die an die traumatische Situation erinnern, als auch als Reaktion auf unspezifische, aber intensive Reize, also in einer allgemein erhöhten autonomen Irritabilität. Die unwillkürliche autonome Reaktion (Ansteigen der Herzfrequenz und des Blutdrucks, verringerter Hautwiderstand) auf traumarelevante Stimuli (z. B. Waffenlärm) wird inzwischen als Diagnostikum verwendet, weil sie z. B. zwischen Veteranen mit und ohne PTB differenzieren kann (z. B. Blanchard, Kolb, Gerardi, Ryan & Pallmeyer, 1986), und kann darüber hinaus als Kontrollmaß verwendet werden, ob durch Konfrontationstherapie eine erfolgreiche Desensibilisierung stattgefunden hat (Keane & Kaloupek, 1982). Diese erhöhte Reaktivität auf traumabezogene Reize kann also gut als Konditionierungseffekt verstanden werden. Darüber hinaus kommt es aber zu einer allgemeinen Veränderung der Erregungsschwelle, die sich symptomatisch als die erhöhte Irritabilität und Schreckbarkeit von Personen mit PTB zeigt (Shalev, Orr, Peri, Schreiber & Pitman, 1992; neuere Zusammenfassung: Morgan & Grillon, 1998). Praktisch bedeutet das, dass Betroffene nicht nur auf Reize, die sie an das Trauma erinnern, mit Aufregung reagieren, sondern auch auf eigentlich harmlose Reize; ihnen fehlt die nötige Diskriminationsfähigkeit.

Van der Kolk (1996b) beschreibt die Konsequenz dieser Problematik so: Durch die ständige Übererregung und das Unvermögen, diese Übererregung zu regulieren, verlieren die Betroffenen die Möglichkeit, sich an ihren inneren emotionalen Zuständen zu orientieren. Ihre mangelnde Diskriminationsfähigkeit lässt sie grundsätzlich in ihrer Reaktion »überschießen«, was schließlich dazu führt, dass sie ihre inneren Zustände nicht mehr als handlungsleitende Informationsgeber nützen können.

Pitman, Orr & Shalev (1993) bemerken, dass ein einfaches Konditionierungsmodell den Arousal-Symptomen der PTB nicht gerecht wird: Sie konstatieren, dass eher eine »unbedingte« oder unspezifische Konditionierung vorliegt, in dem Sinne, dass eher grundsätzlich auf jegliche Irritation mit starkem Stress reagiert wird.

Der Emotionsforscher LeDoux (1998) bietet dafür eine passende Erklärung. Furchtkonditionierung erfolgt nach LeDoux unter der Beteiligung verschiedener Systeme, wobei es zwei wesentliche Wege des

Reiz-Reaktionszyklus der Angst gibt. In beiden spielt die Amygdala (der sogenannte Mandelkern, das ist eine Ansammlung mehrerer Kerne im vorderen Abschnitt des Temporallappens) eine wesentliche Rolle. Dort werden die konditionierten Furchtreaktionen ausgelöst, wenn ein entsprechender Reiz vorliegt. Interessant ist nun, dass die Information, die eine konditionierte Furchtreaktion auslöst, auf zwei Wegen die Amygdala erreichen kann, und zwar einmal vom Thalamus auf dem Umweg über sensorische Teile der Großhirnrinde, in denen also ein Reiz gut differenziert werden kann und auf diese Weise entschieden wird, ob es sich tatsächlich um einen gefährlichen Reiz handelt, z. B. um eine giftige Schlange, oder nur um einen Reiz, der so ähnlich aussieht, aber völlig ungefährlich ist.

Der zweite mögliche Weg lässt kortikale Verarbeitungsmechanismen aus und läuft direkt von Thalamus in die Amygdala. Der Vorteil dieses Weges ist eine sehr schnelle Verarbeitung, was in echten Gefahrensituationen das Leben retten kann. Der Nachteil ist aber, dass die Amygdala nur eine grobe Repräsentation des Reizes liefern kann, die Verarbeitung ist ungenau und ohne kortikale Kontrolle. Das bedeutet, dass auch auf Reize reagiert wird, bei denen eine Furchtreaktion verfrüht oder unnötig ist (z. B. auf ein Ding, das einer Schlange zwar ähnelt, aber keine ist). Dies könnte erklären, wieso Personen mit PTB so undifferenziert auf alle möglichen Reize mit Furcht und daraufhin mit entsprechenden Erinnerungen und Interpretationen reagieren: möglicherweise bedrohliche Reize werden, bedingt durch die grundsätzlich erhöhte Erregung, bevorzugt auf dem kürzeren Weg verarbeitet, ohne differenzierte kortikale Bewertung.

Eine Posttraumatische Belastungsstörung entsteht somit nach LeDoux als besonders tiefe Furchtkonditionierung ohne ausreichend kortikale Kontrolle. Das heißt, eine Vielzahl von Reizen veranlasst die Amygdala unmittelbar, Furchtreaktionen auszulösen, ohne dass der Umweg über höhere Gehirnfunktionen genommen wird. Gleichzeitig werden durch die gebildeten Verknüpfungen auch bewusste Erinnerungen aktiviert, die bereits unbewusst ausgelöste Furchtreaktion untermalen, interpretieren und weiter verstärken. Ein Teufelskreis von unbewusster und unmittelbarer Furchtreaktion und bewusster Erinnerung und kognitiver Interpretation entsteht, sodass die posttraumatische Angstsymptomatik weiter verstärkt wird.

Psychobiologische Ansätze können auch Licht auf die besondere Rolle traumatischer Erinnerungen und deren Persistenz werfen. Evolutionstheoretisch ist es außerordentlich sinnvoll, dass bedeutsame Erinnerungen besonders tief enkodiert werden (Pitman & Orr, 1995). Verschiedene Stresshormone sind dabei beteiligt.
Pitman & Orr beschreiben, wie ein traumatisches Ereignis durch die damit verbundene starke Ausschüttung bestimmter Stresshormone besonders tief eingeprägt, dadurch in der Folge auch leichter erinnert wird. Diese intrusiven Erinnerungen, die wiederum mit Stress einhergehen, bewirken im Sinne eines Teufelskreises eine erneute und vertiefte Konsolidierung der Erinnerungen. Überschreitet die Menge an Stresshormonen ein kritisches Maß, kommt es allerdings zu einer Störung der Enkodierung. So kann dieses Modell auch die scheinbar paradoxe Amnesie für bestimmte Aspekte der traumatischen Erfahrung erklären.
Was das Verständnis traumabedingter Angstsymptomatik weiter klärt, ist die Tatsache, dass zur Reiz-Reaktions-Verknüpfung einer konditionierten Furchtreaktion eine bewusste Wahrnehmung und explizite Erinnerung nicht unbedingt erforderlich sind. Wie beschrieben, kann es unter großem Stress zu einem Versagen der Gedächtnisfunktionen des Hippocampus kommen, sodass bestimmte Aspekte einer traumatischen Erfahrung im Nachhinein nicht erinnert werden, obwohl die entsprechenden Furchtkonditionierungen offensichtlich gegeben sind. Der Hippocampus ist unter anderem auch für die Verarbeitung von Umweltaspekten einer Furchtkonditionierung zuständig: In welchem Kontext ist ein Reiz gefährlich? Somit kann es zu einer besonders starken Reizgeneralisierung kommen, d. h., auch in sicheren Situationen wird ein Reiz die Furchtreaktion auslösen (Armony & LeDoux, 1997).
Die hier beschriebenen Veränderungen und die empirisch belegten psychophysiologischen Abnormitäten bei chronischer PTB müssen auch biochemische Korrelate haben. Offensichtlich hat das Erleben der traumatischen Situation zu einer Dysregulation geführt, bei der sich die evolutionär durchaus sinnvolle Stressreaktion scheinbar verselbstständigt hat und dauerhaft fortbesteht bzw. nun leichter ausgelöst wird. An die traumatische Situation erinnernde Reize, aber auch eigentlich harmlose Reize führen immer wieder zu erneuten Stressreaktionen. Kolb (1987) wiederholte in neuerer Zeit als einer der ersten die alte

Hypothese, dass extreme Stimulierung des zentralen Nervensystems durch psychologisches Trauma zu permanenten Veränderungen desselben führen kann. Er bringt als erklärende Metapher das Beispiel von durch ständigen Lärm verursachte Taubheit, die durch Schädigung der entsprechenden Nervenzellen entsteht. Wie diese Veränderungen auf biochemischer Ebene tatsächlich aussehen könnten, dazu gibt es inzwischen einige Befunde.

Bei Personen mit PTB wurde eine Reihe von neuroendokrinologischen Dysregulationen gefunden, d. h., es wurden veränderte Konzentrationen von Neurotransmitterstoffen oder veränderte Dichte entsprechender Rezeptoren gefunden (Zusammenfassung bei Southwick, Yehuda & Wang, 1998). Z. B. wurde bei Veteranen eine erhöhte Konzentration von Katecholaminen (Norepinephrin und Epinephrin) in Blut und Urin gefunden. Noch ist nicht klar, ob dies verstärkt bei Veteranen mit PTB im Vergleich zu Veteranen ohne PTB der Fall ist (Pitman & Orr, 1990).

Solche Befunde weisen auf eine chronische Dysregulation von Stresshormonen im Vergleich zur Normalbevölkerung hin. Besonders interessant ist in diesem Zusammenhang ein Ergebnis von Resnick, Yehuda, Pitman & Foy (1995): Die Autoren untersuchten die unmittelbaren Cortisolkonzentrationen im Blut von 37 Vergewaltigungsopfern, die sich in einer Notaufnahme einer medizinisch-forensischer Untersuchung unterzogen hatten, und brachten sie mit der im Nachhinein (drei Monate später) erhobenen PTB-Symptomatik und früherer Traumatisierung in Verbindung. Frauen, die bereits vor der Vergewaltigung sexualisierte Gewalterfahrungen gemacht hatten, entwickelten drei Monate später mit größerer Wahrscheinlichkeit eine PTB und hatten im Durchschnitt unmittelbar nach der Vergewaltigung einen geringeren Cortisolspiegel im Blut als die Frauen, die zum ersten Mal eine solche erlebten. Wie die ursächlichen Zusammenhänge dabei sind, ist noch nicht geklärt, aber hier zeigt sich vielleicht ein physiologisches Korrelat der vulnerabilisierenden Wirkung früherer Traumata, die vielleicht eine andere Regulation nachfolgender Stressreaktionen zur Konsequenz haben.

All diese Befunde sind zunächst eher noch deskriptiv, weisen aber auf mögliche pathologische Regulationsvorgänge hin. Mit ihrer Theorie der konditionierten Opiatausschüttung gehen van der Kolk und Kolle-

gen einen Schritt weiter und versuchen damit, die dissoziativen Reaktionen wie reduzierte Schmerzwahrnehmung und emotionales Abgestumpftsein zu erklären. Ausgehend von Tiermodellen nahmen sie an, dass Personen mit PTB bei Konfrontation mit traumarelevanten Stimuli innerlich mit verstärkter Ausschüttung von endogenen Opiaten reagieren, im Sinne einer konditionierten Reaktion, was sich symptomatisch als Erhöhung der Schmerzschwelle und subjektiv als ein Gefühl der Abstumpfung operationalisieren lässt. Möglicherweise liegen solche Mechanismen dem selbstverletzenden Verhalten schwer traumatisierter Personen zugrunde. Nach emotionalem Stress bekämpfen diese ein Gefühl der Abstumpfung und Depersonalisation, was auf physiologischer Ebene eine Erhöhung der Schmerzschwelle bedeuten kann, durch bewusstes Setzen von Verletzungen. Danach empfinden die Betroffenen subjektiv Erleichterung und stärkere Lebendigkeit (van der Kolk & Saporta, 1993; van der Kolk, 1996a).
Biologische Modelle bieten den Grundstein zum Verständnis menschlicher Reaktionen auf neurophysiologischer Ebene. Diese zu kennen ist nicht zuletzt deshalb wichtig, weil sie den Weg zu funktionierender medikamentöser Behandlung bahnen. Die hier vorgestellten Denkansätze behandeln nur Teilausschnitte des Entstehungsweges zu posttraumatischen Störungen. Wir haben sie vor allem deshalb angerissen, weil es sich dabei um ein in der Zukunft besonders häufig besuchtes Forschungsfeld im Rahmen der Psychotraumatologie handelt und weil dadurch die Wirksamkeit psychopharmakologischer Behandlung der PTB besser einsichtig wird. Im Weiteren werden wir uns wieder unserem eigenen Gebiet zuwenden, nämlich den »rein« psychologischen Bedingungsfaktoren zur Entwicklung der PTB.

Das Phasenmodell von Horowitz

Der kognitiv-psychodynamische Ansatz von Horowitz (1976, 1993; deutsch: 1997) ist gewissermaßen der Klassiker der Erklärungs- und Beschreibungsmodelle zur PTB und vielzitiert. Grundlegend sind diesem Modell die zwei sich komplementär gegenüberstehenden Verarbeitungsweisen der scheinbar zwanghaften Wiederholung des Traumas, also intrusive Phänomene des Wiedererlebens auf der einen Seite und die gedankliche Verleugnung und emotionale Erstarrung auf der anderen Seite. Nach Horowitz ist ein wesentlicher Aspekt einer traumatischen Erfahrung, dass diese nicht mit bisherigen Rollenvorstellungen und Erfahrungs-Schemata übereinstimmt. Solche durch die traumatische Information bedrohten Schemata sind z. B. Vorstellungen der Unverletzbarkeit und der eigenen Kompetenz. Diese Dissonanz löst entsprechende unangenehme Emotionen aus und damit Versuche, diese zu bearbeiten. Dabei kommt es durch die überwältigende und existentielle Natur traumatischer Erfahrungen zu einer Art Informationsüberlastung: Die neue bedrohliche Information ist zunächst inkompatibel. Innerliche Konflikte und daraufhin Vermeidungsreaktionen sind die Folge. Die Erinnerung an die traumatische Erfahrung wird vermieden, das Trauma quasi nicht zu Ende gedacht. Dadurch wird eine vollständige Verarbeitung unmöglich, die Dissonanz bleibt bestehen und die Erinnerung an das Trauma bleibt weiterhin aktiviert. In dieser aktiven Form der Speicherung wiederum tendiert die Erinnerung dazu, erneut repräsentiert, d. h. bewusst zu werden, es kommt zu Intrusionsphänomenen. Intrusion und Vermeidung stellen damit mentale Zustände dar, die einerseits aus dem Versuch resultieren, das traumatische Ereignis kognitiv zu verarbeiten, und andererseits aus dem Bedürfnis, überwältigende Gefühle zu vermeiden.

Horowitz (1993) postuliert damit eine *»completion tendency«*, also eine Neigung, die Verarbeitung der traumatischen Erfahrung abzuschließen, die aus der Dissonanz zwischen bisherigen Schemata und der traumatischen Information resultiert. Die kognitive Verarbeitung beruht somit auf Assimilation der traumatischen Botschaft und Akkommodation bestehender Schemata. Vermeidung ist dort funktional, wo dieser Verarbeitungsprozess zu bedrohlich wird, sie ermöglicht eine quasi portionierte Beschäftigung in erträglichen Teilschritten. Sie wird dort dysfunktional und damit pathologisch, wo sie extreme Formen annimmt (z. B. Sucht) und ein Durcharbeiten verhindert. Intrusionen, die von Horowitz ebenfalls als natürliche Phase des Anpassungsprozesses begriffen werden, ermöglichen das Durcharbeiten, indem die traumatischen Erinnerungen aktiviert werden. Sie sind dort dysfunktional, wo sie das Individuum überschwemmen und pathologische Abwehrmechanismen auslösen.

Dieser, im Kern zirkuläre, Verarbeitungsprozess ist nach Horowitz in

einen phasischen Verlauf eingebettet, in der nacheinander unterschiedliche mentale Zustände (*mental states*; Horowitz, 1993) durchlaufen werden.
Diese Phasen sind quasi prototypisch, sie können sich abwechseln und wiederholen und sind in Ablauf und Ausprägung individuell verschieden. Nach Horowitz ist der Unterschied zwischen normaler Trauer- oder Stressreaktion und eher pathologischen Reaktionen ein gradueller: Die einzelnen Phasen des Prozesses können bei dysfunktionaler Anpassung intensiviert und verlängert sein, bei der pathologischen Anpassung können irrationale Ausgestaltung und dysfunktionale Mechanismen überwiegen. Abb. 1 stellt die Phasen des Horowitzschen Modells graphisch dar.
Nach einer Phase des Aufschreis *(outcry)*, in der der Betroffene das Ausmaß der Katastrophe realisiert und in einer ersten Reaktion seiner Angst und Verzweiflung Luft macht, folgen die Phasen der Verleugnung *(denial)* und Intrusion *(intrusion)*, in denen die betroffene Person abwechselnd zwischen Nicht-wahr-haben-Wollen und intrusiven Erinnerungen schwankt. In dem Maße, wie Vermeidung und Intrusion überwunden bzw. kontrolliert werden können, tritt das Individuum in die Phase des Durcharbeitens *(working through)* ein, in der bisherige Schemata und Rollenvorstellung überdacht werden können und mit den neuen Lebenserfahrungen in Einklang gebracht werden. In diesem Überdenken der bisherigen Lebensgrundsätze kann sich ein Wachstumsprozess entwickeln, in dem die Erfahrung des Traumas ihren Platz findet *(completion)*, es kann aber auch zu einer pathologischen Fixierung auf das Trauma kommen, die eine dysfunktionale Veränderung der Persönlichkeit bewirkt.
Die prätraumatische Persönlichkeit spielt in diesem Modell insofern eine Rolle, als sie die vor der traumatischen Erfahrung vorhandenen kognitiven Schemata bestimmt, also mit welchen Vorstellungen die Person an die Verarbeitung des Traumas herangeht. Bereits bestehende Rollenkonflikte, dysfunktionale Überzeugungen und bestimmte kognitiven Verarbeitungsstile, z. B. eine verzerrte Realitätswahrnehmung, können den Verarbeitungsprozess erschweren. Somit ist der Persönlichkeitsstil einer Person, wie z. B. im Falle einer eher zwanghaften Persönlichkeit, die zum Grübeln und zu Schuldthematiken neigt, in der Therapie zu berücksichtigen.

Abb. 1: Normale und pathologische Phasen posttraumatischer Reaktionen (aus Horowitz, Persönlichkeitsstile und Belastungsfolgen. In: A. Maercker [Hrsg.], Therapie der posttraumatischen Belastungsstörungen. Berlin, Heidelberg: Springer)

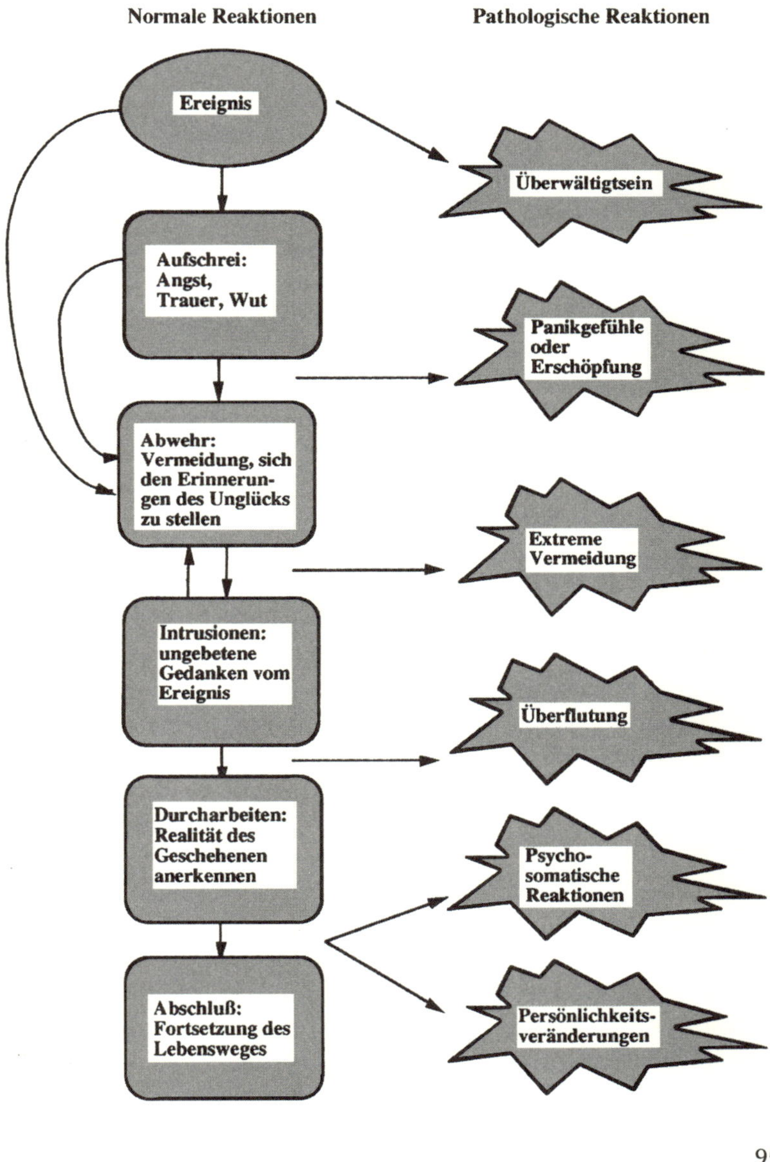

Dieser fruchtbare Ansatz von Horowitz hat eine Reihe von Forschern und Forscherinnen inspiriert, sich mit den Auswirkungen traumatischer Botschaften auf die prätraumatischen kognitiven Schemata und auf grundlegende Überzeugungen zur Welt und zu den Mitmenschen zu befassen, z. B. Janoff-Bulman (1985).

Lerntheoretische Ansätze

Geradezu unvermeidlich war die Anwendung eines klassischen lerntheoretischen Modells zum Erwerb phobischer Störungen auf die Angst- und Vermeidungssymptomatik der PTB: die Zwei-Faktoren-Theorie von Mowrer (1960). Diese verbindet das Prinzip der klassischen Konditionierung mit dem der operanten Konditionierung. In einem ersten Schritt findet eine Koppelung eigentlich harmloser Reize statt, die aber mit dem Trauma in Verbindung stehen, weil sie kontingent mit der eigentlichen Bedrohung auftraten. Sie werden nun mit der ursprünglich in der traumatischen Situation sinnvollen Angstreaktion assoziiert (Beispiel: eine Frau, die in einem Aufzug vergewaltigt wurde, hat nun Angst vor Aufzügen).
Eigentlich müsste diese Konditionierung mit der Zeit verblassen, wenn die traumatische Situation nicht erneut auftritt. Die mit dem Trauma verbundenen Reize wirken dabei in einem zweiten Schritt als Hinweisreize (»in Aufzügen bekomme ich Angst«), die die betroffene Person zu vermeiden versucht. Durch die Vermeidung hat sie weniger Angst und wird so im Sinne des operanten Konditionierens dafür verstärkt. Sie kann aber auch nicht die Erfahrung machen, dass ihre in Aufzügen auftretende Angst unbegründet ist. Das heißt, die konditionierte Reaktion wird durch das Vermeidungsverhalten aufrechterhalten.
Über Konditionierung höherer Ordnung und Stimulusgeneralisierung können derartige konditionierte Stimuli (in diesem Fall der Aufzug) mit weiteren eigentlich harmlosen Reizen verbunden werden (z. B. der Aufenthalt in Hochhäusern bzw. in engen abgeschlossenen Räumen).
Dieses Modell kann erklären, wie sich posttraumatisches Vermeidungsverhalten aufrechterhält und ausweitet. Es weist unmittelbar auf eine wirksame therapeutische Strategie hin, nämlich die Reduktion des Vermeidungsverhaltens und die Konfrontation mit den gefürchteten Sti-

muli (z. B. Aufzügen), woraufhin sich die gelernte Koppelung der Lebensbedrohung mit den an sich harmlosen Reizen wieder abschwächen lässt. Für sich allein genommen sind diese basalen Lernprinzipien aber nicht ausreichend, um weitere typische Phänomene der PTB zu erklären, z. B. die Hyperarousalsymptome und die Symptome des Wiedererlebens, z. B. intrusive Gedanken.

Verschiedene Autoren haben sich an der Weiterentwicklung einer lerntheoretisch fundierten Konzeptualisierung beteiligt. So wurde z. B. das Konzept der erlernten Hilflosigkeit (Peterson & Seligman, 1983) hinzugezogen: Durch die Unkontrollierbarkeit des traumatischen Ereignisses verliert das Opfer den Glauben, zukünftige Ereignisse beeinflussen zu können, und verharrt in einer depressiven Haltung der Hilflosigkeit. Es findet also eine Generalisierung der gelernten Machtlosigkeitserfahrung auf zukünftige Ereignisse statt. Eine besondere Rolle spielen dabei die kognitiven Kontrollüberzeugungen des Opfers, also welche Kausalattributionen es den Ursachen des Ereignisses zuschreibt. Sind diese Attributionen stabil, internal und global (»Es ist typisch, dass mir so etwas passiert«), erfolgt eine stärkere Generalisierung über die traumatische Situation hinaus und damit eine pathologischere Entwicklung hin zu Angst und Hilflosigkeit als bei instabiler, externaler und spezifischer Attribution (»Die Bremsen haben versagt«).
Foa, Zinbarg & Rothbaum (1992) haben sich eingehend mit der Übertragbarkeit von behavioristischen Tierexperimenten zur Auswirkung aversiver Erfahrungen auf das Verhalten von Tieren beschäftigt. Auch das Seligmansche Modell gründet ja ursprünglich auf solchen Experimenten: dem *inescapable-shock*-Paradigma. Sie kommen zu dem Schluss, dass die Studien zu Auswirkungen von Unkontrollierbarkeit und Unvorhersagbarkeit von aversiven Ereignissen auf das Verhalten von Tieren ein gutes Analogon zum menschlichen Verhalten nach unkontrollierbaren und unvorhergesehenen Ereignissen darstellen: Die Tiere zeigen als Reaktionen z. B. Angst, Erregung, Hilflosigkeit im Sinne defizitären Lernverhaltens, vermindertes Appetenzverhalten und verminderte Schmerzwahrnehmung. Sie verhalten sich also nach diesen zum Teil ziemlich quälerischen Experimenten ähnlich wie Menschen, die traumatische Erfahrungen gemacht haben. Nach Foa et al. (1992) sind diese Ergebnisse ein Hinweis darauf, welche herausragende Rolle gerade die Unkontrollierbarkeit und die Unvorhersehbarkeit traumatischer Ereignisse in der Entwicklung posttraumatischer Reaktionen spielen. Was in solchen Tiermodellen kaum geklärt werden kann, ist die kognitive Komponente, welche Rolle also die Bedeutungszuschreibungen der Opfer in der Entwicklung solcher Reaktionen spielen.

Natürlich hat eine Reihe von Autoren die Bedeutung kognitiver Aspekte bei der Entwicklung posttraumatischer Reaktionen betont. Sei es im Sinne der vorher genannten Kontrollüberzeugungen oder im Sinne der Rolle kognitiver Schemata, wie es im Rahmen des Horowitz-Modells beschrieben wurde. Ein besonders fruchtbarer Ansatz ist dabei die Integration einer Theorie der Informationsverarbeitung in ein lerntheoretisches Modell, wie es von der Gruppe um Foa (Foa & Kozak, 1986; Foa, Steketee & Rothbaum, 1989) vorgeschlagen wurde.

Netzwerkmodelle zur Informationsverarbeitung

Foa & Kozak (1986) greifen in ihrem Ansatz zum emotionalen Verarbeiten angstbesetzter Inhalte zunächst auf Langs »bio-informationales« Konzept von Informationsstrukturen zurück (1977, 1979). Danach sind Informationen und Erinnerungsbilder in konzeptuellen Netzwerkstrukturen im Gehirn repräsentiert, z. B. auch angstbesetzte Inhalte. Ein derartiges Netzwerk, z. B. eine »Furchtstruktur« *(fear structure)*, lässt sich dabei in drei zueinander propositionale Strukturen aufgliedern. Dabei sind »Propositionen« als logische Beziehungen zwischen Konzepten zu verstehen, also Aussagen darüber treffen, in welcher Art zwei Konstrukte miteinander in Verbindung stehen. Diese Strukturen sind: 1) Informationen über die gefürchtete Situation oder gefürchtete Stimuli (z. B. über böse Hunde); 2) Informationen über mögliche Reaktionen, sei es verbal, physiologisch oder auf der Handlungsebene (z. B. das Äußern von Angst, das Auftreten innerer Erregung, Weglaufen) und 3) Informationen zur Bedeutung sowohl der Stimulus-Informationen als auch der Reaktions-Informationen, d. h. Interpretationen derselben (z. B. Hunde sind gefährlich; Angst zu haben ist furchtbar; Weglaufen ist peinlich).

Solche Informationsstrukturen sind in Wirklichkeit natürlich wesentlich komplizierter und enthalten eine Vielzahl von Erfahrungseinheiten und Assoziationen. Dabei ist eine Furchtstruktur an sich nichts Pathologisches, sondern ein durchaus sinnvolles Programm zum Erkennen und Vermeiden von Gefahren. Die Bedeutungszuschreibungen, also die Interpretationen der Stimulus- und Reaktionsinformationen, sind dabei entscheidend. Nach Foa & Kozak (1986) entstehen pathologische Furchtstrukturen vor allem, wenn gefürchtete Stimuli mit exzessiven und/oder unangemessenen Reaktionen verknüpft sind und sich nur schwer durch Erfahrung modifizieren lassen.

Im Normalfall wird eine Informationsstruktur ständig durch neue Erfahrungen modifiziert, so auch Furchtstrukturen. Modifikation bedeutet dabei die assoziative Verbindung der Informationseinheiten mit neuen Informationen und Bedeutungen und damit die Schwächung bereits bestehender Verbindungen bzw. die Wiederholung von Erfahrungen und damit die Verstärkung bestehender Verbindungen. Um eine pathologische Furchtstruktur therapeutisch zu modifizieren und dadurch eine Reduktion der Angst herbeizuführen, bedarf es demnach zweier Bedingungen:

1) Die Furchtstruktur muss aktiviert sein, z. B. durch Konfrontation in sensu oder in vivo;

2) Neue, mit den bisherigen Erfahrungsinhalten inkompatible Informationen müssen eingeführt werden, z. B. die Erfahrung, dass die meisten Hunde nicht beißen.

Sind diese Bedingungen erfüllt, werden bestehende Assoziationen geschwächt und neue propositionale Verbindungen zu Reaktions- und Bedeutungseinheiten geschaffen, eine emotionale und kognitive Weiterverarbeitung *(emotional processing)* findet statt. Indikatoren der Aktivierung einer Furchtstruktur sind physiologische und verbale Äußerungen der Angst, z. B. das Ansteigen der Herzfrequenz bei Konfrontation. Indikatoren einer emotionalen Weiterverarbeitung und Modifikation der bestehenden Struktur sind die Habituation der Angstreaktion im Verlauf der Konfrontation(en) und natürlich Äußerungen der betroffenen Person über die Bedeutung und Stärke ihrer Angst.

Dieses Verarbeiten in und außerhalb der Therapie kann durch verschiedene Faktoren gestört werden: So kann eine Klientin durch kognitive, nach außen nicht sichtbare Vermeidungsstrategien (z. B. geistige Ablenkung, Dissoziation) eine ausreichende Aktivierung der Furchtstruktur verhindern, sodass die in der Therapie gemachte Erfahrung nicht mit dem eigentlichen Ausgangsstimulus in all seiner Bedeutung verknüpft wird. Ebenso kann eine Reihe von dysfunktionalen Überzeugungen wie z. B. sogenannte überwertige Ideen, wie sie sich oft bei Personen mit Zwangsstörungen finden, die emotionale Weiterverarbeitung stören. Ein Beispiel dafür könnte etwa lauten: »Ja, die erwartete Erkrankung nach der Kontamination mit vermeintlichen Erregern ist ausgeblieben, aber das heißt nicht, dass ich nicht schreckliche Langzeitfolgen erleben werde«. Schließlich kann übermäßige Aufregung, z. B. panische Angst, eine fehlerfreie Informationsverarbeitung stören, sodass die neuen Informationen nicht integriert werden können. Ebenso können schwer depressive Zustände die Informationsverarbeitung behindern. Alles in allem kann ein wirkungsvolles Durcharbeiten also durch emotionale Zustände der Betroffenen, die ihre geistige Flexibilität ein-

schränken, und darüber hinaus durch ihre eigenen hartnäckigen Bedeutungszuschreibungen sabotiert werden.
Mit dieser Konzeptualisierung liefern Foa & Kozak (1986) eine elaborierte Heuristik zur Aufrechterhaltung und Therapie von Phobien, die sie in fruchtbarer Weise auf ein Modell zur Aufrechterhaltung posttraumatischer Störungen übertragen.
Nach Foa et al. (1989) unterscheiden sich Furchtstrukturen, die durch eine traumatische Erfahrung entstehen, von jenen, wie sie bei phobischen Personen vorliegen können, in mehrerer Hinsicht: Grundsätzlich wird der auslösenden Erfahrung eine eminente Bedeutung zugeschrieben, weil eine massive Bedrohung wahrgenommen wurde und basale Annahmen über die eigene Sicherheit verletzt wurden. Dadurch ist die Intensität der Reaktionen auf physiologischer wie auf der Handlungsebene sehr hoch. Schließlich ist eine Vielzahl von Stimuli in die Furchtstruktur eingebunden, sodass eine traumatische Furchtstruktur umfassender ist und leichter zugänglich, d. h. durch eine Reihe von Stimuli aktiviert werden kann. Die stärkere Stimulusgeneralisierung begründen Foa et al. (1989) mit der Abwesenheit funktionierender Sicherheitssignale.
Alle möglichen Reize bilden so den Auftakt zu einer Aktivierung der Traumastruktur, womit sich die intrusiven Phänomene des Wiedererlebens der traumatischen Erfahrung erklären lassen. Dadurch wirkt sich die traumatische Furchtstruktur massiver auf das alltägliche Funktionieren aus und wird durch die ständige Reaktivierung – im Falle einer Chronifizierung – bestärkt. Nach Foa et al. führt bei den meisten Personen, die an posttraumatischer Symptomatik leiden, die häufige Aktivierung der Furchtstruktur zu einer Integration neuer Informationen und damit zu einer Schwächung derselben. Emotionales Verarbeiten findet also statt. Während ein hohes Erregungsniveau und häufige Intrusionen nach traumatischen Erfahrungen normal sind, überwindet doch die Mehrzahl der Betroffenen ihre Symptomatik und entwickelt keine chronifizierte PTB.
Der Prozess des Durcharbeitens kann aber bei sehr ausgeprägten und umfassenden Traumastrukturen durch verschiedene Mechanismen so gestört werden, wie oben schon in allgemeiner Form aufgezählt wurden, dass die leichte Zugänglichkeit der Furchtstruktur und ihre häufige Aktivierung eher zu einer Stärkung derselben führt. Die entspre-

chende Furchtstruktur kann so weitläufig und umfassend sein, dass eine ausreichend vollständige Aktivierung im Alltag nicht erreicht wird. Gleichzeitig ist sie so voller bedrohlicher Inhalte (die intensiven Reaktionen, die Bedeutungszuschreibung), dass die Erinnerungen und die damit verbundenen Gefühle von den Betroffenen nach Möglichkeit vermieden werden. Je stärker eine betroffene Person vermeidet, desto größer die Gefahr einer Chronifizierung. Die starken Reaktionen, vor allem die Übererregung, auch bei einer nur teilweisen Aktivierung der traumatischen Furchtstruktur, treiben eine Person nicht nur in die Vermeidung – möglicherweise auch verdeckt, z. B. durch Dissoziation –, sondern können für sich genommen auch eine erfolgreiche Informationsverarbeitung blockieren. Die Erregung während einer Konfrontation kann so groß sein, dass ein emotionales Durcharbeiten und eine Integration der neuen Informationen (z. B. »heute bin ich in Sicherheit«) nicht möglich wird, sodass es zu einer erneuten *Retraumatisierung* kommt. Dysfunktionale Überzeugungen und Interpretationen schmälern möglicherweise die korrigierenden Erfahrungen und schränken ihre Gültigkeit ein.
Das Modell der Furchtstrukturen ist ein einfaches und gleichzeitig elaboriertes Modell, in das sich die verschiedenen Aspekte der posttraumatischen Symptomatik gut integrieren lassen. Einzig das Symptom der Amnesie und allgemein die Funktionsweise dissoziativer Vermeidungsstrategien lassen sich im Rahmen des Modells nicht auf Anhieb erklären.

Chemtob, Roitblat, Hamada, Carlson & Twentyman (1988) stellen mit ihrer *Cognitive Action Theory* ein ähnliches Modell vor, in dem davon ausgegangen wird, dass die unterschiedlichen Elemente des Traumanetzwerkes sich nicht nur untereinander aktivieren können, sondern auch hemmen, je nach der entsprechenden Funktion (wie es auch allgemein in Netzwerktheorien der Informationsverarbeitung angenommen wird). Möglicherweise entsprechen solche hemmenden Strukturen Versuchen, die bei der Aktivierung des Traumanetzwerkes aufwallende Erregung zu vermeiden, und äußern sich unter Umständen auch als amnestische Phänomene. Das Modell von Chemtob et al. ist etwas komplizierter als das von Foa et al. (1989), aber im Prinzip sind beide miteinander vereinbar.

Grundsätzlich gehen Netzwerkmodelle davon aus, dass traumatische Erfahrungen, wie ja andere Erfahrungen auch, in komplexen Gedächtnisnetzwerken repräsentiert sind, die sowohl Stimulus und Reaktionsinformationen als auch Informationen zu deren Bedeutung enthalten. Diese Traumastrukturen sind aufgrund ihrer Komplexität und der mit ihnen verknüpften existentiellen Bedeutung besonders leicht aktivierbar (Foa et al., 1989) oder ständig in höherem Aktivierungszustand (Chemtob et al., 1988). Das bedeutet, dass sie die Wahrnehmung und Informationsverarbeitung von Personen mit PTB in starkem Maße beeinflussen. Als empirische Belege für diese Modelle werden deshalb Untersuchungen angeführt, die die veränderte Informationsverarbeitung Betroffener belegen. Solche kognitionspsychologischen Experimente konnten z. B. zeigen, dass Personen mit PTB bei Wahrnehmungs- und Diskriminationsaufgaben nach dem Stroop-Paradigma bei traumarelevanten Wörtern verlängerte Reaktionszeiten zeigten, im Vergleich zu Personen, die keine PTB aufwiesen, aber ein ähnliches Trauma erlebt hatten. Foa, Feske, Murdock, Kozak & McCarthy (1991) fanden diesen Effekt bei Frauen, die vergewaltigt worden waren, McNally, Kaspi, Riemann & Zeitlin (1990) bei Vietnam-Veteranen[1]. Die Autoren interpretieren solche Ergebnisse als Hinweis auf die durch die Gedächtnisrepräsentationen des Traumas veränderte Informationsverarbeitung und das Auftreten intrusiver Phänomene.

---

1 Beim sogenannten Stroop-Test (benannt nach dem Experimentator) ging es ursprünglich darum, die Farbe zu benennen, in der ein vorgegebenes Wort geschrieben war. Handelt es sich dabei um widersprüchliche Informationen, z. B. das Wort »grün« ist in roter Farbe geschrieben, benötigen Versuchspersonen eine längere Reaktionszeit, weil die für die Aufgabe eigentlich bedeutungslose semantische Information des dargestellten Wortes mit der für die Aufgabe relevanten Information, nämlich der tatsächlichen Farbe, interferiert. Geht es nun darum herauszufinden, ob bei Personen mit PTB interferierende Gedächtnisinhalte und Bedeutungszuschreibungen vorhanden sind, können einerseits traumarelevante Wörter vorgegeben werden (z. B. Vergewaltigung, wehrlos, Angriff) und andererseits allgemein bedrohliche Wörter (z. B. Tod, Krebs, Sarg) oder nicht-bedrohliche Wörter (Apfel, Birne). Brauchen die Versuchspersonen bei traumarelevanten Wörtern länger, die Farbe zu benennen, ist dies ein Hinweis, dass entsprechende kognitive Strukturen die Informationsverarbeitung ganz spezifisch beeinträchtigen.

Kapitel 9

Integration: Von verschiedenen Beschreibungsebenen zu einem umfassenden Interaktionsmodell

Die im vorhergehenden Abschnitt dargestellten Erklärungsansätze zur Posttraumatischen Belastungsstörung beschreiben auf unterschiedlichen Abstraktionsebenen das Zustandekommen posttraumatischer Symptomatik. Horowitz bezieht sich in seinem Phasenmodell auf kognitive Verarbeitungsschritte, die lerntheoretischen Ansätze allgemein konzentrieren sich auf grundlegende Lernprinzipien wie Konditionierung und Generalisierung, die Netzwerkmodelle und die psychophysiologischen Modelle beschreiben die posttraumatische Symptomatik auf einer noch basaleren Ebene, auf der Ebene der Informationsverarbeitung und auf der neurophysiologischen Ebene. Für sich genommen ist keine dieser Blickrichtungen ausreichend, das posttraumatische Gesamtbild zu erklären. Vor allem geben diese Modelle noch keine ausreichende Antwort auf die Frage, wieso nicht alle Personen nach einer traumatischen Erfahrung PTB entwickeln.

Die psychophysiologischen Modelle vermuten zum Teil eine größere physiologische Anfälligkeit bei betroffenen Personen, sodass die dysregulierende Wirkung des Stressors stärker ins Gewicht fällt. Ebenso gehen Chemtob und seine Kollegen (1988) von einer erhöhten Erregbarkeit und Konditionierbarkeit aus, auch auf psychophysiologischer Ebene. In der Gruppe um Foa (Foa et al., 1989) ist es die Größe und Komplexität der Traumastruktur, die durch Eigenschaften des Stressors (Vorhersagbarkeit und Kontrollierbarkeit) und der subjektiven Bewertung desselben beeinflusst wird, die Personen mit PTB von solchen unterscheidet, die nach einem Trauma keine PTB entwickeln. Daneben betont sie das Ausmaß der Vermeidung, das eine Person aufwendet und damit ein emotionales Durcharbeiten verhindert. Bei Horowitz (1997) sind es die kognitiven und emotionalen Verarbeitungsstile, also

insgesamt die prätraumatische Persönlichkeit, die eine Anpassung erschweren können.
Während diese unterschiedlichen Blickrichtungen also noch keine ausreichenden Antworten liefern, vermitteln sie aber ein durchaus kombinierbares Bild. Verschiedene Autoren haben sich um eine Integration dieser Erklärungsansätze bemüht.

So haben Creamer und Kollegen (Creamer, Burgess & Pattison, 1992; Creamer, 1995) ein Modell vorgelegt, in dem sie das Phasenmodell von Horowitz mit den Netzwerkmodellen zu einem längsschnittlichen Modell der Entwicklung und Aufrechterhaltung der PTB verknüpfen. Nach diesem Modell folgt dem Erleben einer traumatischen Erfahrung (1. Stadium) die Bildung des Traumanetzwerkes (2. Stadium), die durch Eigenschaften des Stressors (Schwere), aber auch durch das subjektive Erleben desselben bestimmt wird. Die prätraumatische Persönlichkeit und vorausgehende Erfahrungen spielen bei dieser Bewertung ebenfalls eine Rolle. Anschließend kommt es zu einem Verarbeitungsprozess *(network resolution processing)*, der durch ständige Aktivierung der Traumastruktur charakterisiert ist, also durch eine Phase der Intrusion (3. Stadium). Ähnlich wie Horowitz verstehen Creamer et al. (1992) Intrusionen als Zeichen eines Verarbeitungsprozesses.
Die Autoren schließen deshalb, dass ein hohes Maß an Intrusionen zwar mit hoher gegenwärtiger Symptombelastung verbunden sein mag, aber zu geringerer Symptomatik in der Zukunft führen sollte, in dem Sinne, dass dadurch emotionale Verarbeitung stattfindet. Entscheidend ist dabei aber auch das Ausmaß an vermeidenden Verhaltensweisen, die ein Durcharbeiten verhindern und als Bewältigungsstrategie zu verstehen sind, wenn das Ausmaß an Intrusionen oder die damit einhergehende Erregung nicht mehr tolerabel erscheint. Anders als im Horowitzschen Modell folgt also die Phase der Vermeidung auf die der Intrusionen und bildet somit das 4. Stadium. Als 5. Stadium postulieren Creamer et al. (1992) nun das Ergebnis des emotionalen Durcharbeitens, und zwar den jeweiligen Stand der Symptomatik. Diese Stadien des Durcharbeitens, der Intrusion, der Vermeidung und als deren Ergebnis, die Symptombelastung, sind nun in verschiedenen Phasen des Heilungsprozesses messbar und stehen in einem bestimmten vorhersehbaren Zusammenhang zueinander. Creamer et al. haben versucht, ihr Modell empirisch zu überprüfen, indem sie nach einem traumatischen Ereignis den längsschnittlichen Symptomverlauf und darin den Zusammenhang ihrer postulierten Stadien mittels Pfadanalyse untersuchten. Stichprobe waren dabei 158 Personen, die sich in einem Hochhaus befanden, in dem ein bewaffneter Mann bei einem Amoklauf 8 Personen getötet hatte. Sie konnten dabei die Mehrzahl der postulierten Zusammenhänge bestätigen, in-

teressanterweise auch die Hypothese, dass höhere Intrusionswerte in einer frühen Phase (vier Monate) mit niedrigeren allgemeinen Symptomwerten (gemessen mit dem SCL-90-R, Derogatis et al., 1986) in einer späten Phase (14 Monate) einhergingen. Dieses Ergebnis werten sie als einen Hinweis darauf, dass Intrusionen bis zu einem gewissen Grad als Zeichen emotionalen Durcharbeitens verstanden werden können, wie das bereits Horowitz (1976) vertrat. Immerhin können Creamer et al. (1992) mit ihrem eigentlich einfachen Modell fast 40% der Varianz der allgemeinen Symptombelastung 14 Monate nach dem Ereignis erklären. Dabei erwähnen sie zwar, an welcher Stelle des Modells weitere Faktoren, wie prätraumatische Persönlichkeit und Erfahrungswerte oder soziale Unterstützung, Einfluss nehmen könnten, berücksichtigen diese aber in ihrem Modell nicht; wohl nicht zuletzt deshalb, damit es empirisch überprüfbar bleibt.

Jones & Barlow, (1990; 1995) kritisieren dies bei den bisher dargestellten Erklärungsansätzen und berücksichtigen in ihrem Integrationsversuch bestehender Modelle auch psychosoziale Faktoren. In ihrem »biopsychosozialen« Modell der Posttraumatischen Belastungsstörung konzeptualisieren sie PTB als die Folge einer »aus dem Ruder gelaufenen« gelernten Alarmreaktion, bei der die ängstliche Aufmerksamkeit für angstbezogene Reize und die negative Bewertung der eigenen Angstreaktionen die wesentliche Rolle bei der Aufrechterhaltung der Symptomatik spielen. Sie übertragen damit vor allem ihre Erfahrungen in der Behandlung von Panikstörungen und betonen die Parallelen zwischen diesen beiden Angststörungen. Solche Alarmreaktionen sind für sich genommen sinnvoll, indem sie den Organismus auf schnelles Handeln (z. B. für die Flucht) vorbereiten. Ebenso ist es evolutionär sinnvoll, dass die Alarmreaktionen besonders leicht gelernt werden, d. h. leicht mit Kontextinformationen assoziiert werden.
Diese Alarmreaktionen können nun begründet sein, im Angesicht realer Gefahr *(true alarm)* oder unbegründet, wenn keine Gefahr vorliegt *(false alarm).* Bei der Angstreaktion beim posttraumatischen Wiedererleben handelt es sich also um eine erlernte, aber falsche Alarmreaktion, basierend auf einem einstmals sinnvollen Alarm. Personen, die PTB entwickeln, haben nun nach Jones und Barlow (1990) eine besondere Vulnerabilität bezüglich solcher Alarmreaktionen. Das ist zum einen eine physiologisch bedingte Hypersensibilität gegenüber Stress, Alarmreaktionen werden besonders leicht ausgelöst. Zum anderen be-

steht eine psychologische Vulnerabilität, die im Wesentlichen in einer gering ausgeprägten Kontrollüberzeugung besteht. Das bewirkt eine Neigung zu ängstlicher Besorgnis, zukünftige Ereignisse, und somit auch die gelernten posttraumatischen Angstreaktionen, nicht kontrollieren zu können. Dabei spielen Variablen wie Bewältigungsmöglichkeiten und soziale Unterstützung eine Rolle, ebenso wie vorausgehende Lebenserfahrungen. Entscheidend für eine Chronifizierung ist nun die ängstliche Besorgnis bezüglich der *Alarmreaktionen*. Die gelernten Alarmreaktionen, als Phänomene des Wiedererlebens verstehbar, werden dann von entsprechend anfälligen Personen als besonders unkontrollierbar und damit aversiv erlebt und führen ihrerseits zu einer Übererregung und Hypervigilanz bezüglich auslösender Reize, was seinerseits wieder, in Sinne eines Teufelskreises, zu neuen Alarmreaktionen führt.

Jones und Barlow (1990, 1995) versuchen also, neben einer Beschreibung, wie posttraumatische Symptomatik entsteht und aufrechterhalten wird, die Wirkung psychosozialer Faktoren (die neben genetischen Faktoren letztlich die Varianz in der Symptomatik bei unterschiedlichen Personen erklären) zu integrieren. Mehrere Autoren geben einen Überblick über die möglicherweise beteiligten psychosozialen Faktoren, die Erleben und Verarbeiten einer traumatischen Erfahrung beeinflussen. Vor allem auf die Darstellung von Green, Wilson & Lindy (1985) wird häufig zurückgegriffen.

In ihrer Aufzählung, die sie als Arbeitsmodell zur weiteren Forschung verstehen, unterscheiden Green und Kollegen zwischen drei Aspekten: 1) Aspekte der traumatischen Erfahrung (Ausmaß der Bedrohung und des Verlustes, Vorhersagbarkeit, Entwurzelung, Erfahrung des Grotesken; nicht zuletzt die Rolle, die der oder die Überlebende im Geschehen spielte); 2) individuelle Eigenschaften der betroffenen Person (Persönlichkeit, Bewältigungs- und Abwehrstile, die besondere, individuelle Bedeutungszuschreibung); und 3) Eigenschaften der Umgebung, in der die Heilung stattfinden soll (soziale Unterstützung, Funktionalität der Gemeinschaft, demographische Aspekte, kulturelle Aspekte, gesellschaftliche Einstellung zum Ereignis, zusätzliche Stressoren). Diese drei Aspekte wirken sich nun auf das posttraumatische kognitive und emotionale Durcharbeiten aus, das wiederum die nachfolgende psychosoziale Anpassung (funktional vs. pathologisch) bedingt.

Im deutschsprachigen Raum ist das multifaktorielle Modell von Maercker (1997) zu erwähnen. Maercker gliedert die Faktoren, die auf die posttraumatischen Verarbeitungsprozesse Einfluss nehmen, wie folgt: 1) Ereignisfaktoren (Schwere des Traumas, Kontrollierbarkeit, Unerwartetheit); 2) Schutzfaktoren (Kohärenzsinn[1], soziale Unterstützung, Bewältigungsprozesse); 3) Risikofaktoren (Alter zum Zeitpunkt der Traumatisierung, frühere belastende Erfahrungen, frühere psychiatrische Störungen, sozioökonomische Schichtzugehörigkeit). Diese Einteilung ist insofern interessant, weil sie das Augenmerk auf die besondere Schutz- bzw. Risikowirkung bestimmter Einflussgrößen legt und damit auf das Spannungsfeld der beiden kontroversen Konzepte Resilienz auf der einen Seite und Vulnerabilität auf der anderen Seite verweist. Andererseits kann die Zuweisung zur einen oder andern Seite nicht eindeutig sein, weil z. B. soziale Unterstützung als Schutzfaktor gewertet werden kann, wenn sie vorhanden ist, sich fehlende soziale Unterstützung aber auch als Risikofaktor konzeptualisieren ließe.

Eine besonders fruchtbare Zusammenfassung und Darstellung der psychosozialen Faktoren, die Entwicklung und Aufrechterhaltung einer PTB modifizieren können, bieten Joseph, Williams & Yule (1995). Ähnlich wie Jones & Barlow (1990) weisen Joseph et al. (1995) in ihrem Modell der kognitiven Bewertung und Interpretation des Ereignisses und der damit verbundenen inneren Zustände eine zentrale Position zu. Diese Bedeutungszuschreibungen *(appraisals)* werden von einer Reihe von Faktoren beeinflusst: 1) von der traumatischen Information, also Erinnerungseindrücken bezüglich des Traumas; wie die traumatische Erfahrung erlebt und enkodiert wird, hängt dabei wiederum von der eigenen Persönlichkeit (Vorerfahrung, Schemata, kognitive Verarbeitungsstile) und vom sozialen Kontext ab, in dem es stattfindet; 2) Persönlichkeit und sozialer Kontext bestimmen natürlich die dem Trauma zugewiesenen Bedeutungszuschreibungen auch unmittelbar mit; 3) die emotionalen Zustände, die durch die Bedeutungszuschreibungen resultieren, wirken wiederum auf diese selbst zurück; 4) schließlich werden die Bewältigungsstrategien durch die Bedeutungszuschreibungen beeinflusst und wirken ebenso wiederum auf

1 Kohärenzsinn *(sense of coherence)* ist ein Konzept von Antonovsky (1987; 1997), der sich mit den Faktoren, die Gesundheit bedingen, befasst hat. Es beschreibt die kognitive Fähigkeit, dem eigenen Leben und dem, was einem widerfährt, einen Sinn zu verleihen. Damit verbunden ist ein Vertrauen in die eigenen Handlungs- und Bewältigungsmöglichkeiten.

diese zurück; die Bewältigungsstrategien wiederum stehen abermals mit dem sozialen Kontext und der darin verfügbaren sozialen Unterstützung in Verbindung.

Joseph et al. (1995) räumen ein, dass der Beitrag von Persönlichkeits- und Kontextfaktoren zur Entwicklung einer PTB gering sein mag angesichts schwerer traumatischer Stressoren. Was diese Faktoren so interessant macht, ist, dass sie im Gegensatz zum traumatischen Ereignis selbst therapeutisch zugänglich und modifizierbar sind und damit einen wesentlichen Beitrag in der Chronifizierung oder Heilung posttraumatischer Störungen ausmachen. Darüber hinaus mag die Bedeutung individueller Faktoren besonders da ansteigen, wo weniger massive Traumata die auslösende Rolle gespielt haben.
Letztlich bleibt als Antwort auf die Frage, wie es kommt, dass bei traumatischen Erfahrungen nur eine Minderheit eine posttraumatische Störung entwickelt, eben dies, dass neben der traumatischen Erfahrung selbst, als das eigentliche ätiologische Moment, eine Reihe von Faktoren einen modifizierenden Einfluss ausübt. Somit muss ein Modell, das die Ätiologie der PTB und anderer traumabedingter Störungen erhellen soll, immer ein Diathese-Stress-Modell sein, das alle beteiligten Faktoren integrieren kann. Das Wissen über diese Faktoren ist außerordentlich wichtig, bietet es doch Ansatz zu therapeutischen Interventionen und hilft, in einem vorausgehenden Schritt jene Personen zu identifizieren, die besonders gefährdet sind, eine PTB oder verwandte Störung zu entwickeln. So sprechen Weisæth & Eitinger (1993) von drei Aspekten, nach denen sich besonders gefährdete »Fälle« finden lassen: 1) besonders schwerwiegende Aspekte des Stressors *(high-risk situations)*, 2) besonders vulnerable Personen *(high-risk persons)* und 3) besonders dysfunktionale unmittelbare Reaktionsmuster, die auf erschwerte zukünftige Anpassung hinweisen *(high-risk reactions)*.
Wir wollen in den nächsten Abschnitten der Einteilung von Green et al. (1985) folgend auf wichtige Stressor-, Personen- und Umweltfaktoren genauer eingehen und beleuchten, welche Aspekte eine besonders wichtige Rolle in der posttraumatischen Anpassung spielen.

Kapitel 10

Stressorfaktoren: Was lässt ein Ereignis zur traumatischen Erfahrung werden?

Eine traumabedingte Störung kann definitionsgemäß nur dann diagnostiziert werden, wenn eine traumatische Erfahrung vorliegt. Der Stressor ist also das wesentliche ätiologische Element der PTB und anderer posttraumatischer Reaktionen. Augenscheinlich ist das auch völlig nachvollziehbar und verständlich. Traumatische Erlebnisse sind Grenzerfahrungen. Sie bringen Individuen an die Grenze ihrer Belastbarkeit, ihrer Flexibilität und ihres Handlungsvermögens, ihres Fassungsvermögens und oft an die Grenze zwischen Leben und Tod.

Die Reaktionen auf in ihrer Qualität doch recht unterschiedlichen Erfahrungen ähneln sich dabei so sehr, dass man schließen kann, dass grundlegende psychologische und biologische Anpassungsprozesse im Spiel sind (McFarlane & de Girolamo, 1996). Trotzdem ist die Verbindung traumatischer Stressor – posttraumatische Psychopathologie nicht zwingend. Die Mehrzahl der betroffenen Personen entwickelt keine chronifizierte posttraumatische Symptomatik. Während ein Teil der empirischen Studien einen engen statistischen Zusammenhang zwischen Stressor und posttraumatischer Symptomatik findet, scheint dieser in anderen Studien erstaunlich schwach zu sein, sodass noch andere Faktoren (z. B. die Eigenschaften der Betroffenen oder Umweltfaktoren) eine bedeutsame Rolle spielen müssen (McFarlane, 1995).

Es liegt nahe anzunehmen, dass grundsätzlich die Schwere und Art eines Stressors mit ausschlaggebend für die nachfolgenden Reaktionen sind; dass also besonders extreme traumatische Erfahrungen die Bewältigungs- und Anpassungsmöglichkeiten eher überfordern. Die Frage nach dem Zusammenhang zwischen Art und Ausmaß der Traumatisierung und den psychischen Folgen, und ebenso, ob bestimmte Arten von Stressoren ganz bestimmte Reaktionen nach sich ziehen (z. B. eine komplexe PTB), ist eine oft gestellte.

March (1993) gibt eine Übersicht über empirische Studien, die sich mit dem Zusammenhang zwischen Stressor und PTB befasst haben: Bei den meisten Studien, in denen der Versuch unternommen wurde, das Ausmaß des Stressors zu quantifizieren (z. B. Nähe zur Gefahrenquelle, Ausmaß der Bedrohung), fand sich ein statistischer Zusammenhang zwischen Intensität oder Schwere des Stressors und dem Risiko, eine PTB zu entwickeln. Dabei waren alle möglichen Stressoren Gegenstand der Untersuchung: Naturkatastrophen, Krieg, Überfall, Gefangenschaft, Unfälle. Nun mag ein Vergleich der Intensitäten von Kriegserfahrungen in Vietnam noch angehen, also innerhalb einer Stressorkategorie. Wie aber lassen sich so unterschiedliche Erfahrungen wie eine Naturkatastrophe, Kriegseinsatz und Vergewaltigung vergleichen? Was ist das eigentlich Traumatisierende an solchen Erfahrungen? Ist es die Erfahrung selbst für sich genommen, so z. B. Krieg an sich, oder lässt sich das eigentlich Traumatisierende an bestimmten Eigenschaften festmachen, die all diesen Stressoren gemein sind, wie z. B. der Mangel an Kontrollierbarkeit, das Ausmaß körperlicher Verletzung, die Plötzlichkeit, mit der etwas Schreckliches passiert? Was lässt ein Ereignis zu einem traumatischen Stressor werden?

Unter dem A-Kriterium im DSM-IV wird eine Reihe äußerst verschiedener Ereignisse als mögliche Stressoren aufgezählt: »kriegerische Auseinandersetzungen, gewalttätige Angriffe auf die eigene Person (Vergewaltigung, körperlicher Angriff, Raubüberfall, Straßenüberfall), Entführung, Geiselnahme, Terroranschlag, Folterung, Kriegsgefangenschaft, Gefangenschaft in einem Konzentrationslager, Natur- oder durch Menschen verursachte Katastrophen, schwere Autounfälle oder die Diagnose einer lebensbedrohlichen Krankheit« (APA, 1996, S. 487). Zu erfahren, dass man an einer lebensbedrohlichen Krankheit leidet, wie Krebs oder AIDS, kann also auch zu einer Stressreaktion führen, die Information selbst wird dabei zum traumatischen Stressor, der dann auf besonders aversive Weise andauert. Ähnlich verhält es sich mit sogenannten »stillen« Katastrophen, bei denen es zur Verseuchung durch Giftstoffe kommt, z. B. mit radioaktiven oder chemischen Substanzen, und für die Betroffenen nicht unmittelbar wahrnehmbar ist, in welchem Ausmaß sie tatsächlich gefährdet sind. Auch dort ist es zunächst die Information über ein derartiges Ereignis, die eine Stressreaktion auslösen kann (Green, 1990).

Auch Informationen, die eine geliebte Person betreffen, z. B. zu erfahren, dass ein Familienmitglied gewaltsam angegriffen oder sogar getötet wurde, gelten im DSM-IV als traumatische Stressoren. Dabei sind verschiedene Möglichkeiten denkbar, wie die Traumatisierung einer Person für deren Angehörige und

Freunde wiederum zum traumatischen Stressor werden kann: 1) Zum einen eher direkt, dadurch, dass die betreffenden Personen mit der traumatisierten Person mitleiden, sich in deren Schmerz einfühlen und sich die Ereignisse in ihrer Vorstellung ausmalen (Figley & Kleber, 1995). Dabei können auch eigene traumatische Erfahrungen erneut aktiviert werden: Bei einer Untersuchung von 28 Müttern, bei deren Kindern sexualisierte Misshandlung aufgedeckt worden war, zeigten vor allem die Mütter, die selbst von Missbrauchserfahrungen in der Kindheit berichteten, posttraumatische Symptome des Wiedererlebens und der Übererregung als Reaktion auf das, was ihren Kindern widerfahren war (Timmons-Mitchell, Chandler-Holtz & Semple, 1996). 2) Zum anderen wirkt sich die Traumatisierung einer Person auch indirekt über deren daraus resultierende Dysfunktionalität auf ihre Umgebung aus. Dies wurde vor allem bei den Angehörigen von Kriegsteilnehmern untersucht: Kulka et al. (1990) fanden bei Vietnam-Veteranen, die eine PTB entwickelt hatten, dass sie ihre Rolle als Ehemann und Vater weniger gut ausfüllen konnten als Veteranen ohne PTB. Die Frauen der Veteranen mit PTB waren stärker belastet als andere, es gab mehr partnerschaftliche Probleme und mehr intrafamiliäre Gewalt.

Auch Personen, die im weiteren Sinne als Helfende Kontakt mit traumatisierten Menschen haben, können sekundär traumatisiert werden. Bei Personen im Rettungs- oder Katastropheneinsatz, die unmittelbar das Leid der Opfer miterleben, wird dies gemäß DSM-IV als Stressor betrachtet, nicht aber die Erfahrungen von medizinischem oder psychologischem Personal, das erst im weiteren Verlauf Kontakt zu den Opfern entsetzlicher Ereignisse hat. Trotzdem kann die Behandlung traumatisierter Menschen auf Dauer äußerst belastend sein und die Verarbeitungskapazität und Empathiefähigkeit der in diesem Bereich Tätigen übersteigen.

Was im DSM-IV außerdem noch als traumatischer Stressor erwähnt wird, ist das Beobachten der eingangs zitierten Ereignisse. Besonders hervorgehoben werden dabei Ereignisse, die mit erschreckenden oder grotesken Wahrnehmungen einhergingen: der Anblick von grausamer Gewalt, des Sterbens eines Menschen auf gewaltvolle Weise, der Anblick entstellter Leichen. Gerade hier sind Menschen im Katastropheneinsatz betroffen, die oft zwar erst nach dem eigentlichen Ereignis am Unglücksort eintreffen, dann aber mit entsetzlichen Bildern und Szenen konfrontiert werden und dabei aber ihre eigene Handlungsfähigkeit bewahren müssen. Zeuge zu werden bei grausamer Gewalt betrifft aber auch oft »Zivilpersonen«, z. B. bei gewaltsamen Auseinandersetzungen, sei es im Rahmen eines Verbrechens, in Kriegen oder auch bei Gewalt in der Familie. Solche Opfer, in der englischsprachigen Literatur manchmal *»bystander«* genannt, werden nicht nur mit dem Anblick entsetzlicher Taten oder Ereignisse konfrontiert, sondern oft genug mit der eigenen Hilflosigkeit und manchmal mit der Ahnung, nur durch Zufall nicht selbst betroffen zu sein.

Das Wissen, einer möglicherweise tödlichen Gefahr ausgesetzt zu sein, die eintreten kann oder auch nicht, kann für sich selbst belastend genug sein (ähnlich wie bei den oben genannten sogenannten »stillen« Katastrophen oder beim Wissen um eine tödliche Krankheit). Das sogenannte *»war sailor syndrome«* beschreibt die Stressreaktionen norwegischer Seeleute als Folge ihres Einsatzes als Blockadebrecher im Zweiten Weltkrieg. Nach Weisæth & Eitinger (1993) ging etwa die Hälfte der norwegischen Handelsflotte durch feindlichen Beschuß unter, die transportierte Fracht bestand zu einem großen Teil aus hoch explosiven Materialien, z. B. Munition und Brennstoff. Die Seeleute waren also neben den Strapazen ihres Einsatzes vor allem einer starken psychologischen Belastung ausgesetzt, indem eine hohe Wahrscheinlichkeit bestand, dass sie selbst getroffen werden würden und sie oft genug Zeugen wurden, wie ein anderes Schiff aus dem eigenen Konvoi zerstört wurde. In ähnlicher Weise wurden die Einwohner Sarajewos allein durch die ständige Bedrohung durch Scharfschützen und Granatenbeschuss traumatisiert, auch jene, die selbst nie verwundet wurden. Sie berichteten, wie unterschiedlich sich für sie die Strapazen des täglichen Lebens im Verlauf des Krieges darstellten. Während im ersten Winter noch mit viel Lebensmut und Kraft gegen die tägliche Belastung durch Kälte, Not und Kriegsgefahr angegangen wurde, stellte sich der zweite Winter als schier unüberwindliches Hindernis dar: die Bewohner wussten nun, wie schwer es noch werden konnte.

Während diese Erlebnisse im Krieg zweifellos in jedem Fall als traumatische Stressoren im Sinne des DSM-IV verstanden werden, erfüllen andere Erlebnisse dieses Kriterium nicht, weil sie für sich genommen nicht »traumatisierend genug« sind. Trotzdem können auch weniger extreme Belastungen zu Stressreaktionen mit posttraumatischer Symptomatik führen. Scott & Stradling (1994) fordern deshalb die Möglichkeit, auch bei anhaltenden, sich wiederholenden Stressoren, wie sie zum Beispiel in gefährlichen oder belastenden Berufen (z. B. Polizei, Katastrophenschutz, Intensivpflege) vorkommen, eine die posttraumatische Symptomatik beinhaltende Diagnose vergeben zu können, und nennen diese *prolonged duress stress disorder.*

Alle im DSM-IV genannten Stressoren beinhalten die Bedrohung des eigenen Lebens oder der körperlichen Integrität. Ein traumatischer Stressor ist also immer eine existentielle Erfahrung. Verschiedene Autoren haben versucht, einzelne Dimensionen solcher Erfahrungen zu bestimmen. March (1993) kommt nach seiner Literaturübersicht zu dem Schluss, dass Lebensbedrohung, körperliche Verletzung, Objektverlust und möglicherweise die Konfrontation mit dem Grotesken (Grausamkeiten, Verstümmelung) wichtige Faktoren darstellen, die die Intensität eines Stressors und damit seine Wirkung mitbestimmen. Green (1990, 1993) schlägt acht Dimensionen traumatischer Stressoren vor, die sie aus der klinischen Erfahrung heraus, aber auch mit empirischen Belegen begründet: 1) Bedrohung des eigenen Lebens oder der körperlichen Integrität, 2) schwerwiegende körperliche Verletzung, 3) Absichtlichkeit der zugefügten Schädigung, 4) Konfrontation mit dem Grotesken, 5) gewaltsamer/plötzlicher Verlust einer geliebten Person 6) Zeuge zu werden von Gewalt gegen eine geliebte Person oder davon zu hören, 7) zu erfahren, dass die eigene Gesundheit massiv bedroht ist (z. B. bei einer lebensbedrohlichen Krankheit oder dass man giftigen Stoffen ausgesetzt war) und schließlich 8) anderen Menschen schweren Schaden zuzufügen oder sie zu töten. Diese letzte Dimension ist eine sehr bedeutsame, weil sie die Rolle der eigenen Handlungen im Verlauf traumatischer Geschehnisse betont. Green (1993) bezieht sich dabei weniger auf die Reaktionen von Tätern im herkömmlichen Sinne, sondern die Stressreaktionen von Opfern, die zugleich Täter sind, wie z. B. im Krieg. Für Vietnam-Veteranen konnte sie bestätigen, dass die Teilnahme an Grausamkeiten im Rahmen des Kampfeinsatzes die Wahrscheinlichkeit einer PTB erhöhte. Manolias & Hyatt-Williams (1993) schildern die psychischen Auswirkungen bei Polizisten, die im Dienst auf Personen schießen mussten, die dabei schwer verletzt oder getötet wurden. Die Mehrheit der 25 befragten Polizisten kam insgesamt gut über das Erlebnis hinweg, psychische Schwierigkeiten bei der Verarbeitung traten vor allem da auf, wo die entsprechende Situation nicht eindeutig war, wenn sich z. B. im Nachhinein herausstellte, dass die Schusswaffe des Verbrechers eine Attrappe gewesen war. Auch wenn ein Ereignis einen besonders unglücklichen Ausgang hatte, die versehentliche Erschießung eines Unbeteiligten etwa, war die Adaptation erschwert.

Die dritte Dimension, Intentionalität, betrachtet Green (1993) als Kontinuum, bei der am einen Ende Naturkatastrophen und andere, von Menschen unbeeinflussbare Ereignisse stehen, dazwischen Katastrophen und Unfälle, für die menschliches Versagen die Ursache war, und am anderen Ende das absichtliche Zufügen von Leid durch Menschen, z. B. bei Terroranschlägen, Krieg, Überfall, Missbrauch und Folter. Immer wieder betonen Autoren zu Recht, dass durch Menschen vermitteltes Trauma besonders schädigend wirkt. In der epidemiologischen Studie von Kessler et al. (1995) bestätigt sich die verheerende Wirkung menschenvermittelter Traumata im Vergleich zu Katastrophen und Unfällen. Die Traumata, die mit größter Wahrscheinlichkeit die Diagnose einer PTB mit sich brachten, waren bei Männern in dieser Reihenfolge: Vergewaltigung, Kampfeinsatz, Vernachlässigung und körperliche Misshandlung in der Kindheit; bei Frauen: Vergewaltigung, sexuelle Belästigung, körperlicher Angriff, Bedrohung mit einer Waffe und körperliche Misshandlung in der Kindheit[1]. Ein Aspekt der Intentionalität, den wir für wesentlich halten, ist die Art der Beziehung, die zwischen Täter und Opfer besteht, wenn es sich um ein absichtlich zugefügtes Trauma handelt. Eine Verletzung ist besonders verstörend, wenn sie durch eine vertraute Person zugefügt wird.

Eine Dimension, die Green über die acht genannten Dimensionen hinaus als grundlegend bezeichnet, ist die Dauer der Konfrontation mit dem Stressor. Die Dauer ist nicht nur ein einfaches Maß für die Größe einer Traumatisierung, sondern enthält auch einen qualitativen Aspekt, insofern ein kurzfristig andauernder Stressor keine Möglichkeiten zur Anpassung lässt und in der Regel völlig unvorhergesehen eintritt. Ein lang andauernder Stressor dagegen wird zur erwartbaren Belastung, die mit Gefühlen der Machtlosigkeit und Hoffnungslosigkeit einhergeht und entsprechende mehr oder weniger dysfunktionale Bewältigungsmechanismen mit sich bringt. Auch Foa, Zinbarg & Rothbaum (1992) haben darauf hingewiesen, wie wichtig die Dimensionen Kontrollierbarkeit und Vorhersehbarkeit in der Verarbeitung aversiver Erfahrungen sind.

Diese so wichtige Dimension der Dauer wird in der Unterteilung zwischen Typ-I- und Typ-II-Traumatisierung ausgedrückt (siehe S. 39). Diese beiden Kategorien beinhalten implizit ebenso die Dimension der Absichtlichkeit und interpersonaler Verletzung, da es sich bei Stressoren des Typs II praktisch ausschließlich um von Menschen zugefügtes Leid handelt. Und selbst bei andauernden »unpersönlichen« Ereignissen wie Überschwemmungskatastrophen spielt die zwischenmenschli-

1 Noch einmal zur Erinnerung: Nach sexualisierter Misshandlung in der Kindheit wurde nicht explizit gefragt, sondern nach Vergewaltigung und sexueller Belästigung allgemein.

che Komponente (z. B. das Gefühl, von Mitmenschen und Behörden im Stich gelassen zu werden) eine wichtige Rolle.
Ein ebenso bedeutsamer Aspekt ist der Verlust materieller und existentieller Ressourcen. Green, Wilson & Lindy (1985) nennen in ihrem psychosozialen Modell Entwurzelung als eine der Faktoren, die traumatisch wirken. Im weiteren Sinne ist der Verlust von Ressourcen (sozialer wie auch materieller) deshalb so bedrohlich, weil er die Bewältigungsmöglichkeiten zur Verarbeitung erschreckender Ereignisse empfindlich beschneidet. Naturkatastrophen, wie Überschwemmungen oder Wirbelstürme, rauben nicht nur einzelnen Familien die Existenzgrundlage, sondern zerstören auch die Stützfunktionen ganzer Kommunen (Grace, Green, Lindy & Leonard, 1993). Smith & North (1993) identifizieren in ihrer Übersicht über empirische Studien zu den Auswirkungen von Katastrophen materiellen Verlust als einen der Faktoren, die mit nachfolgender Psychopathologie verbunden waren.

All die aufgezählten Faktoren, die die traumatische Natur eines Stressors beschreiben, stellen unterschiedliche Aspekte einer traumatischen Erfahrung dar, die sich untereinander schwer vergleichen lassen. Wie lässt sich die Erfahrung, eine geliebte Person bei einer Naturkatastrophe zu verlieren, mit dem Anblick grausam verstümmelter Leichen im Krieg vergleichen, oder mit der Erfahrung, vom eigenen Vater wiederholt vergewaltigt zu werden? Jede Erfahrung beinhaltet ein unterschiedliches Ausmaß an Vorhersehbarkeit, Kontrollierbarkeit, Absichtlichkeit, Verlust, Lebensbedrohung, vor allem aber persönlicher Bedeutung, und lässt sich nicht einfach quantifizieren oder messen.
Die Absicht, diese Erfahrungen zu messen, resultiert aus dem Forschungsziel, die unterschiedlichen Faktoren, die die Entwicklung und Chronifizierung einer posttraumatischen Reaktion bedingen, zu identifizieren und so deren Ätiologie besser zu begreifen. Nur wenn die Auswirkungen des Stressors statistisch kontrolliert werden können, sind Schlüsse auf individuelle Faktoren zu ziehen (oder umgekehrt). Empirische Untersuchungen, die die Auswirkungen bestimmter Ereignisse untersuchen, können aber nur ungefähre richtungsweisende Ergebnisse erzielen, da die verwendeten statistischen Methoden meist nicht geeignet sind, nicht-lineare Zusammenhänge abzubilden. So gesehen ist es fast erstaunlich, wie viele wichtige Informationen die Forschungsgemeinschaft zu den Bedingungsfaktoren posttraumatischer Symptombildung sammeln und empirisch belegen konnte.

Die vielen Faktoren, die eine traumatische Erfahrung charakterisieren, sind nicht untereinander verrechenbar, sondern stellen unterschiedliche Dimensionen im »Koordinatensystem« menschlicher Erfahrungen dar. Jede traumatische Erfahrung nimmt so einen ganz bestimmten Platz im Erfahrungsraum eines Individuums ein, definiert durch die verschiedenen Dimensionen von Dauer und Intentionalität, Vertrauensbruch, Vorhersehbarkeit, Kontrollierbarkeit, Entsetzlichkeit und Absurdität, Verlust, Bedrohung, Verletzung, Verantwortlichkeit und anderer Aspekte, die uns noch nicht bewusst sein mögen. Erschaffen und geprägt ist dieser Erfahrungsraum vom Individuum selbst, sodass jede dieser »Koordinaten« der traumatischen Erfahrung modifiziert wird durch die ganz persönliche Bedeutungsgebung der betroffenen Person.

Kapitel 11

Personenfaktoren: Die Rolle der individuellen Bedeutungsgebung

Alles Erleben wird dadurch geprägt, wer erlebt. Eine traumatische Erfahrung zu verstehen, losgelöst von der Person, die diese Erfahrung macht, ist deshalb nicht möglich. Die individuelle Bedeutung, die die Person einem Stressor zuschreibt, modifiziert seine traumatische Wirkung. Joseph, Williams & Yule (1995) schreiben in ihrem psychosozialen Modell der PTB der Bedeutungszuschreibung (appraisal) durch das betroffene Individuum eine zentrale Rolle zu. Geformt wird diese Bedeutungszuschreibung durch:

1) Das bestehende Erfahrungsnetzwerk einer Person. Hat sie bis dahin gute, stützende Erfahrungen gemacht oder handelt es sich beim Erleben des Stressors um eine Retraumatisierung?
2) Die aus der Erfahrung heraus gebildeten Schemata und Einstellungen. Wird die Person durch den traumatischen Stressor in einer negativen Weltsicht erneut bestätigt oder wird sie erschüttert durch eine für sie zunächst nicht einzuordnende Erfahrung?
3) Ihren kognitiven Stil. Wie attribuiert die Person für gewöhnlich, wie geht sie mit neuen Erfahrungen um?

Diese Faktoren bestimmen das weitere mehr oder weniger funktionale Bewältigungsverhalten der Person und damit auch ihre Symptomatik und die emotionale Bewältigung derselben. Während anfänglich die Natur des Stressors noch der entscheidende Faktor in der Ausformung der Symptomatik sein mag, spielen im Verlauf einer Chronifizierung oder Heilung zunehmend die individuellen Vulnerabilitäten und Stärken einer Person eine tragende Rolle (McFarlane & Yehuda, 1996).

Wir möchten im Folgenden einen Überblick über mögliche Personenfaktoren bei der Verarbeitung traumatischer Erfahrungen geben. Verstärkt möchten wir dabei auf kognitive Faktoren eingehen, die Erleben und Verarbeiten der traumatischen Erfahrung beeinflussen und ebenso die Bewältigung der posttraumatischen Symptomatik.

Im Prinzip lässt sich der Einfluss individueller Faktoren an drei Punkten des Verlaufs einer traumatischen Erfahrung und seiner Folgen festmachen: 1) Wie, d. h. mit welcher psychischen Ausstattung, ebenso mit welchen körperlichen, materiellen und personellen Ressourcen, geht eine Person in ein Trauma hinein? 2) Wie verhält sie sich im Verlauf der traumatischen Erfahrung? Und schließlich 3) auf welche Weise bewältigt sie anschließend die körperlichen, psychischen und existentiellen Konsequenzen des Traumas? Da das Bewältigungsverhalten während und nach dem Trauma natürlich auch im Wesentlichen davon abhängt, wie ein Individuum bis dahin mit Stress und Belastung umgegangen ist, bleibt diese Einteilung eine künstliche, die lediglich der besseren Übersicht dient.

Prätraumatische Persönlichkeit

Die Ergebnisse zum Einfluss der prätraumatischen Persönlichkeit, als Persönlichkeitseigenschaften im engeren Sinne, auf die Wirkung einer traumatischen Erfahrung sind insgesamt widersprüchlich (Emery, Emery, Shama, Quiana & Jassani, 1991; Lyons, 1991). Dabei sei daran erinnert, dass Persönlichkeitseigenschaften auch das Risiko, überhaupt eine traumatische Erfahrung zu machen, erhöhen können, ebenso wie allgemein demographische Faktoren (Breslau et al., 1995; siehe S. 70 f). Dazu gehört auch das erhöhte Risiko von Personen, die bereits traumatische Erfahrungen gemacht haben, erneut solchen ausgesetzt zu sein (vgl. S. 52 f). Grundsätzlich wurde das vorausgehende Erleben belastender oder gar traumatischer Ereignisse als eher vulnerabilisierender Faktor angenommen (Green et al., 1985; Emery et al., 1991). Beachtenswert ist in diesem Zusammenhang das Ergebnis von Resnick, Yehuda, Pitman & Foy (1995) zur vulnerabilisierenden Wirkung früherer sexualisierter Gewalterfahrungen von Frauen bei der Verarbeitung einer erneuten Vergewaltigung: die Frauen, die bereits früher sexualisierte Gewalterfahrungen gemacht hatten, zeigten in der Zeit danach eine etwas andere physiologische Reaktion als Frauen, die zum ersten Mal eine solche Erfahrung gemacht hatten. Letztere zeigten im weiteren Verlauf eine bessere posttraumatische Anpassung.
Ein weiterer Faktor, der das Erleben eines Traumas mitbeeinflussen

mag, ist die Wirkung möglicher biologischer Vulnerabilitäten, die Lyons (1991) vor allem als konstitutionelle Unterschiede in der physiologischen Stressreaktivität und Anpassungsfähigkeit begründet sieht (vgl. Jones & Barlow, 1990). Möglicherweise spielen solche Dispositionen je nach Art der posttraumatischen Symptomatik eine unterschiedlich bedeutsame Rolle. Goldberg, True, Eisen & Henderson (1990) verglichen die Ausprägung in der posttraumatischer Symptomatik von 715 eineiigen männlichen Zwillingspaaren, die zur Zeit des Vietnam-Krieges im Dienst waren. Das Besondere an diesen Zwillingspaaren war, dass jeweils nur einer der Brüder tatsächlich in Südostasien eingesetzt worden war[1]. Grundsätzlich stand die gefundene PTB-Symptomatik in direktem Zusammenhang mit der Schwere des erlebten Stressors, von keinem Kampfeinsatz hin zu schwerem Kampfeinsatz. Es zeigte sich aber, dass dies vor allem für das Symptomcluster Wiedererleben insgesamt galt und für das Vermeiden traumarelevanter Stimuli, dagegen in geringerem Maße für die Symptombereiche Konstriktion *(numbing)* und Übererregung allgemein.

Daraus ergibt sich der Hinweis, dass gerade die letzteren Symptombereiche in ihrer Ausprägung weniger stark von der traumatischen Erfahrung an sich beeinflusst werden und Dispositionen (Lernerfahrung oder auch biologische) eine größere Rolle spielen könnten. In diesem Zusammenhang ist es interessant, dass sich Depression, deren Symptomatik sich mit den Symptomen der Konstriktion und der Übererregung überschneidet, als möglicher Vulnerabilitätsfaktor für die Entwicklung einer PTB herauskristallisiert hat (Breslau et al., 1997; Resnick, Kilpatrick, Best & Kramer, 1992; zu beachten ist, dass sich diese beiden Untersuchungen auf Frauen beschränkten).

Ein äußerst bedeutsamer Faktor, der bisher noch nicht genannt wurde, sind Alter und Entwicklungsstand einer Person, die mit einer traumati-

---

1 Zwillingsstudien lösen in mir (M. H.) immer gemischte Gefühle aus. Sie sind gewissermaßen der Königsweg zur Bearbeitung des Anlage-Umwelt-Problems, und Forschende aus allen Bereichen der Psychologie und Medizin stürzen sich mit Interesse auf Zwillingspaare. Die Studie von Goldberg et al. (1990) ist ein besonders gruseliges Beispiel, wie eine Untersuchung aus dem Forschungsblickwinkel hoch interessant sein kann und aus dem menschlichen Blickwinkel (der im Artikel kaum Erwähnung findet) einfach nur traurig: Einer ging nach Vietnam und kam dementsprechend gezeichnet wieder, der andere war zurückgeblieben und musste dann das Leid seines Bruders erleben.

schen Erfahrung konfrontiert wird. Auch dazu sind die Ergebnisse widersprüchlich (Lyons, 1991), was sich aber auch aus der schwierigen Vergleichbarkeit ergibt. Trotzdem spielt es natürlich eine Rolle, ob ein Stressor Kindern widerfährt, deren Anpassung oft stark von der Symptomatik ihrer Bezugspersonen abhängt, Jugendlichen, Erwachsenen im mittleren oder im höheren Alter. Die verheerende Wirkung anhaltender Traumatisierung im Kindesalter haben wir bereits beschrieben (vgl. Kapitel 4). Lebenserfahrung mag dabei einen potentiell schützenden Faktor darstellen. Die schützende Rolle von Erfahrung im Umgang mit katastrophalen Ereignissen wurde in der Form praktisch nur an Personen untersucht, die im Rahmen beruflicher Tätigkeit mit solchen Ereignissen in Berührung kommen (Ursano, Grieger & McCarrol, 1996). Weisæth (1989) untersuchte 123 Angestellte einer Farbenfabrik nach einem Großbrand und fand, dass früheres Training zum Verhalten im Katastrophenfall, wie es ein Teil der untersuchten Personen beim Militär erhalten hatte, dabei half, beim Brand funktional zu agieren. Damit sind wir bei der Rolle, die Handlungen und Empfindungen einer Person während einer traumatischen Erfahrung spielen.

Peritraumatisches Erleben

Green et al. (1985) zählen das Erleben und Verhalten während eines traumatischen Ereignisses als Teil der traumatischen Erfahrung zu Aspekten des Stressors. Dies ist insofern sinnvoll, als dieser den vorhandenen Handlungsspielraum weitgehend bestimmt. Trotzdem ist das Erleben und Verhalten einer Person während der traumatischen Erfahrung auch durch deren Individualität bestimmt, eben durch solche Aspekte, wie Vorerfahrung mit gefährlichen Situationen, Handlungskompetenz oder auch Erregbarkeit und dysfunktionales Bewältigungsverhalten und ganz pauschal natürlich durch Alter und Entwicklungsstand. Bei besonders kurzfristigen Ereignissen mag dies eine geringere Rolle spielen als bei länger andauernden Katastrophen, ob es sich dabei um Katastrophen im engeren Sinne, wie z. B. Brände oder Fluten, handelt oder solche Ereignisse wie Krieg, Terror oder Missbrauch. Wir möchten an zwei Beispielen erläutern, wie sich Aspekte des unmittelbaren Bewältigungsverhaltens auf das Erleben einer traumatischen Er-

fahrung auswirken können: am Konzept der »peritraumatischen Dissoziation« und am Konzept des »mental defeat«.
Koopman, Classen & Spiegel (1996) untersuchten bei 187 Personen (retrospektiv) das Verhalten während eines Flächenbrandes, der über zwei Tage ging, Leib und Leben vieler Menschen bedrohte und eine ganze Gemeinde verwüstete. Die Betroffenen gaben Auskunft über dissoziative Erfahrungen, wie Depersonalisation, Derealisation, verzerrte Wahrnehmungen oder Erinnerungslücken. Sie berichteten, wie sie sich während des Feuers verhalten hatten, wobei nach funktionalem und eher dysfunktionalem Bewältigungsverhalten und selbstgefährdenden Handlungen gefragt wurde. Peritraumatische Dissoziation hing dabei nicht nur mit der durch die Personen erfahrenen Schwere des Stressors zusammen, etwa in dem Sinne, dass die Personen, die unmittelbarer durch das Feuer gefährdet und/oder geschädigt wurden, verstärkt dissoziatives Erleben berichteten, sondern auch mit vorausgehenden Stressoren. Man kann also sagen, dass Personen, die angaben, bereits früher belastende oder traumatische Ereignisse erlebt zu haben, eher von dissoziativem Erleben berichteten.
Darüber hinaus war dissoziatives Erleben während des Feuers aber auch mit potentiell selbstgefährdendem Verhalten verbunden, z. B. dem Überschreiten von Polizeibarrieren, um das Feuer von der Nähe zu sehen. Das bedeutet, die Neigung, während eines traumatischen Ereignisses zu dissoziieren, kann manchmal die Urteilsfähigkeit einer Person beeinflussen und damit auch die Konsequenzen des Ereignisses. Koopman et al. (1996) weisen darauf hin, dass Dissoziation prinzipiell auch schützenden Einfluss leisten kann, wenn ein Individuum z. B. auf einer eher physiologischen Ebene trotz Verletzungen noch handlungsfähig bleibt, weil es die Schmerzen nicht spürt oder sich auf einer eher emotionalen Ebene durch anderweitig nicht aushaltbare Geschehnisse rettet, indem es bestimmte Wahrnehmungen dissoziiert (z. B. in Folter und Gefangenschaft).
Ehlers und Kolleg(inn)en (Ehlers et al., im Druck; Dunmore, Clark & Ehlers, 1997; Boos, Ehlers, Maercker und Schützwohl, im Druck) haben sich ebenfalls mit dem Erleben während einer traumatischen Erfahrung befasst. Ausgangspunkt war die Beobachtung, dass manche Frauen berichteten, während einer Vergewaltigung vor allem Gedanken gehabt zu haben, wie sie die Situation für sich verbessern konnten,

also Gedanken über Fluchtmöglichkeiten, Möglichkeiten sich zu wehren oder den Angreifer von seinem Vorhaben abzubringen oder auch innere geistige Strategien, um die Situation für sich erträglicher zu machen. Diese Frauen schienen sich während des traumatischen Erlebens ein Gefühl der eigenen Autonomie zu bewahren, selbst wenn sie tatsächlich keinerlei Kontrolle über die Situation ausüben konnten. Dagegen berichteten andere Frauen von einem Gefühl der inneren Kapitulation, dass sie sich dem Willen des Angreifers völlig ausgeliefert fühlten, bis hin zu dem Gefühl, kein eigenständiges menschliches Wesen mehr zu sein, oder den Wunsch zu sterben. Ehlers et al. nennen dieses bipolare Konzept zum Erleben des Opfers während des Traumas *mental planning* vs. *mental defeat*. Zu beachten ist, dass es dabei um das subjektive innere Erleben der Person geht, nicht um die tatsächliche Situation der traumatischen Erfahrung, die objektiv gesehen völlig aussichtslos sein kann. So kann jemand in einer Situation jegliche Gegenwehr unterlassen, aus der Absicht heraus, mit weniger Schaden aus der Situation herauszugehen, ohne innerlich das Gefühl eines Sich-Aufgebens zu erleben. Bei einer Durchsicht von Therapieprotokollen im Rahmen kognitiv-behavioraler Therapie zeigte sich, dass gerade die Frauen, die weniger stark von der Therapie profitierten, von solchen Gefühlen und Gedanken der Kapitulation während der Vergewaltigung berichtet hatten. Ehlers et al. hatten in dieser Untersuchung jeweils zehn Frauen, die besonders profitiert hatten, mit zehn Frauen verglichen, deren Therapieergebnis weniger gut war. Die Autoren diskutieren, dass solche Erfahrungen des inneren Sich-Aufgebens mit negativen globalen Einstellungen zur eigenen Handlungsfähigkeit und Wertigkeit einhergehen könnten, sodass eine therapeutische Konfrontation mit der traumatischen Erfahrung zugleich solche dysfunktionalen Überzeugungen aktiviert, die wiederum die therapeutische Wirkung einer expositionsorientierten Behandlung sabotieren können.
Boos et al. (im Druck) untersuchten retrospektiv 52 ehemalige politische Gefangene der DDR auf Erfahrungen des Sich-Aufgebens bzw. einer autonomen Geisteshaltung während ihrer Haft. Sie verglichen dabei Personen, die an einer chronischen PTB litten, mit solchen, die keine PTB aufwiesen (jeweils 26 Personen). Sich-Aufgeben *(mental defeat)* definieren Boos et al. als ein Gefühl der inneren Niederlage, bei der das Streben nach eigenen Zielen und Plänen aufgegeben wird, und

als ein Gefühl des Verlustes jeglicher inneren Autonomie. Als autonome Geisteshaltung wurden Aussagen eingestuft, die darauf hinweisen, dass Betroffene sich während der Haft das Gefühl der eigenen Willensfreiheit bewahren konnten und sich weiterhin auf der Seite des Rechts fühlten. Es zeigte sich, dass sich etwa bei der Hälfte der Personen mit chronischer PTB deutliche Hinweise auf eine innere Kapitulation fanden, während dies bei Personen ohne PTB mit einer Ausnahme nie der Fall war. Bei Letzteren fanden sich dagegen häufiger Aussagen, die eine eher autonome Geisteshaltung während der Haft bezeugen.

In diesen beiden dargestellten Studien von Ehlers et al. (im Druck) und Boos et al. (im Druck) wurden die Aussagen der Betroffenen von Ratern ausgewertet, die gegenüber dem Therapieergebnis oder dem PTB-Status blind waren. Die beiden Untergruppen in den Studien unterschieden sich jeweils weitgehend nicht in der Stressorschwere, es war lediglich so, dass bei den zehn Frauen mit schlechterem Therapieergebnis die Gewalterfahrung länger angedauert hatte. Bei den politischen Gefangenen gab es einen Unterschied hinsichtlich der wahrgenommenen Lebensbedrohung. In der Studie von Ehlers et al. unterschieden sich die Frauen auch nicht in der Ausgangssymptomatik vor Therapiebeginn.

Kritisch anzumerken ist, dass bei beiden Studien die traumatischen Erfahrungen der Teilnehmer zum Untersuchungszeitpunkt schon einige Zeit zurücklagen. Es ist anzunehmen, dass dadurch eine Verzerrung in der Erinnerung an die während der Erfahrung erlebten Gefühle und Kognitionen auftreten kann. Möglicherweise berichten gerade Personen, die auf längere Sicht nicht gut mit ihrer Erfahrung zurechtkommen, von negativen Kognitionen bereits während der Erfahrung. Hingegen scheinen sie von Personen, die auf lange Sicht besser damit zurechtkamen, weniger stark gewichtet oder im Nachhinein vergessen zu werden. Auch bleibt noch offen, woraus einerseits die eher negative Haltung des Sich-Aufgebens bzw. andererseits eine autonome Geisteshaltung während einer traumatischen Erfahrung gespeist werden. Anzunehmen wäre, dass dabei die prätraumatische Persönlichkeit eine ausschlaggebende Rolle spielt.

Posttraumatische Anpassung

Nach dem Erleben einer traumatischen Erfahrung ist es entscheidend, welche Ressourcen und Fähigkeiten einer Person zur Verfügung stehen. Kann sie sich Hilfe und Unterstützung holen? Wie verkraftet sie den ersten Schock, wie kann sie die intrusiven Gedanken an das Erlebte ertragen, wie kann sie sich selbst beruhigen? Die typischen Bewältigungsmechanismen einer Person, was sie über sich selbst und über das Trauma denkt, bestimmen, wie sie im weiteren Verlauf mit sich umgehen wird. Damit wird auch hier die prätraumatische Persönlichkeit den weiteren Prozess der posttraumatischen Anpassung entscheidend bestimmen.

Lyons (1991) nennt zwei wesentliche Aspekte der Bewältigung, die aufgrund ihrer bedeutsamen Rolle in der Forschungsliteratur viel Aufmerksamkeit gefunden haben: einerseits die subjektive Bedeutung, die einer traumatischen Erfahrung und deren Konsequenzen zugeschrieben wird. Andererseits ist die Art bedeutsam, wie ein Individuum mit der Erinnerung an das Trauma umgeht, ob es versucht, jeglichen Gedanken und im weiteren Sinne Kontakt mit dieser Erfahrung zu meiden (was mehr oder weniger zum Scheitern verurteilt ist), oder ob es der Person gelingt, sich trotz der Belastung aktiv mit dieser Erfahrung auseinander zu setzen, um sie so zu verarbeiten. Wir möchten im Folgenden vor allem die Arbeiten der Gruppe um Ehlers (z. B. Ehlers & Steil, 1995) und um Joseph (z. B. Joseph, Yule & Williams, 1993) berücksichtigen, die uns besonders fruchtbar erscheinen.

Nach Ehlers (1997) wird die Aufrechterhaltung der posttraumatischen Symptomatik vor allem durch drei Aspekte bestimmt: 1) die kognitive Verarbeitung während des Traumas, 2) die subjektive Bedeutung des Traumas und seiner Konsequenzen und 3) die nach der traumatischen Erfahrung zur Bewältigung eingesetzten Verhaltensweisen und den kognitiven Stil dieser Verarbeitung. Zur kognitiven Verarbeitung während des Traumas haben wir bereits das Konzept des »Sich-Aufgebens« vorgestellt.

Der zweite wichtige Faktor bei der Verarbeitung eines traumatischen Erlebnisses ist nach Ehlers (1997) die subjektive Bedeutung, die dem Trauma und den erlebten Konsequenzen zugeschrieben wird. Ein Individuum kann ein derartiges Erlebnis als abgeschlossenes negatives Lebensereignis sehen, das nichts über seine Wertigkeit aussagt, oder aber als Indikator für ein grundlegendes persönliches Problem. Janoff-Bulman (1985, 1989) beschreibt, wie manche Menschen anlässlich entsetzlicher Erlebnisse negative Grundeinstellungen und damit auch Herangehensweisen bezüglich sich selbst, ihrer Mitmenschen und der Welt überhaupt entwickeln oder sich darin bestätigt sehen. Solche negativen Interpretationsmuster, wie z.B. die Überzeugung, dass mit einem selbst etwas nicht in Ordnung sein muss, wenn einem so etwas passiert, können dazu führen, dass die Erfahrung des Traumas übergeneralisiert wird und damit die weitere Lebensführung grundlegend behindert ist.

Nach Ehlers (1997) führen solche Interpretationen, dass die Welt grundsätzlich gefährlich sei, man niemandem trauen könne und eine unfähige, durch die Traumatisierung gezeichnete Person sei, zu dem grundlegenden Gefühl der anhaltenden Bedrohung, wie es für PTB so typisch ist. Je stärker die Bedrohung durch das erlebte Trauma auf diese Weise weiterwirkt, desto eher könnte dies die Betroffenen dazu motivieren, Strategien der Vermeidung einzusetzen. In entsprechenden Untersuchungen der Arbeitsgruppe fand sich durchwegs ein Zusammenhang zwischen dysfunktionalen Überzeugungen bezüglich der Bedeutung des Traumas und der Symptomausprägung, so z.B. bei Personen, die entweder einen sexualisierten oder nicht-sexualisierten Angriff überstanden hatten (Dunmore, Clark & Ehlers, 1997).

Die elf Personen, die chronische PTB aufwiesen, schilderten nicht nur vermehrt die Erfahrung des Sich-Aufgebens, sondern auch eine negativere, schuldbeladene Sicht bezüglich ihrer Handlungen im Verlauf ihrer Erfahrung (manchmal mit Grübeleien verbunden über das, »was gewesen wäre, wenn... «). Außerdem eine negativere Sicht von Reaktionen anderer und schließlich auch vermehrt generell negativere Überzeugungen bezüglich sich selbst, der Vertrauenswürdigkeit von Mitmenschen und der Welt an sich als gutem Ort. Darüber hinaus schilderten diese Personen auch ihre Symptomatik als belastender, was insofern nicht verwunderlich ist, als sie noch immer unter ihr litten. Die neun Personen, die retrospektiv erhoben nach dem Angriff die Kriterien einer PTB erfüllten, aber nicht mehr zum Zeitpunkt der Untersuchung, zeigten kaum derart negative Einstellung zu sich selbst, den Mitmenschen oder ihrer Symptomatik und schilderten dafür vermehrt planerische Gedanken *(mental planning)* während der traumatischen Erfahrung. Auch hier kann man einwenden, dass die Berichte der Betroffenen über ihre Einstellungen und Gedanken während und nach dem Trauma im retrospektiven Rückblick durch das eigene momentane Befinden gefärbt werden. Ebenso kann im Nachhinein keine Aussage über den kausalen Zusammenhang zwischen dem Äußern negativer Grundüberzeugungen und der Aufrechterhaltung der Symptomatik getroffen werden. Es wäre auch denkbar, dass sich diese Überzeugungen aus Verzweiflung über die belastende Symptomatik entwickelt haben. Dieses Problem kann nur durch Prospektivstudien gelöst werden, die möglichst unmittelbar nach einer traumatische Erfahrung die Gedanken und Einstellungen der Betroffenen erheben und daraufhin die Symptomentwicklung beobachten. In der Praxis wird dies in der Form wohl nicht möglich sein, denn wenn diese dysfunktionalen Überzeugungen identifiziert wurden, sollten sie therapeutisch bearbeitet werden, statt abzuwarten, ob sie sich negativ auf die weitere Symptomentwicklung auswirken. Immerhin kann aber geprüft werden, wie sich solche kognitiven Faktoren auf den Therapieerfolg auswirken.

Ehlers & Steil (1995) haben sich auch verstärkt mit dysfunktionalen Bewertungen der Symptomatik selbst befasst. Diese kann von den Betroffenen nicht nur als belastend erlebt, sondern darüber hinaus als Zeichen einer dauernden Schädigung interpretiert werden. Dagegen wäre es funktional, die Symptome der Trauer, Übererregung und des Wiedererlebens als Ausdruck eines normalen Anpassungsprozesses zu sehen, der schließlich in einer Heilung derselben mündet (wie es für die Mehrheit der Betroffenen ja tatsächlich der Fall ist). Werden z. B. die fast unvermeidlichen intrusiven Phänomene als Zeichen einer persönlichen Schwäche oder eines irreversiblen Schadens angesehen (besteht zum Beispiel die Angst, die Intrusionen könnten bedeuten, dass man geisteskrank geworden ist und nie mehr heil wird), führt dies zu einer zusätzlichen Belastung und die Betroffenen werden versuchen, diese zusätzliche Bedrohung zu vermeiden. Tatsächlich konnte Steil (1997) zeigen, dass es bei Verkehrsunfallopfern weniger das Ausmaß der Intrusionen (Frequenz) als die subjektiv durch sie empfundene Belastung war, die mit der Schwere der posttraumatischen Symptomatik verknüpft war. Die Belastung durch die Intrusionen wurde durch dysfunktionale Kognitionen vermittelt und stand wiederum im Zusammenhang mit der gezeigten Vermeidung.

Steil hatte in zwei Studien insgesamt 297 Unfallopfer retrospektiv untersucht, sodass diese Ergebnisse zunächst nichts über den kausalen und zeitlichen Zusammenhang aussagen können. In einer dritten Untersuchung wurden 39 Personen, die bei einem Verkehrsunfall verletzt wurden, in einer Längsschnittstudie im ersten Monat nach dem Unfall und fünf bis sieben Monate später zum zweiten Mal befragt. Steil (1997) konnte darin die Bedeutung von dysfunktionalen Interpretationen der Intrusionen und Versuche, diese zu vermeiden, als Prädiktor für das Ausmaß der Intrusionssymptomatik ein halbes Jahr später bestätigen. Eine besondere Rolle kam dabei dem Grübeln zu, das Steil als übermäßige Beschäftigung mit der Frage »Wieso gerade ich?« operationalisiert.

Nach Ehlers & Steil (1995) ist gerade das Ausmaß der Vermeidung entscheidend für die Aufrechterhaltung von intrusiven Gedanken. Und zwar einerseits eher direkt, indem der absichtliche Versuch, bestimmte Gedanken und Bilder zu vermeiden, deren Auftretenshäufigkeit erhöhen könnte (ähnlich wie bei Zwangsgedanken), und andererseits eher indirekt, indem dysfunktionale Überzeugungen, die wiederum die Belastung durch die Intrusionen mitbestimmen, nicht verändert werden können, wenn die Betroffenen mit Strategien der Vermeidung wie Ablenkung, Grübeln (das oft eine übermäßige Beschäftigung mit »Warum-ich?«-Fragen und Schuld und Scham beinhaltet) diese dysfunktionalen Interpretationen eher nähren. In einer prospektiven Längsschnittuntersuchung von 967 Unfallopfern konnten Ehlers, Mayou & Bryant (1998) einen prädiktiven Beitrag von solchen aufrechterhaltenden kognitiven Faktoren wie Grübeln, negative Interpretation der Intrusionen, Unterdrücken von Gedanken und Ärger bestätigen.

Zwei neuere Studien konnten zeigen, dass zumindest die experimentelle Instruktion, nicht an traumarelevante Inhalte (nach einem Verkehrsunfall; Harvey & Bryant, 1998b) bzw. an andere aversive Inhalte (nach dem Zeigen eines Films über eine Brandkatastrophe; Davies & Clark, 1998) zu denken, nach dem zunächst erfolgreichen Versuch der Unterdrückung anschließend zu einem Anstieg der unterdrückten Inhalte in den Gedanken führte (der sogenannte *»rebound-effect«*).

Das Modell der Arbeitsgruppe um Ehlers zeigt, wie dysfunktionale kognitive Überzeugungen bezüglich des traumatischen Erlebnisses selbst und der eigenen Reaktion darauf, aber auch bezüglich der posttraumatisch erlebten Symptomatik zur Aufrechterhaltung oder Chronifizierung einer PTB beitragen können. Dabei bleibt noch offen, wie solche dysfunktionalen Überzeugungen entstehen und ob sie sich eher infolge eines negativen Lebensereignisses entwickeln oder im Sinne einer Persönlichkeitsvariable schon vorher vorhanden waren und zur Entwicklung einer PTB prädestinieren. Warda & Bryant (1998) untersuchten die Neigung zu kognitiven Verzerrungen bei insgesamt 34 Personen im ersten Monat nach einem Verkehrsunfall. Eine Hälfte der Personen erfüllte die Kriterien einer Akuten Belastungsstörung, die andere Hälfte nicht. Bei der ersten Gruppe ließ sich verstärkt die Tendenz finden, in Zukunft negative Ereignisse zu erwarten und diese als besonders belastend einzuschätzen. Die beiden Gruppen unterschieden sich nicht hinsichtlich der Dauer eines Krankenhausaufenthaltes (als Maß für die Schwere des Unfalls), aber neben der posttraumatischen Symptomatik z. B. auch in den Werten des Beck-Depressionsinventars. Wieder ist unklar, ob der negativere kognitive Stil Ursache der verstärkten Symptomatik oder Folge derselben ist, aber er wurde jedenfalls bereits sehr früh nach der traumatischen Erfahrung gefunden.

Ein anderer Ansatz, der der Bedeutungszuschreibung und dessen Einfluss auf die posttraumatische Anpassung eine wichtige Rolle zuschreibt, ist das integrative Modell von Joseph, Williams & Yule (1995). Joseph et al. beschreiben darin die wichtige Rolle von Kausalattributionen, also den zugeschriebenen Ursachen für das Eintreten bestimmter Ereignisse und Handlungsergebnisse. Sie übertragen dabei das allgemeinspsychologische Attributionsmodell von Weiner (z. B. 1994), der sich mit den emotionalen Konsequenzen von spezifischen Ursachenzuschreibungen vor allem bei Leistungsergebnissen befasst hat, auf die Lage traumatisierter Personen. So können externale Ursachenzuschreibungen eines Ereignisses bei negativem Ergebnis eher zu Wut oder Ärger bzw. dem Gefühl der Ungerechtigkeit führen (»der betrunkene Autofahrer hat mich angefahren«), während internale Zuschreibungen, die also bedeuten, dass eine betroffene Person die Ursachen bei sich selber sucht, eher zu Gefühlen der Schuld und Scham führen können (»ich hätte besser aufpassen müssen«). Wichtig ist dabei noch die Dimension

der Kontrolle, d. h. ob ein Individuum, wenn es sich selbst als ursächlich für ein Ergebnis betrachtet, seine Handlungen für kontrollierbar hält oder eher für unkontrollierbar. Im ersten Falle wären eher Schuldgefühle die Folge und Joseph et al. (1995) nehmen an, dass gerade Schuldgefühle über vergangene Handlungen oder Unterlassungen, die nicht mehr zu ändern sind, zu einer fortwährenden Beschäftigung mit einem Ereignis führen können. Im zweiten Falle, wenn ein Individuum Ursachen in internalen, aber unkontrollierbaren Faktoren sucht, sollten nach der Theorie eher Gefühle der Scham vorherrschen und nach Joseph et al. vermehrt zu vermeidendem Umgang mit der Erinnerung führen.
Die Autoren betonen, dass zu unterscheiden ist zwischen der kausalen Attribution für das Ereignis insgesamt, also warum ein Ereignis eingetreten ist, den Ursachenzuschreibungen für eigene Handlungen während des Geschehens und den Ursachenzuschreibungen für die nachfolgenden Reaktionen und die posttraumatische Symptomatik, weil dabei unterschiedliche ursächliche Attributionen und damit Bedeutungszuschreibungen stattfinden können.
Joseph und seine Kollegen haben in zwei Studien die Kausalattributionen von Katastrophenopfern untersucht. In der ersten Studie wurden die Aussagen von 20 Überlebenden eines Fährunglücks im Verlauf der ersten sechs Monate hinsichtlich ihrer Attributionen auf den Dimensionen external vs. internal und kontrollierbar vs. unkontrollierbar untersucht und mit deren Symptomatik etwa ein Jahr später verglichen. Vermehrt internale und kontrollierbare Zuschreibungen waren mit erhöhter Symptomatik, unter anderen mit erhöhten Intrusionswerten auf der *Impact-of-Event-Scale* (Horowitz et al., 1979) verbunden (Joseph, Brewin, Yule & Williams, 1991). In der zweiten Studie wurde ähnlich vorgegangen, dieses Mal wurden die Aussagen 16 Jugendlicher nach einem Schiffsunglück geprüft (Joseph, Brewin, Yule & Williams, 1993). Weil die Aussagen der Jugendlichen fast ausschließlich auf Attributionen der Unkontrollierbarkeit hinausliefen, wurde nur die Dimension zur Internalität vs. Externalität mit der Symptomatik in Verbindung gebracht. So wurde z. B. die Aussage »Es war schwierig zu schwimmen, weil ich meine Kleider anhatte« als Hinweis auf externale Attribution gewertet; die Aussage »Ich fand es sehr schwer, aus dem Sog zu schwimmen, weil ich kein guter Schwimmer bin« als internale Attribution. Auch hier waren vermehrt internale Attributionen mit höherer

Symptomatik nach einem Jahr verbunden. Die Autoren vermuten nun, dass die getroffene Ursachenzuschreibung, vermittelt über Gefühle der Schuld und Scham, eine Rolle bei der Aufrechterhaltung der Symptomatik spielen (Joseph, Yule & Williams, 1993). Interessant ist dabei besonders das Ergebnis einer dritten Studie: Dort wurden 73 Überlebende des Fährunglücks (es war das Kentern der *Herald of Free Enterprise* gewesen) per Fragebögen im Durchschnitt 30 Monate nach dem Unglück genauer nach der Art ihrer Schuldgefühle gefragt und mit dem Ausmaß von Vermeidung und Intrusion, gemessen mit der IES, in Verbindung gebracht (Joseph, Hodgkinson, Yule & Williams, 1993). Die Betroffenen wurden unter anderem nach Schuldgefühlen bezüglich Handlungen, die sie während des Unglücks unterlassen hatten, gefragt und nach Schuldgefühlen wegen Handlungen, die sie getan hatten. Ersteres wurde doppelt so häufig berichtet und korrelierte signifikant mit der Intrusionsymptomatik, nicht aber mit Vermeidung. Zweiteres korrelierte dagegen mit der Vermeidungsskala der IES, nicht aber mit den berichteten Intrusionen.

Die Ergebnisse der Arbeitsgruppe um Joseph sind insofern kritisch zu betrachten, als sie bisher nur an einer kleinen und ausgewählten Stichprobe untersucht worden sind, zumal die untersuchten Aussagen der ersten beiden Studien im Zuge von Schadenersatzklagen gemacht worden waren. Vor allem aber lassen die Ergebnisse keine Aussage über die ursächlichen Zusammenhänge zwischen Symptomatik und Kausalattributionen zu. Es ist möglich, dass ein bestimmter Attributionsstil bereits die Wahrnehmung des traumatisierenden Ereignisses bestimmt und damit die Bedeutung, die diesem Erlebnis und seinen Konsequenzen zugeschrieben wird, sodass ein ungünstiger Attributionsstil als Vulnerabilitätsfaktor die posttraumatische Anpassung negativ beeinflussen könnte. Ebenso könnte ein überwältigendes Ereignis die Art der darauffolgenden Ursachenzuschreibungen bestimmen. Und schließlich könnte eine bestimmte Art der Ursachenzuschreibung auch aus der Symptomatik resultieren, indem z. B. depressive Personen eher zu dysfunktionalen Kontrollüberzeugungen neigen. Die Bedeutung der Forschung zur Ursachenzuschreibung liegt vor allem darin, dass sie das Zustandekommen dysfunktionaler Kognitionen und damit auch negativer emotionaler Zustände erhellen kann und damit auch direkte therapeutische Ansätze bietet (Joseph, Yule & Williams, 1993).

Unseres Erachtens sind gerade die Thematiken der Schuld und Scham wichtige Komponenten in der schädlichen Wirkung traumatischer Ereignisse und vor allen der Aufrechterhaltung der posttraumatischen Symptomatik. Dabei ist noch unklar, auf welchem Wege solche Gefühle die Verarbeitung der traumatischen Erfahrung beeinflussen, aber wie die Arbeit von Ehlers et al. (im Druck) zeigt, können sich dysfunktionale Überzeugungen auch auf das Therapieergebnis auswirken. Auch Pitman et al. (1991) plädieren aus ihrer klinischen Erfahrung heraus dafür, in der Therapie der PTB die besondere Herausforderung negativer Überzeugungen und Gefühle von Schuld und Scham zu beachten. Dabei ist in besonderem Maße der interpersonale Aspekt derartiger Kognitionen und Emotionen zu beachten: Schuld, besonders aber Scham, die sich weniger auf einzelne Aspekte eigener Handlungen denn auf globale Aspekte der eigenen Persönlichkeit bezieht, bestimmen mit, wie zu anderen Menschen in Kontakt getreten wird.
Miller & Porter (1983) weisen darauf hin, dass eine Gewalt- oder Katastrophenerfahrung eine völlig andere Fragestellung aufwirft als ein Scheitern im Alltag. In letzterem Fall liegt der Fokus eher auf der Frage, wieso ein Ereignis zu einem bestimmten Zeitpunkt eintritt, d. h., die betroffene Person sucht nach einer Erklärung, was speziell im Gegensatz zu sonst falsch gelaufen ist. Sie findet die Antwort eher in eigenen Handlungen, spezifischen Zuständen oder in externen Einflüssen. Bei ungewöhnlich schlimmen Erfahrungen neigen Menschen dazu, sich zu fragen, wieso gerade ihnen so etwas passiert, d. h., diese Erfahrung wirft einen interpersonellen Vergleich auf. Mit anderen Worten, die Art der Fragestellung legt bereits Gefühle der Stigmatisierung oder Scham nahe.
Brewin, McCarthy & Furnham (1989) beleuchten in ihrer Untersuchung die interaktionelle Komponente von Schuld- und Schamgefühlen. Sie ließen 77 Studenten und Studentinnen bezüglich deren drei negativsten Erfahrungen der letzten sechs Monate angeben, wie sie dieses selbst einschätzten, ihre Rolle darin sowie ob und auf welche Weise sie sich soziale Unterstützung geholt hätten. Personen, die das Gefühl hatten, das betreffende Ereignis würde mit größerer Wahrscheinlichkeit ihnen passieren als anderen Menschen, die eher internal und global attribuierten, also die Ursache für diese negative Erfahrung verstärkt bei sich suchten, die das Ereignis nicht als spezifische Erfahrung ansahen,

sondern eher als typisch, neigten als Bewältigungsstrategie verstärkt zu sozialem Rückzug. Möglicherweise ist eine der schädlichen Konsequenzen der Scham- und Schuldgefühle von Opfern traumatischer Ereignisse, dass es ihnen besonders schwer fällt, sich soziale Unterstützung zu holen.

Wir wollen im nächsten Abschnitt auf die Bedeutung sozialer Unterstützung bei der Bewältigung traumatischer Erfahrungen eingehen. Dabei sollte aber nicht vergessen werden, dass auch diese Variable untrennbar mit dem Individuum selbst verbunden ist; inwieweit es sich ein soziales Netz schaffen und es im Angesicht eigener Schwierigkeiten aktivieren konnte.

Kapitel 12

Umweltfaktoren: Die Rolle sozialer Unterstützung und des weiteren Lebensumfeldes

Nach Kleber (1995) ist die individuumzentrierte Sicht, wie sie sich in der westlichen Psychologie allgemein, aber auch ganz speziell in der Psychotraumatologie spiegelt, ein typisches Produkt unserer westlichen Gesellschaft. Dies ist insofern verständlich, als der psychologische Umgang mit den Konsequenzen traumatisierender Ereignisse in der Regel am Individuum ansetzt, höchstens noch an der Gruppe. Gesellschaftliche und kulturelle Aspekte treten dabei meist in den Hintergrund. Konzentriert sich der Blick zu sehr auf das Individuum und dessen Bemühen seine Umgebung zu gestalten, können systemische Zusammenhänge, wie z. B. der Einfluss sozialer und gesellschaftlicher Variablen, die nun einmal die Grenzen bilden, in denen sich ein Individuum bewegt, vernachlässigt werden. Dabei spielt das soziale Umfeld bei der Bewältigung traumatischer Erfahrungen geradezu buchstäblich eine tragende Rolle bzw. kann, wenn es ungünstig gestaltet ist, eine positive posttraumatische Anpassung empfindlich stören. Und natürlich kann das engere und weitere soziale Umfeld auch eine Quelle traumatisierender Erfahrungen sein, ob im familiären oder partnerschaftlichen Bereich oder aufgrund einer ungünstigen sozioökonomischen, geographischen oder politischen Lebenssituation. Wir wollen uns aber im Folgenden auf die tatsächlich *post*traumatischen Umgebungsfaktoren beziehen.

Green et al. (1985) bezeichnen diese, die posttraumatische Entwicklung beeinflussenden sozialen und gesellschaftlichen Umweltfaktoren als *»recovery environment«*, also als die Umwelt, innerhalb der eine Erholung oder Wiederherstellung nach der traumatischen Erfahrung stattfindet. Dabei spielen Faktoren, die eher das persönliche Umfeld beschreiben, eine Rolle wie die Unterstützung durch das umgebende soziale Netzwerk auf personaler wie auf kommunaler Ebene. Gleichfalls gilt das aber auch für Faktoren, die das weitere gesellschaftliche Umfeld bestimmen, wie kulturelle Einstellungen zu entsetzlichen Ereignissen und dem Sinn menschlichen Leidens.

Flannery (1990) konstatiert, dass zwar allgemein viel zur Relevanz sozialer Unterstützung in der psychosozialen Anpassung geforscht wurde, aber noch wenig im Bereich der Traumaforschung. Dies, obwohl im klinischen Bereich die Bedeutung sozialer Unterstützung in der Bewältigung traumatischer Ereignisse unumstritten ist. Nach Flannery bestätigen die bisherigen Studien den positiven Einfluss vorhandener sozialer Unterstützung. Dabei finden sich aber oft methodische Mängel, z. B. eine unzureichende Unterscheidung verschiedener Aspekte sozialer Unterstützung. So wird nicht ausreichend zwischen einzelnen »Darreichungsformen« unterschieden (ob es sich z. B. eher um emotionale Unterstützung wie Zuhören und Trösten handelt oder um instrumentelle Unterstützung wie finanzielle oder materielle Hilfe). Oder es wird nicht zwischen der Bewertung des Individuums unterschieden, etwa wie wichtig oder hilfreich es die einzelnen »Beiträge« aus seiner Umgebung findet (vgl. Dunmore et al., 1997). Auch spielt seine Fähigkeit eine Rolle, vorhandene soziale Ressourcen zu nützen oder erst zu erschließen. Nicht zu vergessen die tatsächlich vorhandenen Kapazitäten: Wie groß ist z. B. die Familie? Ist auch das Umfeld traumatisiert und kann nur bedingt Hilfe bieten?

Traumatische Ereignisse können ein Individuum abrupt von seiner Umgebung abschneiden, wenn es sich z. B. um eine tabuisierte Erfahrung handelt wie eine Vergewaltigung. Sie können aber auch die Fähigkeit des Individuums, sich Hilfe zu holen, beeinträchtigen, indem sie es voller Misstrauen zurücklassen oder es durch Hypervigilanz, Wutausbrüche und Intrusionssymptome für seine Umgebung unberechenbar oder anstrengend werden lassen. Ein Symptom posttraumatischer Reaktionen kann ja gerade ein Gefühl der Entfremdung anderen gegenüber sein, sodass ein haltgebender Kontakt vielleicht nicht mehr möglich ist. Deshalb ist die Frage nach Ursache und Wirkung beim Zusammenhang zwischen sozialer Unterstützung und funktionaler posttraumatischer Anpassung nicht eindeutig zu beantworten. Mangelnde soziale Unterstützung kann die Entwicklung einer posttraumatischen Störung begünstigen, andererseits können aber posttraumatische Symptome den Zugang zu sozialen Ressourcen behindern. Und

schließlich ist die Zerstörung sozialer Bindungen oft das eigentlich Traumatische in der Natur eines Stressors, und zwar bei jeder Form zwischenmenschlicher Gewalt. Das gilt auch dann, wenn es durch Unglück oder Katastrophe zum Verlust wichtiger Bezugspersonen kommt oder wenn durch eine größere Katastrophe, wie z. B. durch ein Erdbeben oder auch durch Krieg, das ganze gemeinschaftliche Lebensumfeld zerstört wird[1].
Ob ein Individuum Hilfe bekommt, und auch, ob es wagt, sich Hilfe zu suchen, hängt oft von der sozialen Bedeutung eines Ereignisses ab (vgl. Brewin et al., 1989). Lebowitz & Roth (1994) haben die Berichte von 15 Frauen, die vergewaltigt wurden, daraufhin ausgewertet, wie die Frauen in ihren Erzählungen auf kulturelle Normen und gesellschaftliche Überzeugungen bezüglich sexualisierter Gewalt und männlicher und weiblicher Sexualität Bezug nahmen. Die Autorinnen nahmen an, dass der soziokulturelle Kontext grundlegende Überzeugungen mitformt und dass traumatisierte Menschen gerade bei unerklärlichen Ereignissen auf solche Schemata zurückgreifen, auch wenn diese zuvor überwunden geglaubt waren. In den Aussagen der Frauen spiegelten sich klar gesellschaftliche Mythen wider, z. B. das Thema der eigenen Verantwortung für die Vergewaltigung oder die Dichotomie Jungfrau-Hure, in dem Sinne, dass die Frauen oft selbst andeuteten, durch die Vergewaltigung von der einen Kategorie in die andere gewechselt zu haben. Inwieweit die Frauen sich von solchen dysfunktionalen Überzeugungen abgrenzen konnten, wird nicht deutlich, dagegen aber um so mehr, wie sehr sie unter solchen Vorstellungen litten, wenn sie z. B. von den eigenen Eltern vertreten wurden[2].

Ein viel zitiertes Beispiel, wie eine negative gesellschaftliche Einstellung die posttraumatische Anpassung noch zusätzlich erschwert, ist die soziale Ableh-

---

1 Der Krieg im ehemaligen Jugoslawien ist ein besonders schlimmes Beispiel, weil Zerstörung, Gewalt und Vertreibung oft von den eigenen Nachbarn betrieben wurden, die zu Feinden geworden waren.

2 Nicht selten werden solche kulturellen Normen vom Täter genutzt, um Kontrolle über das Opfer auszuüben, gerade bei sexualisierten Gewalttaten, bei denen viele Opfer aus Furcht vor Stigmatisierung den Täter nicht anzeigen. Im Krieg im ehemaligen Jugoslawien wurde Vergewaltigung bewusst als Waffe eingesetzt gegen muslimische Frauen, in deren Kulturkreis eine Vergewaltigung noch mehr mit dem Ruin des Opfers gleichgesetzt wird, als dies bei uns der Fall ist.

nung, die Vietnam-Veteranen nach ihrer Heimkehr erfuhren, als die amerikanische Öffentlichkeit erkannt hatte, welcher Fehler dieser Krieg war. Die Vietnam-Soldaten fühlten sich von ihrer eigenen Regierung betrogen und sahen sich zum Teil als deren Opfer (Summerfield, 1995).

In ähnlicher Weise dürfte sich die Wahrheit über das Dritte Reich ausgewirkt haben. Soldaten, die sich doch als Verteidiger des Vaterlands gesehen hatten, kamen als Täter zurück. Anders als in den USA gab es aber niemanden, den man dafür verantwortlich machen konnte, außer sich selbst; die Gesellschaft schien quasi über Nacht eine andere geworden zu sein. Ein ganzes Volk hat kaum über seine Traumatisierung gesprochen, weil dadurch die eigene Täterschaft offenbar geworden wäre.

Können kulturelle und gesellschaftliche Normen die Auswirkung traumatischer Erfahrungen einerseits verschärfen, so bieten sie andererseits Struktur und Rituale, solche Erfahrungen zu überstehen (deVries, 1996). Ein Beispiel sind die in jeder Kultur vorhandenen Trauerrituale, die auf gemeinschaftlicher Ebene gepflegt werden. Nach deVries ist die Entwurzelung, die Bürgerkriegsflüchtlinge zu erdulden haben, nicht zuletzt deshalb so verheerend, weil diese neben den traumatisierenden Gewalterfahrungen zugleich ihrer kulturellen Struktur beraubt werden, die sie sonst bei individueller Traumatisierung hätte auffangen können (vgl. Summerfield, 1995).

Grundsätzlich können solche heilenden und haltgebenden Strukturen unterschiedlicher sein, als wir gemeinhin denken würden. Unkritisches Übertragen eigener Erkenntnisse und Vorstellungen auf andere Kulturen, sogenannter Ethnozentrismus, findet sich auch in der Psychologie. Uns muss bewusst sein, dass die Psychotraumatologie, wie sie auch in diesem Buch dargestellt wird, vor allem eine westliche ist (geprägt durch nordamerikanische, europäische, australische und israelische Wissenschaftler und Wissenschaftlerinnen; deVries, 1996). Kultur und Gesellschaft formen aber nicht nur die soziale Bedeutung einer bestimmten traumatischen Erfahrung, sondern auch, auf welche Weise ein Mensch reagiert, ob und mit welchen Symptomen und auf welche Weise er oder sie wieder gesunden kann. In der nordamerikanischen Psychologie ist man auf die besondere Lage afro-amerikanischer und lateinamerikanischer Einwohner und amerikanischer Indianer aufmerksam geworden (Marsella, Friedman & Spain, 1994). Dabei lässt sich aus diesen Kulturen einiges zur Heilung traumatischer Verletzungen lernen, z. B. über Rituale der Reinigung und geistigen Führung nordamerikanischer Indianer. In aller Welt lernen Helfer, die sich um die psychosozialen Belange von Flüchtlingen kümmern, dass der kulturelle Hintergrund der Betroffenen zu berücksichtigen ist, wenn Heilung erfolgen soll. Steinkopff (1997) berichtet von der unterschiedlichen Wirkung kultureller Einflussfaktoren wie Menschenbild und Krankheitskonzept. So ist in unserer westlichen Kultur eher die Vorstellung vom Menschen als aktiver Planer seines Lebens vorherrschend, während in anderen Kulturen das Leben zum Teil stärker durch Schicksal oder göttliche Fügung bestimmt gesehen wird. Dementsprechend finden Lebensereignisse eine andere Deutung. Während das westliche Krankheitsbild noch stark von der Unterteilung zwischen physischen und psychischen Krankheiten geprägt ist, nehmen manche Menschen anderer Kulturen Krankheiten vielleicht ganzheitlicher wahr (und berichten diese entsprechend). Die Vorstellung von innerpsychischen Konflikten oder Zuständen als Erklärung für Leiden ist eine typisch westliche, die sich nicht unbedingt auf andere Kulturen übertragen lässt, und damit dürfen dementsprechende Therapieansätze nicht unreflektiert nach außen übertragen werden. Die Idee, man müsse sich mit der Erinnerung an eine traumatische Erfahrung konfrontieren, um sie so zu bewältigen, ist zunächst eine rein westliche und kann hinterfragt werden.

Kapitel 13

Vom Ätiologiemodell zum Behandlungsansatz: Zur Relevanz von Erklärungsmodellen und Ursachenforschung

Wir haben uns auf den vorausgegangenen Seiten ausführlich mit Ätiologiemodellen der PTB und Bedingungsfaktoren posttraumatischer Anpassung befasst. Wozu brauchen wir diese Modelle, was nützen all diese Daten?

Wenn wir letztlich der persönlichen Einschätzung, die ein Individuum einem grausamen Ereignis zuschreibt, die zentrale Bedeutung zusprechen, wenn wir beachten, wie es dieses Ereignis in seinen Lebenszusammenhang einordnet, mit welchen Stärken und welchen Schwächen es dem Trauma selbst und den damit verbundenen Konsequenzen entgegentritt, und wenn wir dabei berücksichtigen, wie es in die sozialen und kulturellen Gegebenheiten eingebettet ist und natürlich der Intensität und spezifischen Qualität des Stressors eine auslösende, das Individuum wie auch immer erschütternde Wirkung zusprechen – erfindet die Psychotraumatologie dann unter großem Forschungsaufwand das Rad neu, das in der therapeutischen Praxis schon lange bekannt ist?

Wenn wir den einzelnen Menschen so in das Zentrum der Betrachtung stellen, eben um zu beantworten, warum gerade er eine posttraumatische Störung entwickelt hat und andere nicht, laufen wir dann nicht wieder Gefahr, die Verantwortung erneut beim »empfindlichen« Opfer zu suchen? Also wiederum die »Warum-ich?«-Frage?

Die Diagnose der Posttraumatischen Belastungsstörung wurde vor fast 20 Jahren ungefähr in der heutigen Form nicht zuletzt aus einer gesellschaftspolitischen Bemühung heraus eingeführt. Diese Diagnose sollte den Blick auf die verheerende Wirkung traumatischer Ereignisse lenken, weg von einer Pathologisierung der Opfer. Trotzdem weisen die gefundenen Forschungsergebnisse vor allem auf die Rolle dysfunktionaler und funktionaler Anpassungsprozesse hin. Es ist einfach die Blickrichtung, die die Ergebnisse bestimmt, und die Definition der »Störung«. Wenn Personen mit PTB mit solchen verglichen werden, die nach einem traumatisierenden Ereignis keine PTB entwickelt haben, heißt das, dass die zweite Gruppe mühelos über dieses Erlebnis wegkam? Oder erfüllen diese einfach nur die Kriterien einer PTB nicht, so wie sie heute definiert ist?

Die Studie von Lee, Vaillant, Torrey & Elder (1995) verfolgte die Entwicklung von 107 Männern, die ursprünglich aufgrund ihrer Leistungsfähigkeit und psychischen und körperlichen Gesundheit als Studienanfänger an der Universität von Harvard für eine groß angelegte Längsschnittstudie (die sogenannte *Grant-Study*) ausgewählt worden waren. Schwerer Kampfeinsatz im Zweiten Weltkrieg schien bei diesen Männern kaum PTB nach heutigen Kriterien auszulösen, und die Männer, die im Nachhinein am meisten PTB-Symptome berichteten, hatten gleichzeitig eine höhere Wahrscheinlichkeit, dass ihr Name im *Who's Who in America* auftauchte, wie auch immer dies zu deuten ist. Unabhängig aber davon, ob jemand eine posttraumatische Störung entwickelte, war Kriegsteilnahme mit einer geringeren Lebenserwartung verbunden: etwa die Hälfte der Männer, die schweren Kampfeinsatz überstanden hatten, war mit 65 tot oder chronisch krank.

Die meisten Ergebnisse zur Traumaforschung stammen im Gegensatz zu der gerade zitierten Studie aus Untersuchungen von Personen, die sich selbst um Hilfe bemüht oder sich auf Anzeigen oder Aufrufe hin gemeldet haben. Zum Beispiel wissen wir logischerweise nichts über Vergewaltigungsopfer, die niemandem oder nur den engsten Angehörigen von dieser Erfahrung erzählt haben.

Zu wenig bekannt ist über die Personen, die mit eigener Kraft oder mit der Unterstützung von Freunden und Familien traumatische Ereignisse bewältigt haben (oder auch nicht, denn dass sie nicht in Therapie gehen, muss nicht bedeuten, dass sie keine Hilfe bräuchten).

Wenn wir die Vulnerabilitäten von Menschen untersuchen, die eine traumabedingte Störung entwickelt haben, dann soll das auch heißen, dass wir nach den Stärken der Menschen fragen, denen es wieder gut geht, damit wir von ihnen lernen können. Das dürfen wir nicht aus den Augen verlieren.

Die psychotraumatologisch Forschenden sehen sich einer Reihe von Schwierigkeiten gegenüber: Da ist einmal das Stichprobenproblem, da sehr selten Kontakt zu den Opfern von Traumatisierungen zustande kommt, die sich nicht um therapeutische Hilfe bemühen. Dann den methodischen Schwierigkeiten, dass Traumaforschung fast grundsätzlich retrospektiv sein muss, weil prospektive Erhebung natürlich so nicht möglich ist und auch unmittelbar nach einem Ereignis Forschung nur so weit machbar, als es die Betroffenen nicht zu sehr belastet. Statt den Verlauf zu beobachten, müssen sie eingreifen, aufklären, therapeutisch wirken. Und bei den Menschen, die in ihrem Alltag immer wieder auf das Schwerste traumatisiert werden, Menschen in Bürgerkriegen und auf der Flucht, Menschen in Elendsvierteln und Gefangenschaft, sind in der Regel keine Daten zu erheben. Dort herrschen andere Sorgen, sodass wir über die Arbeit mit besonders schwer traumatisierten Menschen meist wieder nur aus klinischen Berichten wissen.
Uns muss bewusst sein, dass unsere eigenen gesellschaftlichen Rahmenbedingungen dabei auch mitbestimmen werden, welche Zusammenhänge wir erkennen und worauf wir unser Augenmerk werfen. Traumaforschung ist nie wertfrei!
Psychotraumatologische Forschung ist trotz der Widerstände wichtig, sie validiert klinisches Wissen und manchmal widerlegt sie es auch (z.B. die früher vertretene Meinung, sexualisierter Missbrauch von Kindern käme selten vor).
Die eingangs beschriebenen Ätiologiemodelle bieten unmittelbare Hinweise auf therapeutische Maßnahmen, aber auch darauf, wo deren Grenzen liegen könnten. So kann das Netzwerkmodell von Foa und Kollegen helfen zu erklären, warum manche Konfrontationstherapie ohne Wirkung bleibt, ebenso die integrativen Modelle, die den Blick auf das komplizierte Bedingungsgefüge der posttraumatischen Symptomatik lenken. Oder je besser die psychophysiologischen Zusammenhänge posttraumatischer Störungen verstanden werden, desto wirksamer kann eine pharmakologische Behandlung werden und die psychologische Therapie unterstützen.
Wir haben gesehen, wie unterschiedlich scheinbar ähnliche Stressoren erlebt werden und auch tatsächlich sind. Wenn uns jemand sagt, er war im Krieg oder sie ist vergewaltigt worden, dürfen wir nicht glauben, wir wüssten bereits alles. Ebenso muss uns bewusst sein, wie wichtig

soziokulturelle Faktoren in der Heilung der posttraumatischen Verletzung sind und dass wir ein Individuum nicht kennen ohne Wissen über sein soziales Umfeld.

Wir müssen verstehen, dass eine traumatische Erfahrung eine Erschütterung auf allen Ebenen bedeutet: auf der körperlichen und der seelischen; der biologischen, der kognitiven, der systemischen und kulturellen Ebene. Alle diese Aspekte gilt es zu Beginn einer Therapie und fortlaufend zu beleuchten, um zu erkennen, wo jemand steht und was ihn oder sie von einem »heileren« Leben trennt.

Harvey (1996) bezeichnet ihr Erklärungsmodell zu traumabedingten Störungen als ein »ökologisches« Modell, um den besonderen Interaktionsaspekt von Stressor-, Personen- und Umweltfaktoren zu verdeutlichen. Wie bei einem Ökosystem verstehen wir den Prozess (in diesem Fall die Genesung oder Chronifizierung von posttraumatischen Symptomen) nur, wenn wir um die Ausprägung der relevanten Variablen wissen. Harvey weist darauf hin, dass es im Prinzip vier mögliche Verläufe in der Verarbeitung des Traumas gibt: ein Individuum findet Heilung, dann kann dies mit therapeutischer Hilfe geschehen oder ohne. Oder ein Individuum entwickelt eine chronische posttraumatische Störung, d. h., es kann die initiale Erschütterung und Symptomatik nicht überwinden und seine prätraumatische Balance nicht wiederherstellen. Auch dies kann mit oder ohne Therapie so geschehen. Wenn wir verstehen, dass jede Traumatisierung eine ganz eigene Geschichte hat, mit ganz spezifischen Bedeutungen, eingebettet in ein ganz spezifisches Ökosystem von helfenden und schwächenden Einflüssen, dann wird erklärbar, warum eine Intervention in dem einen Fall wirken kann und in dem anderen Fall nicht.

Wenn wir uns im Folgenden mit Vorgehensweise und Wirksamkeit verschiedener Interventionsmöglichkeiten zur Behandlung posttraumatischer Symptomatik befassen, ist es wichtig, sich die Bedeutsamkeit der spezifischen Trauma-Person-Umwelt-Interaktion vor Augen zu halten. Auch Therapie ist ein Aspekt der posttraumatischen Umwelt.

Kapitel 14

Zur Behandlung posttraumatischer Störungen: Die Verarbeitung traumatischer Erinnerungen

Bevor PTB und andere traumabedingten Störungen als diagnostische Entitäten anerkannt und vor allem bekannt wurden, lag der Schwerpunkt in der Traumabehandlung nur zu oft ausschließlich auf der vulnerablen Persönlichkeit der Klienten statt einer spezifischen Bearbeitung der posttraumatischen Symptomatik oder des auslösenden Traumas. Dies gilt aber nicht für alle, die Traumatisierungen erfahren haben. Schon vor den 80er Jahren haben Therapeuten und Therapeutinnen, die mit speziellen »Opferpopulationen« gearbeitet haben, sich um die Entwicklung spezifischer Ansätze bemüht, z. B. in der Behandlung der Folgen von KZ-Gefangenschaft, der Arbeit mit Soldaten, die im Kampfeinsatz oder in Kriegsgefangenschaft gewesen waren. Die Arbeit mit Frauen, die Opfer sexualisierter und häuslicher Gewalt wurden, stellte einen der Ausgangspunkte feministischer Psychotherapie dar. Diese Arbeiten bilden heute die Basis für psychotherapeutische Ansätze in der Behandlung traumabedingter Störungen.

Aus diesem Wissen heraus und aus lebhaften Forschungsbemühungen und Behandlungsversuchen seit der »Entdeckung« der PTB als Diagnose hat sich eine Reihe von Interventionsansätzen geformt, die teils mehr, teils weniger spezifisch an der posttraumatischen Symptomatik ansetzen. Meichenbaum (1994, S. 284) konstatiert etwas ironisch: »You name it, and it seems to have been tried with PTSD clients.« Die therapeutische Breite reicht von pharmakologischen Interventionen über tiefenpsychologisch orientierte psychodynamische Therapie, imaginative Verfahren und Hypnotherapie, familienorientierte, systemische und transgenerationale Ansätze hin zu kognitiven und verhaltenstherapeutischen Ansätzen und schließlich zu einer Reihe erfahrensorientierter Ansätze wie Gestalttherapie, Psychodrama, Kunst-, Ausdrucks- und Bewegungstherapien, zu Ritualen und Zeugenschaft (z. B. bei Folteropfern, die zusammen mit der Therapeutin einen Bericht verfassen) und zu Therapien, die speziell zur Bearbeitung traumatischer Erinnerungen entwickelt wurden wie die »Augenbewegungs-Desensibilisierung« (EMDR). Eine fast erschöpfende Aufzählung findet sich bei Meichenbaum (1994).

Neben individualtherapeutischen Ansätzen stehen gleichberechtigt Gruppeninterventionen, die in der Behandlung gerade von spezifischen Betroffenen (z. B. Vietnam-Veteranen oder Vergewaltigungsopfer, Überlebende sexualisierter Kindesmisshandlung) eine wichtige Rolle spielen. Zu erwähnen ist auch die breite Selbsthilfebasis, die sich ebenfalls vor allem in den Bereichen Kriegstraumatisierung und bei Überlebenden sexualisierter Gewalt formiert hat. Gruppeninterventionen und Selbsthilfe sind in unseren Augen wertvolle Ansätze in der Bearbeitung traumatischer Erfahrungen. Nach Yalom (1992) sind wesentliche Wirkfaktoren der therapeutischen Gruppe die Erfahrung, dass auch andere Menschen ähnliche Probleme haben (Universalität des Leidens), der Austausch von Informationen und das Vermitteln von Hoffnung (wenn andere beobachtet werden, wie sie Fortschritte machen).

Darüber hinaus ist eine Gruppe ein Ort der Unterstützung, des Teilens und bietet viel Raum für interpersonelles Lernen und korrigierende emotionale Erfahrungen. Das heißt, therapeutische Gruppen und Selbsthilfegruppen bei traumabedingten Störungen begegnen einem der grundlegenden Probleme traumatisierter Personen: der Gefahr der sozialen Isolierung und Entfremdung und der Angst, allein, wertlos und verrückt zu sein. Wenn Betroffene sehen, dass sie nicht allein so eine schreckliche Erfahrung gemacht haben, vermindert dies ihre Schuld- und Schamgefühle. Herman (1993) weist auf die Bedeutung einer Öffnung gegenüber anderen Menschen hin: Gerade wenn ein Schweigegebot entstand, wie bei Opfern sexualisierter oder auch politischer Gewalt und Erpressung, ist das Berichten der traumatischen Erfahrung ein wesentlicher Schritt zur Heilung. Dabei muss gewährleistet sein, dass die Gruppe einen ausreichend sicheren Rahmen darstellt, in dem solche Erfahrungen geteilt werden können. So mag für manche Klienten und Klientinnen der Gruppenrahmen erst später in der Therapie ein sinnvolles Angebot darstellen, für andere ist es vielleicht einfacher, über Selbsthilfegruppen einen Zugang zur Bearbeitung der eigenen Geschichte zu finden.

Eine Gefahr bei Gruppenarbeit besteht darin, dass die Gruppe sich zu einem exklusiven Ort der Identifikation entwickelt, an dem die eigene Isolation zwar unterbrochen, aber die soziale Lernerfahrung nicht auf das Alltagsleben mit »normalen, uneingeweihten« Menschen ausgeweitet wird. Deshalb sollte sowohl in therapeutischen Gruppen als auch im Selbsthilfebereich darauf geachtet werden, dass keine Überidentifikation mit der Rolle eines/einer Überlebenden einer bestimmten Traumatisierung entsteht, bei der das Trauma alleiniger Dreh- und Angelpunkt der Selbstdefinition bleibt. Letztlich entscheiden jedoch die Klienten das Maß und die Bedeutung, die sie diesem Bereich ihres Lebens zuteilen. Für viele ist das Engagement im Rahmen der Selbsthilfe und soziales Engagement in Bereichen, die mit ihrer eigenen Traumatisierung zu tun haben (im amerikanischen manchmal *»survivor mission«* genannt), ein wichtiger Schritt im eigenen Heilungsprozess.

Posttraumatische Therapie kann im ambulanten oder stationären Setting stattfinden. In den USA gibt es gerade zur Behandlung von Vietnam-Veteranen viele stationäre Programme, die meist einen kombinierten Ansatz verwenden. Stationäre oder halbstationäre Programme sind dort sinnvoll, wo eine Suchtproblematik beteiligt ist oder der Klient / die Klientin instabil ist und die Gefahr eines Suizids aktuell besteht. Manchmal kann es auch sinnvoll sein, die eigentliche Trauma-Arbeit, also die Beschäftigung und Konfrontation mit traumatischen Erinnerungen, in einem geschützten Rahmen zu vollziehen. Da aber das Durcharbeiten traumatischer Erinnerungen ohnehin erst in einem Therapiestadium stattfinden soll, in dem die Klientin entsprechend stabil ist, kann auch dies in der Regel im ambulanten Setting erfolgen.

Neben diesen formalen Kriterien der Settings, ambulant oder stationär, Einzel- oder Gruppentherapie, ist das Timing in der Traumabehandlung entscheidend. Zu verschiedenen Zeitpunkten können unterschiedliche Interventionen erforderlich sein. Unmittelbar nach einem Ereignis können präventive Maßnahmen helfen, die Entwicklung einer akuten Stressreaktion abzumildern bzw. die Entwicklung einer PTB zu verhindern. Der Begriff des *Debriefings* hat sich für unmittelbare Interventionen nach einer traumatischen Erfahrung eingebürgert, z. B. nach Katastrophen oder auch nach Überfällen. Debriefing wurde vor allem für Gruppen entwickelt, die professionell im Katastropheneinsatz arbeiten und im Militär, wird aber auch bei »zivilen« oder non-professionellen Gruppen angewendet.

Weit verbreitete Anwendung findet das Modell von Mitchell (z. B. Mitchell & Everly, 1995), das sogenannte *Critical Incident Stress Debriefing* (CISD). Dabei wird etwa 24 bis 72 Stunden nach einem traumatischen Vorfall für die beteiligten Personen (z. B. Katastrophenhelfer, z. B. ein Feuerwehrteam) eine geleitete Gruppe abgehalten, die in sieben Phasen ablaufen soll: 1) der Konstitutionsphase *(introductory phase):* in der sich die Gruppenmitglieder vorstellen und die Regeln der Gruppe erklärt werden (z. B. Verschwiegenheit); 2) Fakten *(fact phase):* in der jeder Teilnehmer berichtet, was er (oder sie) erlebt hat; 3) Gedanken *(thought/cognition phase):* in der über Gedanken während und bezüglich des Ereignisses berichtet wird; 4) Reaktion/Gefühle *(reaction/feeling phase):* in der über die damit verbundenen Gefühlsreaktionen berichtet wird; 5) Symptomatik *(symptom phase):* die Teilnehmer sprechen über Anzeichen von Stress, die sie an sich erleben; 6) Aufklärung *(teaching/educational phase):* die Leiter der Gruppe vermitteln Informationen zur Normalität der Symptomatik und zu möglichen Bewältigungsstrategien; schließlich 7) Abschlussphase *(re-entry/wind-down phase):* offene Fragen werden geklärt, das Ergebnis wird zusammengefasst, weitere Hilfsmöglichkeiten angeboten.

Obwohl CISD nun schon seit etwa 15 Jahren eingesetzt wird, sind die empirischen Belege für seine Wirksamkeit, ebenso wie für ähnliche Debriefing-Programme, spärlich und vereinzelt gibt es sogar Hinweise auf Schädlichkeit (Raphael, Wilson, Meldrum & McFarlane, 1996). Möglicherweise ist für manche Beteiligten die Debriefing-Gruppe keineswegs ein sicherer Ort, um mit einem gerade erlebten Trauma konfrontiert zu werden. Debriefing in dieser Form könnte auch natürliche Vermeidungsprozesse, wie das Vergessen von Einzelheiten, verhindern oder bei manchen Personen die Übererregung nach dem Ereignis verstärken (Raphael et al., 1996).
In der therapeutischen Praxis begegnet man vor allem Einzelpersonen. Häufig ist es so, dass der Therapeut nach einem traumatischen Ereignis von behandelnden Ärzten oder von Vorgesetzten hinzugezogen wird. Dieser Weg ist wahrscheinlicher, als dass sich Betroffene unmittelbar nach dem Erlebnis in Therapie begeben. Dies gilt natürlich nicht für die eigens für solche Fälle eingerichteten Krisenzentren, wie z. B. Frauennotruf, die in der Bevölkerung für ihr Angebot in Krisen bekannt

sind. Turnbull & McFarlane (1996) geben eine Übersicht über therapeutische Maßnahmen in diesem frühen Stadium. Sie betonen dabei besonders die Rolle der Psychoedukation: Die Klientin wird über die psychophysiologischen Symptome und das Auftreten von Intrusionen aufgeklärt und erfährt, dass ihre Reaktionen normale Folgen der erlebten Erschütterung darstellen. Immer wieder wird betont, dass zuerst die nötigen Sicherheitsvorkehrungen getroffen werden müssen, grundlegende Bedürfnisse nach Schutz und Versorgung der basalen Bedürfnisse müssen erfüllt sein, bevor eine Behandlung beginnen kann[1]. Ziele in der unmittelbaren Behandlung sind: 1) ein Gefühl der Hoffnung zu vermitteln, dass Kontrolle der Symptome und eine Heilung möglich sind; 2) zusammen mit der Klientin eine realistische Sicht ihrer Erfahrung und ihrer damaligen und gegenwärtigen Handlungsmöglichkeiten zu erarbeiten; 3) der Neigung, internale und externale Erinnerungsauslöser übermäßig zu meiden, entgegenzuarbeiten; 4) Bewältigungsmöglichkeiten für den Umgang mit starken Gefühlen vermitteln (Angstbewältigung). Hilfreich ist, wenn sich die Klientin zunächst mit dem Zeitpunkt beschäftigt, ab dem sie sich wieder relativ in Sicherheit fühlte, d. h. der akut bedrohliche Teil des Erlebnisses beendet war.
Letztlich gelten für die Behandlung akut traumatisierter Menschen die Grundregeln der Krisenintervention[2]. Darüber hinaus ist aber im besonderen Maße darauf zu achten, dass keine erneute Retraumatisierung stattfindet und die Klientin jederzeit ein Gefühl der Kontrolle über den therapeutischen Prozess behält.
Turnbull & McFarlane weisen auf die Bedeutung pharmakologischer Behandlung hin. Als akute Intervention könnten sie ein Übermaß an Aufregung und Dysregulation dämpfen und damit vielleicht eine andauernde psychophysiologische Dysregulation abmildern. Allerdings

1 Auch wenn dies als Grundsatz durchaus sinnvoll ist, ist es in der Praxis nicht immer durchführbar: z. B. in einem Bürgerkriegsgebiet oder wenn eine schmerzhafte Behandlung der erlittenen Verletzungen über lange Zeit weitergeht, wenn die Ablehnung im Asylverfahren droht, aber auch wenn eine Frau nicht bereit ist, einen gewalttätigen Partner zu verlassen. In diesen Fällen wird der Mangel an Sicherheit und verbleibenden Bewältigungsmöglichkeiten zentrales Thema sein. Doch gibt es keinen guten Grund, warum mit der psychotherapeutischen Behandlung auf eine bessere Zukunft gewartet werden sollte, sondern es ist nur besonders vorsichtiges und stabilisierendes Vorgehen gefordert.

2 Lesenswert dazu ist z. B. Schnyder & Sauvant (1993): *»Krisenintervention in der Psychiatrie«*, erschienen im Hans Huber Verlag.

liegen dazu noch keine empirischen Belege vor. Und es ist zu beachten, dass viele Betroffene zur Selbstmedikation neigen, sei es mit Medikamenten oder anderen Drogen wie z. B. Alkohol. Deshalb ist grundsätzlich besondere Vorsicht im Umgang mit medikamentöser Behandlung angesagt, damit diese Neigung der Betroffenen, ihrem verständlichen Wunsch nach Betäubung nachzugeben, nicht übermäßig verstärkt wird.
Dies ist auch in der medikamentösen Behandlung der chronischen PTB zu beachten. Dort sollen Medikamente vor allem helfen, die chronischen Symptome der Übererregung (z. B. Schlafstörung, Nervosität), Angstzustände und intrusive Phänomene zu lindern. Eine besondere Rolle spielen dabei Antidepressiva. Nach Friedman (1998) schälen sich besonders die sogenannten »Selektiven Serotonin-Wiederaufnahmehemmer« als wirksame Medikation heraus. Die therapeutische Wirksamkeit von Benzodiazepinen dagegen ist nicht ausreichend belegt und ihre Anwendung auch aufgrund des Abhängigkeitsrisikos nach derzeitigem Wissensstand eher fraglich (Davidson, 1997; Friedman, 1998). Grundsätzlich ist zu beachten, dass Pharmakotherapie nicht für sich allein steht, aber zeitweise stützende Funktion haben kann (Shalev, Bonne & Eth, 1996). Darüber hinaus muss die mit hoher Wahrscheinlichkeit bestehende Komorbidität (z. B. Depression, Sucht) berücksichtigt werden. Einen guten deutschsprachigen Überblick zur Psychopharmakotherapie posttraumatischer Störungen bieten Bauer & Priebe (1997).

Damit sind wir wieder bei der Behandlung der PTB selbst angelangt, d. h. wenn eine unmittelbare Stressreaktion nicht abklingt, sondern chronifiziert, oder auch, wenn zu einem späteren Zeitpunkt posttraumatische Symptome auftauchen.
Wir wollen im Folgenden auf drei psychotherapeutische Interventionsmöglichkeiten zur Behandlung posttraumatischer Störungen eingehen: zunächst auf die kognitiv-behavioralen Verfahren, die sich am ehesten etabliert haben und zu der es eine Reihe von Wirksamkeitsstudien gibt; dann auf EMDR, also die Augenbewegungs-Desensibilisierungs-Methode, die sich momentan noch eher in der Erprobungsphase befindet, und schließlich auf hypnotherapeutische Verfahren, die geradezu klassischerweise in der Traumabehandlung Verwendung finden.

Kognitiv-behaviorale Therapie

»Verhaltenstherapie« wird manchmal noch mit klassischer systematischer Desensibilisierung gleichgesetzt oder auch mit den etwas sensationelleren Reizüberflutungsprogrammen, die momentan besonders gern bei Agoraphobie eingesetzt werden. Dabei sind in der modernen Verhaltenstherapie darüber hinaus einige andere ebenso wirksame Verfahren integriert, wie z. B. soziales Kompetenztraining, Stressimpfungstraining und andere kognitive Ansätze, z. B. Kognitive Therapie nach Beck (Beck, Rush, Shaw & Emery, 1986).

Eine Reihe dieser Interventionsmöglichkeiten findet Anwendung in der Behandlung traumabedingter Störungen. Die Anwendung expositionsorientierter Verfahren beruht dabei direkt auf der lerntheoretischen Konzeption der Vermeidungs- und Angstsymptome der PTB als konditionierte Angstreaktion und der informationstheoretischen Konzeption von Furchtstrukturen, wie es im 8. Kapitel dargestellt wurde. Die Anwendung kognitiver Interventionen dienen einerseits der Bewältigung von Emotionen wie Angst und Reizbarkeit (z. B. das Stressimpfungstraining) und andererseits der Umstrukturierung dysfunktionaler Überzeugungen, die eine heilende Integration der traumatischen Erfahrung erschweren.

Konfrontationsverfahren in der Behandlung der PTB dienen nicht nur dem Abbau von Ängsten bezüglich traumabezogener Erinnerungsauslöser (also z. B. die generelle Angst vor Aufzügen bei einer Frau, die in einem Aufzug vergewaltigt wurde), d. h. einer Schwächung konditionierter Reaktionen, sondern sie befassen sich dabei mit einem zentralen Aspekt posttraumatischer Symptomatik, nämlich der Angst vor den Erinnerungen selbst (Rothbaum & Foa, 1992; vgl. Meichenbaum, 1994). Indem die Klientin lernt, sich mit den gefürchteten Stimuli, seien es Orte, Tätigkeiten oder Gedanken, auseinanderzusetzen, lernt sie, dass die gefürchtete Katastrophe ausbleibt, sie die damit verbundene Angst ertragen kann, die schließlich nachlässt. Nach Foa & Kozak (1986; vgl. S. 100) müssen zwei Bedingungen erfüllt sein, damit ein erfolgreiches Durcharbeiten einer traumatischen Erfahrung möglich wird und eine Reduktion der Angst eintritt: 1) Die Erinnerung an die traumatische Erfahrung zusammen mit der empfundenen Angst muss aktiviert sein (also die »Traumastruktur«) und 2) neue Informationen müs-

sen eingeführt werden, die mit den bisherigen traumatischen Erfahrungsinhalten inkompatibel sind. Solche Informationen sind z. B., dass die traumatische Erfahrung vorbei ist, dass die Klientin, jetzt, wo sie es gerade noch einmal im Geiste erlebt, in Sicherheit ist. Voraussetzung für eine solche Intervention ist, dass sich die Klientin tatsächlich in Sicherheit fühlen kann, dass sie also Kontrolle über die Situation hat, dass sie Vertrauen in die Therapeutin hat und so die Konfrontation mit bestimmten Erinnerungsauslösern oder schließlich auch mit der Erinnerung an das Trauma selbst nicht zu einer erneuten Traumatisierung führt. Die Durchführung von Expositionstherapie erfordert somit ein beträchtliches Maß an Beziehungsbildung zwischen Therapeutin und Klientin und ein Vertrauen in die Wirksamkeit des Verfahrens. Nur wenn die Therapeutin zuversichtlich vermitteln kann, wozu eine zum Teil sehr schmerzhafte Konfrontation mit den traumatischen Erinnerungen gut ist, wird sich die Klientin darauf einlassen.
Ein zentraler Aspekt aller verhaltenstherapeutischen Verfahren ist nicht zuletzt deshalb die Vermittlung eines Erklärungsmodells und Therapierationales. Der Klientin wird also genau erklärt, welchen Sinn die Konfrontation hat, wie sie verlaufen wird und welches Ergebnis zu erwarten ist. Zusammen werden die Bereiche erarbeitet, in denen posttraumatische Symptomatik auftritt. Stimuli, die Intrusionen und Ängste auslösen, werden identifiziert. Dabei geht es nicht immer gleich um die Konfrontation mit der traumatischen Szene selbst. Oft ist es zunächst sinnvoll, traumarelevante Stimuli zu bearbeiten, die nur durch kontextuelle Konditionierung und Reizgeneralisierung im Zusammenhang mit dem Trauma stehen. Allerdings ist oftmals keine ausreichende Abstufung möglich, denn durch solche Stimuli können bereits intrusive Bilder oder sogar Flashback-Reaktionen ausgelöst werden. Dies muss bei der Anwendung von systematischer Desensibilisierung beachtet werden. Letztlich behält die Klientin die Kontrolle über den Ablauf. Sie bestimmt, wie, wann und wie lange sie sich konfrontiert. Dies ist deshalb so eminent wichtig, weil ein wesentlicher Aspekt des Traumas der erfahrene Kontrollverlust und die Machtlosigkeit sind. Besonders bei Menschen, die zwischenmenschliche Gewalt und Ausbeutung erfahren haben, ist deshalb die Angst, »überfahren« zu werden, sehr groß und bei zu schnellem Vorgehen besteht die Gefahr einer Retraumatisierung.

Wie läuft nun eine solche Expositionstherapie ab?
In der Verhaltenstherapie gibt es verschiedene Ansätze, wie eine Konfrontation mit gefürchteten Stimuli vorgenommen werden kann. Einerseits kann die Konfrontation in der Vorstellung erfolgen (*in sensu:* die Klientin stellt sich z. B. die traumatische Szene noch einmal vor, erzählt sie noch einmal) oder in der Realität (*in vivo*: die Klientin konfrontiert sich in der Realität mit Erinnerungsauslösern, z. B. den Anblick eines Messers; oder sie begibt sich an den Ort, an dem sie traumatisiert worden ist)[3]. Die Konfrontation kann kurz andauern oder sehr lange mit Wiederholungen *(prolonged exposure).*

Damit lässt sich eine Rangreihenfolge der Intensität von Expositionsverfahren erstellen, bei denen die Systematische Desensibilisierung am einen Ende des Kontinuums anzusiedeln ist und das Verfahren der Reizüberflutung *(flooding)* am anderen Ende (Rothbaum & Foa, 1995). Bei der Systematischen Desensibilisierung wird eine Angsthierarchie der traumabezogenen Stimuli und der traumatischen Erinnerungen erstellt, die nacheinander von unten her (angefangen bei den weniger belastenden Vorstellungen) abgearbeitet wird. Dazu lernt die Klientin zunächst ein Entspannungsverfahren, z. B. die progressive Muskelrelaxation nach Jacobson. Wenn sie gelernt hat, sich zu entspannen, wird mit der Desensibilisierung begonnen. Im entspannten Zustand konfrontiert sich die Klientin mit der für sie am wenigsten bedrohlichen Vorstellung. Wenn die Angst oder Belastung zu groß wird, soll die Klientin aus der Vorstellung gehen und sich wieder entspannen. Zusätzlich kann als Hilfe eine Ruheszene vorgegeben werden, die sich die Klientin zuvor ausgedacht hat und dann ins Gedächtnis ruft. Zur nächstbedrohlichen Vorstellung soll die Klientin erst weitergehen, wenn die gerade bearbeitete Szene keine starke Aufregung mehr auslöst. Ein Beispiel für dieses Vorgehen findet sich bei Frank und Kolleginnen (1988) und bei Brom, Kleber & Defares (1989).

---

3 Bei der Konfrontation in vivo wie auch insgesamt in der Verhaltenstherapie geht es natürlich nicht darum, dass die Klientin die Angst bezüglich der Traumatisierung selbst verliert oder lernt, gefährliche Situationen oder Personen ohne Angst aufzusuchen. Dysfunktionale und übertriebene Angst soll verlernt werden, sodass das eigene Innenleben nicht zu einem Ort der Vermeidung werden muss und die Klientin sich frei in der Welt bewegen kann. Aber wir leben nun einmal in einer gefährlichen Welt und das Ziel der Behandlung ist nicht, dass die Klientin nachts allein einsame Orte aufsuchen kann oder ein Soldat furchtlos in den Krieg zieht (auch wenn manche militärischen Kurzzeitinterventionen scheinbar genau dies erzielen wollen, nämlich erneute Einsatzfähigkeit). Letztlich kann nur die Klientin entscheiden, welche Angst sie als dysfunktional empfindet und welche als begründet. Wer kann entscheiden, ab wann oder wo es einfach unvorsichtig ist, als Frau nachts allein unterwegs zu sein?

Bei der Reizüberflutung (*flooding*) wird gleich mit dem am meisten gefürchteten Stimulus oder der ganzen traumatischen Szene angefangen, das Erregungsniveau ist dementsprechend hoch und die Konfrontation soll so lange anhalten, bis die Angstreaktion von selbst zurückgeht. Das tut sie erfahrungsgemäß auch, sodass die Klientin lernt, sich an eine Situation oder Vorstellung zu gewöhnen, die dann in Zukunft weniger Angst auslösen wird. Die traumatische Szene soll dabei möglichst detailliert vorgestellt werden, zusammen mit den damaligen Wahrnehmungen, Reaktionen, Gefühlen und Gedanken. Mit anderen Worten, die traumatische Furchtstruktur soll möglichst zur Gänze aktiviert werden. Ein Beispiel für den Einsatz von Flooding findet sich bei Cooper & Clum (1989).

Um die subjektive Einschätzung der Klientin zu erhalten, wie viel leichter oder weniger angstbesetzt eine Vorstellung geworden ist, wird sie zu Beginn, während und nach den Konfrontationsübungen gebeten, auf einer Skala anzugeben, wie sehr sie sich durch die Vorstellung belastet oder geängstigt fühlt. Meist geht diese Skala von 0 bis 10 oder von 0 bis 100 und wurde von Wolpe (z. B. Wolpe & Abrams, 1991) als *Subjective Units of Disturbance Scale* (SUD) bezeichnet. Ziel einer Konfrontationssitzung ist, dass die Einschätzung auf dieser Skala eine immer größere Gelassenheit angesichts traumarelevanter Stimuli anzeigt.

Eine andere Möglichkeit, den Erfolg einer Expositionstherapie zu überprüfen, ist die psychophysiologische Messung. Ist eine Desensibilisierung erfolgt, lässt sich das an einer geringeren Erregungsreaktion angesichts der konfrontierten Situation feststellen (Keane & Kaloupek, 1982).

Im amerikanischen Sprachraum wird oft von *direct therapeutic exposure* (DTE) gesprochen, wenn von Konfrontationstherapie in der Behandlung von posttraumatischen Symptomen die Rede ist[4]. Foa und Kollegen (z. B. Foa, Hearst-Ikeda & Perry, 1995) nennen ihr Verfahren *prolonged exposure*, um auf die lange Expositionsdauer (etwa 60 Minuten pro Sitzung) hinzuweisen. Dabei wird die Klientin angehalten, ihr traumatisches Erlebnis ausführlich und im Präsens zu beschreiben, *»so als würde es gerade geschehen«*. Das heißt, die Klientin soll die traumatische Erfahrung in ihrer Vorstellung erneut durchleben. Ihr Bericht wird auf Kassette aufgenommen, die sie als Hausaufgabe immer wieder anhört. Zusätzlich wird eine hierarchische Liste gefürchteter oder gemiedener Situationen aufgestellt, die mit der traumatischen Erfahrung assoziiert, aber gefahrlos sind, und die Klientin wird aufgefordert, sol-

4 Meichenbaum (1994) gibt einen guten Überblick zur üblichen Vorgehensweise. In deutscher Sprache finden sich Darstellungen bei Rothbaum & Foa (1995; 1997).

che Situationen zwischen den Sitzungen aufzusuchen oder sich gefürchteten Stimuli zu nähern.
Durch das ständige kontrollierte Wiedererleben der traumatischen Erfahrung im therapeutischen Setting und dann auch zu Hause soll es zu einer Umstrukturierung der traumatischen Furchtstruktur kommen, indem neue Informationen, die inkompatibel mit den dysfunktionalen Elementen dieser Furchtstruktur sind, mit der traumatischen Erinnerung verknüpft werden. Solche neuen Informationen sind: 1) in objektiv gesehen sicheren Situationen, die aber an das Trauma erinnern, besteht keine wirkliche Gefahr; 2) sich an das Trauma zu erinnern ist nicht dasselbe, wie es zu erleben; 3) die Angst während gefürchteter Situationen oder Erinnerungen dauert nicht unendlich an, sondern nimmt mit der Zeit ab, ohne dass man flüchten oder vermeiden muss; 4) die Angst und PTB-Symptomatik wahrzunehmen, führt nicht zu einem Kontrollverlust (Foa & Meadows, 1997).

Eine Reihe von Studien belegt die Wirksamkeit solcher Expositionsverfahren (Übersichten bei Foa & Meadows, 1997; Shalev et al., 1996), sodass Exposition derzeit neben den kognitiven Verfahren als die am besten empirisch belegte Intervention für PTB gelten kann. Allerdings gibt es einige Gründe, deshalb nicht gleich davon zu sprechen, dass Verhaltenstherapie das beste Verfahren zur Behandlung einer PTB wäre. Shalev et al. (1996) weisen darauf hin, dass die Effektivität der Expositionsverfahren bisher vor allem an Personen mit einer eher abgeschlossenen traumatischen Erfahrung geprüft wurde, vor allem an vergewaltigten Frauen, aber auch an Vietnam-Veteranen, wo dies nur bedingt zutrifft. Konfrontation kommt vielleicht vor allem da an seine Grenzen, wo es sich um lange, komplizierte Traumageschichten handelt mit vielen einzelnen Erlebnissen. Die Ergebnisse zweier Studien weisen darauf hin, dass sich eine erfolgreiche Desensibilisierung eines Ereignisses innerhalb einer Traumatisierung (z. B. während eines Krieges) nicht auf die Erinnerungen an andere Ereignisse generalisieren lässt (Fairbank & Keane, 1982; Shalev, Orr & Pitman, 1992). Ein weiterer Einwand ist, dass Konfrontationsverfahren vor allem Wirkung bei den Symptomen zeigen, die sie mehr oder weniger direkt zu verändern suchen, nämlich in erster Linie bei den phobischen Symptomen der PTB, also der körperlichen und psychischen Belastung bei Konfrontation mit Erinnerungsauslösern und der Vermeidung derselben. Darüber hinaus zeigen diese Verfahren gute Ergebnisse in der Reduktion von Intrusionen und Alpträumen. Das kontrollierte Wiedererleben des Traumas hilft also dabei, das unkontrollierte und als belastend erlebte Wiedererleben zu bewältigen. Dagegen zeigt Konfrontation weniger Wirkung bei Gefühlen der emotionalen Taubheit und der Entfremdung, kann also nicht alle posttraumatischen Symptome erfolgreich bearbeiten.

Ein weiterer Punkt ist, dass das Vorgehen bei den Expositionsverfahren zwar relativ einfach und strukturiert erscheint, es aber doch ein beträchtliches Maß therapeutischer Erfahrung erfordert. Die Therapeutin muss den therapeutischen Rahmen schaffen, in dem das Wiedererleben der traumatischen Erfahrung tatsächlich einen therapeutischen Effekt hat, und rechtzeitig erkennen, wenn die Klientin nicht von der Therapie profitiert. Z. B., weil es ihr nicht gelingt, die mit der Erinnerung verbundenen Gefühle zu ertragen und sie deshalb bestimmte Aspekte der Erfahrung vermeidet oder sie während der Konfrontationsübung dissoziiert. Oder weil bestimmte dysfunktionale Überzeugungen die neue Information der Sicherheit, die mit der traumatischen Erinnerungsstruktur verbunden werden soll, ungültig oder unbedeutsam werden. Wir haben bereits die Untersuchung von Ehlers et al. (im Druck) zum Konzept des Sich-Aufgebens *(mental defeat)* geschildert (siehe S. 123).

Nicht alle Klienten und Klientinnen profitieren von einer Expositionsbehandlung, wie sie in wissenschaftlichen Studien vorgenommen wird, in einem klinisch relevanten Maß. In einer der Untersuchungen von Foa (Foa, Rothbaum, Riggs & Murdock, 1991) erfüllte drei Monate nach der Kurzzeittherapie (entweder neun Sitzungen Stressimpfungstraining oder »Prolonged Exposure«) noch fast die Hälfte der Klientinnen die Kriterien einer PTB. Pitman et al. (1991) weisen mit sechs Fallbeispielen (von den 20 ersten Vietnam-Veteranen, die in einer Studie mit in-sensu-Flooding behandelt wurden) auf die Komplikationen hin, die sich bei einer Konfrontationsbehandlung ergeben können. Sie schließen, dass bei Konfrontation mit den traumatischen Erinnerungen neben Angst auch Gefühle der Schuld und Scham aktualisiert werden können. Während phobische Angst durch die Behandlung reduziert werden kann, wird die negative Bewertung seiner selbst und der began-

genen Handlungen womöglich verstärkt, wenn sie nicht direkt therapeutisch bearbeitet wird. In der Studie von Pitman et al. kam es zu Komplikationen wie Rückfall oder Verschärfung einer Suchtproblematik und zunehmender Depression.
Konfrontationstherapie kann also in manchen Fällen nicht ausreichend oder sogar kontraindiziert sein. Eine Möglichkeit, das therapeutische Vorgehen zu erweitern, sind Maßnahmen der kognitiven Umstrukturierung oder Stressbewältigungstechniken, die auf die Konfrontation vorbereiten oder sie begleiten.

Ein solches Verfahren ist das Stressimpfungstraining *(stress inoculation training)*, das ursprünglich von Meichenbaum (1974) entwickelt wurde und von Kilpatrick, Veronen & Resick (1982) und Foa und Kollegen für die Übertragung auf posttraumatische Störungen weiterentwickelt wurde (z. B. beschrieben in Rothbaum & Foa, 1997; Meichenbaum, 1994).
Ziel beim Stressimpfungstraining (SIT) ist, der Klientin eine Reihe von Bewältigungsmöglichkeiten gegen Stress, Ängste oder auch scheinbar unkontrollierbaren Ärger zu vermitteln, die sie im Training einüben und dann nach und nach auf ihren Alltag übertragen kann. Dabei soll das SIT an die speziellen Bedürfnisse und Gegebenheiten der Klientin angepasst werden, d. h., ihre genauen »Stresssituationen« und bisherigen Reaktionen werden in die Planung und das Einüben von Bewältigungsverhalten einbezogen. Trotzdem kann es auch sehr gut als Gruppenintervention durchgeführt werden, was den besonderen Vorteil hat, dass die Teilnehmer(innen) voneinander lernen können.
Das Stressimpfungsprogramm, wie es von Foa und Kollegen verwendet wird, ist auf neun Doppelstunden angelegt und enthält folgende Komponenten (siehe Rothbaum & Foa, 1997, S. 109):

- Wissensvermittlung über die Rolle von Angst und Furcht;
- Training zur tiefen Muskelentspannung und Atemkontrolle;
- Erlernen von Gedankenstopp-Techniken[5];

5 Dabei soll die Klientin schrittweise lernen, unerwünschte Gedanken abzubrechen und durch angenehme zu ersetzen: Zunächst wird sie angehalten, belastende Gedanken zu denken. Nach etwa einer halben Minute unterbricht sie die Therapeutin mit einem lauten »Stopp«, unterstrichen mit einem Klatschen der Hände oder Schlag auf den Tisch. Wenn die Klientin gefragt wird, was dann passiert ist, erwidert sie in der Regel, dass sie aufgehört hat, diesen Gedanken zu denken. Nach mehrmaligen Wiederholungen soll

- kognitives Umstrukturieren (die Klientin lernt, wie sie bestimmte Überzeugungen, die die Grundlage ihrer Reaktionen und Gefühle bilden, identifizieren und überprüfen kann. Dabei findet das Vorgehen aus der Kognitiven Therapie von Beck – z. B. Beck, Rush, Shaw & Emery, 1986 – Anwendung);
- angeleiteter Selbstdialog (die Klientin lernt, sich innerliche Anweisungen zur Problembewältigung zu geben);
- verdecktes Modelllernen (die Klientin stellt sich eine Szene vor, bei der sie ein Problem meistert);
- Rollenspiel (schwierige Situationen aus dem Alltag, z. B. Konflikte, werden nachgespielt und so neues Verhalten gelernt).

Ein wichtiger Aspekt des Stressimpfungstrainings ist, dass alle Fertigkeiten erst an Alltagsbeispielen gelernt werden, die nichts mit der traumatischen Erfahrung zu tun haben, um sie dann auf Situationen, die mit der traumatischen Erfahrung verbunden sind, zu übertragen.

Solche Stressimpfungsprogramme wurden in ihrer Wirksamkeit bisher fast ausschließlich an Frauen, die eine Vergewaltigung erlitten hatten, belegt (z. B. Foa et al., 1991), finden aber z. B. auch in der Behandlung von Vietnam-Veteranen Anwendung, oft mit einem Schwerpunkt auf Fertigkeiten zur Ärger-Kontrolle. Im Handbuch von Meichenbaum (1994) finden sich ausführliche Beispiele von Interventionen im Rahmen von Stressimpfungstrainings.

Foa (z. B. Rothbaum & Foa, 1997) kombiniert inzwischen Konfrontation *(prolonged exposure)* mit SIT, um beide Wirkmechanismen in einer Therapie zu vereinen. In einer Vergleichsstudie hatte sich bei SIT zunächst eine stärkere Verbesserung ergeben, auf längere Sicht (drei Monate) zeigte aber Konfrontationstherapie ein besseres Ergebnis (Foa et al., 1991). Ein entsprechendes Manual ist bei der Erstautorin erhältlich. Dabei werden in neun Doppelstunden Individualtherapie Expositionen und ein Stressimpfungstraining, wie es oben dargestellt ist,

---

die Klientin lernen, sich selbst innerlich mit »Stopp« zu unterbrechen, wenn sie grübelt. Schließlich kann sie lernen, nach dem »Stopp« an eine angenehme Szene zu denken. Die Klientin soll dieses Verfahren erst an weniger belastenden Gedanken ausprobieren, bevor sie es mit sehr belastenden Gedanken verwendet. Da die Klientin beim ersten »Stopp« nicht vorgewarnt ist, fragen wir uns bei dieser Technik, ob sie nicht gerade für Menschen mit einer posttraumatisch erhöhten Schreckhaftigkeit besonders aversiv ist und vielleicht doch lieber vorher besprochen werden sollte, auch wenn dies den Aha-Effekt schmälern mag.

durchgeführt. Das Programm ist dabei auf Verbrechens-, vor allem und Vergewaltigungsopfer ausgelegt, ließe sich aber auch auf andere Bereiche übertragen. Problematisch erscheint uns die Kürze und Dichte des Programmes, das doch recht entschlossene und vor allem stabile Klientinnen und Klienten voraussetzt.
Eine Reihe von Autoren hat ähnliche Ansätze entwickelt und deren Wirksamkeit überprüft, z. B. Resick & Schnicke (1992), die eine kognitive Verarbeitungstherapie *(cognitive processing therapy)* als Gruppenintervention (12 Sitzungen) für vergewaltigte Frauen entwickelt haben. Schwerpunkt ist dabei die Bearbeitung dysfunktionaler Überzeugungen zu fünf zentralen Lebensthemen, die durch die Erfahrung einer Vergewaltigung beeinträchtigt werden: Sicherheit, Vertrauen, Macht/Einfluss, Selbstachtung und Intimität. Konfrontation findet in diesem Ansatz durch das Aufschreiben der Traumageschichte statt. Ein ausführliches Fallbeispiel einer nach diesem Schema durchgeführten Einzeltherapie findet sich bei Nishith & Resick (1997).
Steil, Ehlers & Clark (1997) legen neben der Bedeutung dysfunktionaler Überzeugungen und therapeutischer Konfrontation in ihrem Behandlungsansatz den Schwerpunkt auf den Umgang mit intrusiven Gedanken und kognitiver Vermeidung (gemäß ihren Vorstellungen zur Aufrechterhaltung der PTB, wie sie weiter oben im Abschnitt zu den Personenfaktoren beschrieben wurde, siehe S. 127). Zusammen mit der Klientin wird genau eruiert, wo und wie sie Gedanken an das Trauma meidet oder ins Grübeln kommt. Die Klientin führt dazu ein Symptomtagebuch, in das sie das Auftreten von Intrusionen und die damit verbundenen Umstände, Gedanken, Emotionen und Vermeidungsstrategien einträgt. Dysfunktionale Überzeugungen werden dann mit Hilfe sokratischen Dialogs hinterfragt.

Abschließend lässt sich feststellen, dass kognitiv-behaviorale Verfahren eine Reihe wirksamer Techniken anbieten, mit posttraumatischer Symptomatik zu arbeiten: Exposition, kognitive Umstrukturierung, Stressbewältigungstechniken. Dabei ist noch nicht endgültig beantwortet, welche Komponenten der Behandlung unerlässlich sind. Marks, Lovell, Norshirvani, Livanou & Trasher (1998) verglichen die Wirksamkeit von Exposition, kognitivem Umstrukturieren, einer Kombination von beidem und schließlich von Entspannung. 87 Klienten und

Klientinnen mit chronischer PTB nach verschiedenen Traumata wurden zufällig diesen jeweils zehn Sitzungen umfassenden Behandlungsgruppen (Einzeltherapie) zugewiesen. Alle Behandlungen brachten eine Verbesserung, am schwächsten das Entspannungstraining. Sowohl Exposition als auch kognitives Umstrukturieren brachte eine klinisch bedeutsame Verbesserung, die auch nach sechs Monaten noch anhielt. Die Kombination der beiden Verfahren erbrachte kein zusätzlich verbessertes Ergebnis.

Eye Movement Desensitization and Reprocessing

EMDR, also die Methode der »Augenbewegungs-Desensibilisierung«, ist derzeit in aller Munde, deshalb möchten wir sie hier vorstellen und kritisch beleuchten[6]. Bei dieser Methode werden traumatische Bilder und Erinnerungen bearbeitet, indem die Klientin sich diese vorstellt, während sie gleichzeitig eine Wahrnehmungs-Aufgabe erfüllt, in der Regel indem sie mit den Augen der vor ihr sich hin und her bewegenden Hand der Therapeutin folgt. Dadurch soll es zu einem beschleunigten Verarbeitungsprozess kommen, bei dem belastende Erinnerungsbilder verblassen und spontan neue, funktionalere Sichtweisen auftauchen. D. h., es kommt zu einer Desensibilisierung und kognitiven Umstrukturierung belastender Erinnerungen.

Das Verfahren wurde 1989 von Francine Shapiro als eine neue Methode zur Behandlung traumatischer Erinnerungen vorgestellt. Dabei bezieht sie sich einerseits auf eine von ihr erfolgreich behandelte Frau mit PTB-Symptomatik (Shapiro, 1989a) und andererseits auf eine von ihr durchgeführte Untersuchung mit 22 Klienten und Klientinnen mit PTB-Symptomatik, die jeweils mit einer Sitzung EMDR erfolgreich behandelt wurden (gemessen mit der SUD-Skala und nach Einschätzung der Autorin; Shapiro, 1989b). In den darauffolgenden Jahren wurde eine Reihe von Berichten zur Wirksamkeit der Methode veröffentlicht, dabei stechen vor allem einige Einzelfallstudien heraus (z. B. Kleinknecht & Morgan, 1992; McCann, 1992; Page & Crino, 1993; Puk, 1991), die teilweise mit nur einer Sitzung EMDR erstaunliche Erfolge erzielen, ähnlich den Berichten Shapiros. Der Name wurde von ursprünglich EMD *(Eye Move-*

---

6 Eschenröder (1997) gibt einen sehr guten deutschsprachigen Überblick.

ment Desensitization) in EMDR *(Eye Movement Desensitization and Reprocessing)* umgeändert, um der wesentlichen Bedeutung des kognitiven Durcharbeitens im Vergleich zu einem einfachen Desensibilisierungseffekt Rechnung zu tragen. 1995 veröffentlichte Shapiro ein Buch, in dem sie das Verfahren genau beschreibt.

Weil die Methode so unglaublich wirkt (wir werden sie weiter unten beschreiben) und die berichteten Erfolge geradezu sensationell erscheinen – mit nur einer Sitzung verlieren teilweise über Jahre andauernde quälende intrusiven Bilder ihre belastende Qualität –, ist EMDR zu einem heiß diskutierten Thema geworden. Während die Gruppe um Shapiro, aber auch unabhängige Forschergruppen eine Erfolgsmeldung nach der anderen bringen, wurden auch einige Studien veröffentlicht, die die Wirksamkeit von EMDR nicht belegen können, sodass es einige sehr kritische Stimmen zu EMDR gibt, die immer wieder darauf hinweisen, dass die Ergebnisse der bisher veröffentlichten Studien die wachsende Verbreitung von EMDR nicht rechtfertigen (z. B. Lohr, Tolin & Lilienfeld, 1998).

Ganz abgesehen von ihrer möglichen Bedeutung (wenn EMDR wirklich so gut wirkt, dürfen wir es den Klienten nicht vorenthalten) ist es auch deshalb so interessant, diese Methode in der Forschungsliteratur zu verfolgen, weil der Prozess sichtbar wird, wie eine neue Methode in der Forschungsgemeinschaft rezipiert wird. Die kritische Aufnahme von EMDR hat dazu geführt, dass sie mittlerweile neben Expositionstherapie als die am häufigsten untersuchte Behandlungsmethode für posttraumatische Störungen gelten kann. Trotzdem schließen Foa & Meadows (1997) in ihrem Überblicksartikel zu psychosozialen Interventionen bei PTB, dass die Wirksamkeit von EMDR noch nicht als empirisch belegt gelten kann. Dies, weil viele der Studien, die eine Wirksamkeit von EMDR gezeigt haben, methodische Mängel aufweisen, manchmal gravierende.

Foa & Meadows (1997) zählen EMDR zu den kognitiv-behavioralen Verfahren. Dies ist insofern sinnvoll, als die Methode auf Habituationsprozessen und kognitiver Umstrukturierung zu beruhen scheint. Wir wollen im Folgenden den möglichen Verlauf einer EMDR-Sitzung darstellen. Eine ausführliche Beschreibung findet sich bei Shapiro (1995) und bei Eschenröder (1997).

Shapiro (1995) betont, dass eine Sitzung EMDR nur innerhalb einer ausreichend gefestigten therapeutischen Beziehung angewendet werden darf. Am Anfang einer EMDR-Therapie steht deshalb eine ausführliche Anamnese *(client history and treatment planning).* Da während der Behandlung starke Emotionen auftreten können (sogenannte

Abreaktionen), sollte die Klientin stabil sein und in ihrem Lebenszusammenhang gefestigt. Bei verstärkter Neigung zur Dissoziation sollte EMDR nur von sehr erfahrenen Therapeutinnen angewendet werden, weil die Gefahr einer erneuten Dissoziation während der EMDR-Durchgänge besteht.

In der Vorbereitungsphase *(preparation)* wird die Klientin über das Vorgehen bei EMDR und darüber, dass dabei sehr starke Erregung auftreten kann, unterrichtet. Zusammen mit der Klientin wird ein Entspannungstraining eingeübt und eine imaginative Übung, bei der eine Ruheszene etabliert wird. Die Klientin soll also erst Techniken lernen, wie sie sich selbst beruhigen kann, bevor EMDR angewendet wird.

In dieser Phase werden auch die Augenbewegungen mit der Klientin getestet, das eigentliche Kernelement der EMDR. Typischerweise hält die Therapeutin die Hand oder mehrere Finger in einem Abstand von etwa 30 cm vor den Augen der Klientin hoch und bewegt sie horizontal vor den Augen der Klientin hin und her. Diese ist aufgefordert, der Hand mit ihren Augen zu folgen, ohne den Kopf dabei zu bewegen. Die Hand der Therapeutin bewegt sich relativ schnell (der Blick der Klientin soll sich in einer Sekunde etwa einmal hin und zurück bewegen), ein Durchgang von Augenbewegungen besteht aus etwa 24 Hin- und Zurück-Bewegungen. Abstand, Geschwindigkeit, Länge oder Richtung der Augenbewegungen werden so lange erprobt, bis es für die Klientin angenehm ist.

Auch taktile oder akustische Reize, die alternierend dargeboten werden, sind möglich (z. B. das abwechselnde Schnipsen neben den Ohren der Klientin).

In der Phase der Einschätzung *(Assessment)* wird nun mit der Klientin zusammen eine Vorstellung ausgewählt, die das Ereignis repräsentiert, das bearbeitet werden soll. In der Regel wird dies der belastendste Augenblick eines traumatischen Erlebnisses sein, das schlimmste Vorstellungsbild, das der Klientin vor Augen steht, wobei dies nicht unbedingt visuelle Vorstellungen sein müssen. Die Klientin soll dann eine negative Kognition identifizieren, die sie bezüglich dieser Vorstellung hat (etwa: »ich bin hilflos«, »ich habe versagt«, »ich bin wertlos«). Dann sucht sie zusammen mit der Therapeutin eine positive Selbstaussage, die sie bezüglich dieses Ereignisses gerne denken würde, meist das Gegenteil der negativen Kognition, aber auch Aussagen wie: »es ist vorbei« oder

»heute habe ich die Wahl«. Diese positive Kognition soll die Klientin dann auf ihre Glaubwürdigkeit hin auf einer Skala von 1 bis 7 einschätzen (der sogenannten VOC-Skala – *Validity of Cognition*). Die Klientin soll sich nun das gewählte Vorstellungsbild vor Augen halten und sich gleichzeitig die von ihr identifizierte negative Kognition innerlich vorsagen. Die Gefühle, die dabei in ihr hochsteigen, schätzt sie dann auf ihre belastende Qualität hin auf der SUD-Skala *(Subjective Units of Disturbance)* ein. Zusätzlich soll sie nachspüren, wo im Körper sie diese Gefühle wahrnimmt.

Auf diese Weise wird das traumatische Erinnerungsbild umfassend aktiviert, zusammen mit den begleitenden Kognitionen, Gefühlen und Körperempfindungen, d. h., es findet eine Aktivierung der traumatischen Furchtstruktur statt.

Die Klientin wird dann gebeten, all dies zusammen in ihrer Vorstellung zu halten, während ihre Augen der Hand oder den Fingern der Therapeutin folgen: Die eigentliche Desensibilisierungs-Phase beginnt *(desensitization)*. Nach einer Serie Augenbewegungen fordert die Therapeutin die Klientin auf, die Vorstellung auszublenden und tief durchzuatmen. Sodann fragt sie die Klientin, was ihr in den Sinn gekommen sei. Während die Klientin berichtet, hört die Therapeutin nur zu und vermeidet es, selbst zu sprechen, paraphrasiert auch nicht und fordert die Klientin dann auf, bei diesen Gedanken oder Bildern zu bleiben, während ein neuer Durchgang der Augenbewegungen gestartet wird.

Dabei wird die Klientin eine Reihe von Assoziationen und Einfällen haben. Das Ausgangsbild kann sich verändern, z. B. immer blasser werden oder andere Inhalte annehmen. Die damit verbundenen Emotionen können sich verändern hin zu einer Erleichterung oder größerem inneren Frieden. Neue, funktionalere Einsichten bezüglich der traumatischen Erfahrung können sich einstellen. Umgekehrt kann die Belastung aber auch zunächst ansteigen, wenn der Klientin neue Aspekte der Erinnerung einfallen oder eine andere traumatische Erfahrung mit den bearbeiteten Ereignissen assoziiert ist.

Wenn sich nach mehreren Augenbewegungs-Durchgängen keine weiteren Veränderungen einstellen, wird die Klientin gebeten, zum Ausgangsbild zurückzukehren und erneut eine Einschätzung auf der SUD-Skala vorzunehmen. Optimalerweise ist diese dann gesunken, wenn nicht, wird auf gleiche Weise an der Vorstellung weitergearbeitet. Ist diese nicht mehr belastend, wird die von der Klientin gewählte positive Kognition erneut auf der VOC-Skala eingeschätzt. Idealerweise ist die Glaubwürdigkeit der Aussage bereits gestiegen, weitere Augenbewegungs-Durchgänge können in dieser Phase der Installation *(installation)* vorgenommen werden, um die positive Kognition weiter zu festigen. D. h., die Augenbewegungen werden nicht nur dazu genützt, eine Vorstellung oder eine Erinnerung abzuschwächen oder durchzuarbeiten, sondern auch, um funktionalere Sichtweisen und Bewältigungsansätze aufzubauen.

Zur Überprüfung, ob eine Verarbeitung geglückt ist, soll die Klientin schließlich ihren Körper auf Restspannung hin untersuchen *(body scan).* Solche Körperempfindungen können dann als Inhalt von weiteren Durchgängen benutzt werden.

Shapiro (1995) betont die Wichtigkeit einer abschließenden Phase *(closure)*, in der die Klientin die neuen Erfahrungen durchsprechen und, wenn nötig, zur Ruhe kommen kann. Imaginative Entspannungsverfahren können zur Unterstützung eingesetzt werden. Die Klientin wird aufgefordert, ein Tagebuch zu führen, in das sie bis zur nächsten Sitzung Gedanken, Bilder und Träume, die neu auftauchen, eintragen kann, um sie in die nächste Sitzung mitzubringen.

Diese nächste Sitzung beginnt dann zunächst mit einer Einschätzung der erreichten Veränderung *(re-evaluation).* Ist die bearbeitete Erinnerung oder Vorstellung noch mit zu viel Belastung verbunden, wird weiter an ihr gearbeitet. Material, das im Laufe der Woche in diesem Zusammenhang aufgetaucht ist, kann ebenfalls als Ausgangspunkt von weiteren Augenbewegungs-Durchgängen genommen werden. Wenn eine bestimmte Erinnerung oder Vorstellung durchgearbeitet ist, können neue Aspekte der Erfahrung der Klientin zum Ziel der EMDR-Sitzung werden.

Nach Shapiro (1995) sollen bei der Behandlung posttraumatischer Störungen die verschiedenen Aspekte des Wiedererlebens durchgearbeitet werden, und zwar: 1) die Erinnerung an das tatsächliche Ereignis; 2) intrusive Bilder und Flashback-Szenen, die sich von dem erinnerten Ereignis unterscheiden; 3) belastende Traumbilder und 4) gegenwärtige Erinnerungsauslöser. EMDR ist somit vor allem konkrete Arbeit am Trauma, d. h., diese Methode muss immer in ein umfassendes Behandlungskonzept eingebettet sein.

Obwohl eine wahre Fülle von Veröffentlichungen zur Wirksamkeit von EMDR in der Verarbeitung von traumatischen Erinnerungen erschienen ist, ist diese noch umstritten. Dies nicht zuletzt, weil Shapiro (1989b) ursprünglich ankündigte, dass EMDR in nur wenigen oder gar einer Sitzung wirksam sei und den kognitiv-behavioralen Methoden deshalb in der Behandlung von PTB überlegen. Diese Überlegenheit konnte sich nicht bestätigen, aber gerade in letzter Zeit sind einige methodisch anspruchsvolle Studien erschienen, die auf die Wirksamkeit von EMDR in der Behandlung von PTB hinweisen. So hat Rothbaum (1997) 21 Frauen mit chronischer PTSD nach einer Vergewaltigung untersucht: Sie wurden zufällig einer Behandlungsgruppe (eine Stunde Assessment und drei eigentliche EDMR-Sitzungen) und einer Wartelisten-Kontrollgruppe (um die natürliche Verbesserung der Symptomatik mit der Zeit zu kontrollieren) zugeteilt. PTB-Symptomatik war mit der PSS (Interview) von Foa et al. (1993) und der *Impact of Event-Scale* (Horowitz et al., 1979) gemessen worden, wobei die Interviewerin der Behandlungsgruppe gegenüber blind war. Von den zehn Frauen, die eine EMDR-Behandlung bekamen, erfüllte danach nur noch eine die PTB-Kriterien, die Verbesserungen bei der PSS und der IES, ebenso auf dem BDI (Depression; Beck et al., 1961), waren signifikant, während sich bei der Kontrollgruppe keine signifikante Veränderung ergab. Es fanden sich in der Behandlungsgruppe keine signifikanten Veränderungen bei allgemeiner Angst und Dissoziation. Die Verbesserungen hielten auch nach drei Monaten an.

Carlson, Chemtob, Rusnak, Hedlund & Muraoka (1998) wiesen 35 männliche Veteranen mit PTB zufällig zwei möglichen Behandlungsgruppen zu: zwölf Sitzungen EMDR (n = 10) oder zwölf Stunden Biofeedback-unterstütztes Entspannungstraining (n = 13). Als zusätzliche Kontrolle diente eine Wartelisten-Kontrollgruppe (sechs Wochen; n = 12). Die Ergebnisse der EMDR-Gruppe waren in fast allen PTB-Maßen den Ergebnissen der Entspannungsgruppe überlegen (bei der IES fanden sich keine signifikanten Unterschiede). Die Verbesserungen waren klinisch relevant; die ursprüngliche PTB-Diagnose war mit dem CAPS (Interview; Blake et al., 1995) erfolgt, drei Monate nach der Behandlung wurde dieser wiederholt: von den neun Veteranen aus der Entspannungsgruppe, die auch zum Follow-up zur Verfügung standen, erfüllten sieben immer noch die Kriterien einer PTB, während nur zwei Veteranen von den neun aus der EMDR-Gruppe, die zum Follow-up-Interview kamen, die Kriterien einer PTB noch erfüllten. Nach neun Monaten wurde erneut ein Follow-up unternommen, dieses Mal war der Interviewer blind gegenüber der Behandlungsgruppe: die Verbesserung blieb bestehen.

Wenn EMDR wirkt, so ist noch nicht sicher, wie sehr und auf welche Weise. Eine methodisch anspruchsvolle Vergleichsstudie von EMDR mit einem kognitiv-behavioralen Programm, wie z. B. das von Foa und Kollegen, steht noch aus. Naheliegend wäre nämlich anzunehmen, dass es sich in der Wirkung von EMDR um eine gut strukturierte Konfrontationsübung handelt, bei der sich die Klientin auf allen Ebenen mit ihrem traumatischen Erlebnis befasst (kognitiv, imaginativ, emotional und mit dazugehörigen Körperempfindungen) und dass die Augenbewegungen gar kein notwendiger Faktor der therapeutischen Wirkung sind. Nach Shapiro (1995) sind auch andere alternierende Reize möglich, wobei sie den Augenbewegungen aber noch eine besondere Bedeutung einräumt. Welche Wirkungsweise EMDR zugrunde liegen könnte, darüber wurde von Shapiro (1995) und anderen Autoren bisher nur spekuliert. Ein Vorschlag war z. B., dass die sich bewegende Hand der Therapeutin als Sicherheitssignal funktioniert, die zugleich ständig eine Orientierungsreaktion auslöst (Armstrong & Vaughan, 1996), oder dass eine Aktivierung des traumatischen Bildes zusammen mit einer visuell-räumlichen Aufgabe die Kapazität des visuellen Teils des Arbeitsgedächtnisses (das »visuospatial sketchpad«) überlastet, sodass es zu einer subjektiven Schwächung der Lebendigkeit des vorgestellten Bildes kommt (Anrade, Kavanagh & Baddeley, 1997). Verschiedene Studien haben gefunden, dass die Augenbewegungen keine notwendige Bedingung darstellen, z. B. Renfrey & Spates (1994), bei denen das Fixieren eines Lichtpunktes (statt Bewegen der Augen) ebenfalls Wirkung zeigte (in ähnlicher Weise Pitman et al., 1996). Das heißt, auch der alternierende Charakter des dargebotenen Reizes ist vielleicht nicht nötig.

Was bleibt ist, dass sich eine Wirkung von EMDR auch im Sinne einer Expositionsbehandlung erklären lässt, bei der die beiden von Foa & Kozak (1986) aufgestellten Wirkungsbedingungen erfüllt sind, sodass es zu einer kognitiven Umstrukturierung und Schwächung bestehender Assoziationen kommen kann. Ob EMDR darüber hinaus noch andere qualitative Änderungen bewirkt (z. B. den Assoziationsfluss erhöht, sodass neue Lösungen gefunden werden oder eine unmittelbare Schwächung *[fading]* intrusiver Bilder bewirkt [Shapiro, 1995]), bleibt offen. Ebenso auf welche Weise dies geschehen könnte, ob es sich dabei um spezifische Wirkfaktoren handelt (z. B. einen bestimmten neurologischen Mechanismus, der durch konkurrierende Wahrnehmungs- und Vorstellungsaufgaben das Durcharbeiten traumatischer Erinnerung fördert) oder um unspezifische Wirkfaktoren (z. B. eine hoffnungsvolle Therapeutin, die eine neue Therapiemethode mit Ritualcharakter durchführt). Im Interesse unserer Klienten sollten wir kritisch bleiben, aber offen für Neues.

Hypnotherapie

Obwohl hypnotherapeutische Verfahren bei traumatischen Störungen in ihrer Wirksamkeit noch kaum durch Psychotherapiestudien belegt sind, finden sie doch weit verbreitete Anwendung in deren Behandlung (Bengel & Landji, 1996). Dies in langer Tradition: Bereits zu Ende des vorigen Jahrhunderts verwendete Janet in der Behandlung seiner Patienten und Patientinnen Hypnose, wobei sein Vorgehen und seine Konzeption traumabedingter Störungen erstaunlich modern wirken (van der Hart, Brown & Turco, 1990).

Heutige Autoren knüpfen an die Erkenntnisse Janets an und sehen die Indikation hypnotherapeutischer Verfahren in der Behandlung von posttraumatischer Störungen vor allem darin begründet, dass der hypnotische Trancezustand einen mentalen Zustand darstellt, der analog zu dissoziativen Zuständen im posttraumatischen Erleben zu begreifen ist (z. B. Butler et al., 1996; Cherepanova, 1993; Spiegel, 1989; Spiegel, Koopman & Classen, 1994). Eine Reihe posttraumatischer Symptome lässt sich zu hypnotischen Phänomenen in Beziehung setzen. So kann es im hypnotischen Zustand zu veränderter Selbst- und Außenwahrnehmung kommen, ähnlich den dissoziativen Zuständen der Depersonalisation und Derealisation. Flashbacks als Extremform posttraumatischer Intrusionen ähneln hypnotischen Halluzinationen. Und schließlich lassen sich unter Hypnose Wahrnehmungsstörungen induzieren, wie sie bei schwerer posttraumatischer Symptomatik (vor allem bei komplexer PTB) auftreten können: Konversionssymptome und Analgesie (Butler et al., 1996).

Nach Butler und Kollegen kann Hypnose als strukturierte und kontrollierte Dissoziation definiert werden, wobei die Aufmerksamkeit stark fokussiert ist (Absorption) und erhöhte Suggestibilität vorliegt, also höhere Responsivität für soziale Einflussnahme.

Der Dissoziation während einer traumatischen Erfahrung und danach wird in der neueren Literatur eine bedeutsame Rolle bei der Entstehung und Aufrechterhaltung der PTB zugeschrieben (vgl. dazu den Abschnitt über Dissoziation als Symptom der komplexen PTB auf S. 45 f). Dissoziatives Erleben wird dabei in der Regel als Bewältigungsmechanismus verstanden, der auf lange Sicht dysfunktional ist. Dabei kann Dissoziation als eine Form der Autohypnose verstanden werden (Butler et al., 1996). Die Bedeutung der Zusammenhänge zwischen Dissoziation und Hypnose wird weiter durch die Befunde zur gesteigerten Suggestibilität bzw. Hypnotisierbarkeit von Personen mit PTB unterstrichen (Stutman & Bliss, 1985).

Nach Spiegel (1989) kann die Klientin nun in der Hypnose lernen, kontrollierte dissoziative Trancezustände zu erzeugen, und erlangt so ein Gefühl der Kontrolle über intrusive und dissoziative Zustände. Zusätzlich erleichtert die Anwendung von Hypnose den Zugang zum traumatischen Material und damit verbundenen Konflikten, nicht zuletzt, so vermutet Spiegel, weil es sich um einen ähnlichen kognitiven Zustand handelt, wie er im Moment des Traumas vorherrschte (im Sinne des zustandabhängigen Erinnerns). Hypnotherapie wird damit zu einer »isomorphen Intervention« (Kingsbury, 1988), also zu einer Behandlungsmethode, die der Symptomlage und Entstehungsgeschichte der Störung analog ist.

Nach Perren-Klingler (im Druck) kann das Vorgehen in der Hypnotherapie als ressourcen- und zielorientiert verstanden werden und ist in der Regel als Kurzzeitintervention konzipiert. Als Voraussetzung nennt auch sie eine sichere therapeutische Beziehung. Eine Möglichkeit, um mit der Klientin darüber hinaus ein Gefühl der Sicherheit zu evozieren, ist das Sprechen über Situationen, in denen sie sich kompetent und sicher gefühlt hat (z. B. Beruf, Familie, Hobbys). Diese Ressourcen lassen sich in der Trance aktualisieren, sodass die Klientin lernt, zunächst mit solchen Zuständen ihrer selbst Kontakt aufzunehmen, bevor sie sich mit traumatischem Material befasst.

Zur Verminderung der intrusiven Symptomatik gehen hypnotherapeutische Verfahren grundsätzlich den gleichen Weg wie die kognitiv-behavioralen Verfahren: die Konfrontation mit der traumatischen Erinnerung. Das Vorgehen ist aber von einem schrittweisen Umgang mit dem traumatischen Material geprägt. Durch Techniken gezielter Dissoziation, wie z. B. die traumatische Erfahrung auf einem imaginären Fernsehbildschirm zu betrachten, kann sich die Klientin mit ihren Erinnerungen auseinandersetzen, ohne von ihnen überwältigt zu werden (Perren-Klingler). Durch imaginierte Manipulationen des Vorstellungsbildes soll eine kognitive Umstrukturierung erreicht werden, z. B. mit der »Split-Screen-Technik«, bei der die eigenen Copingstrategien, das Trauma zu überleben, neben die emotional belastenden Erinnerungen gestellt werden (Spiegel, 1989). Handelt es sich um lang vergangene Traumatisierung aus der Kindheit, bietet die Technik der Altersregression eine Möglichkeit, Zugang zu solchen Erfahrungen zu bekommen[7]. Die Therapeutin kann dabei Hinweise zu einer funktionaleren Interpretation vergangener Ereignisse geben und der Klientin vorschlagen, dass diese mit ihrem Erwachsenenwissen sich selbst in der damaligen Situation zu Hilfe kommt. Sie tut dies, indem sie z. B. sich selbst als Kind sagt, dass es nicht dessen Fehler war, was passiert ist. Durch Suggestionen kann die Therapeutin helfen, diese Neuinterpretation mit zukünftigen Ereignissen zu verknüpfen (Meiss, 1997).

Zur Bearbeitung dissoziativer Zustände schlägt Perren-Klingler das gezielte Herholen genussvoller Sinneswahrnehmungen vor, um die Klientin in ihren Körper zurückzuholen. Solche persönlichen und kulturellen Ressourcen können sein: Lieblingsspeisen, Naturerlebnisse, Gerüche aus der Kindheit usw. Während Hypnose also schnell mit dem leichteren Zugang zu traumatischen Inhalten und gezielten Techniken zur Bearbeitung traumatischer Erinnerungen assoziiert wird, bietet die Induktion von Trancezuständen reiche Möglichkeiten zur Aktualisierung und Bereitstellung von Ressourcen und Bewältigungsmöglichkeiten.

Eine Reihe von Fallstudien beschreibt die Anwendung hypnotherapeutischer Interventionen in der Behandlung traumabedingter Störungen (z. B. Jiranek, 1993; Leung, 1994; Smith, 1991). Shalev et al. (1996) weisen aus ihrer klinischen Erfahrung heraus auf mögliche Kontraindikationen hin: manche Klienten können schwere dissoziative Zustände nach hypnotischer Induktion entwickeln. Derzeit gibt es unseres Wissens nur eine publizierte kontrollierte Psychotherapiestudie, die die

7 Dabei ist eine reflektierte und unvoreingenommene Haltung der Therapeutin äußerst wichtig, denn in der hypnotischen Trance ist die Suggestibilität der Klientin erhöht. Hypnose eignet sich deshalb nicht mehr zur Aufdeckung verschütteter Erinnerung als andere Methoden, und in der therapeutischen Trance Erlebtes ist nicht valider als Erinnerungen im normalen Alltagsbewußtsein (Yapko, 1994).

Wirksamkeit der Hypnotherapie bei posttraumatischen Störungen belegt. Brom, Kleber & Defares (1989) verglichen bei insgesamt 112 Personen Hypnotherapie, systematische Desensibilisierung und psychodynamische Therapie nach Horowitz mit einer Wartelistenkontrollgruppe. Posttraumatische Symptomatik wurde mit der *Impact of Event-Scale* (Horowitz et al., 1979) erhoben und war bei allen drei Therapiegruppen (im Durchschnitt etwa 16 Sitzungen) in ähnlichem Ausmaß verbessert. Dabei wurden klinisch relevante Verbesserungen nur bei 60% der behandelten Personen erreicht (im Vergleich zu 26% bei den unbehandelten), es profitierten also nicht alle Teilnehmer von der Behandlung.

Zur Wirksamkeit von Interventionen bei posttraumatischen Störungen: Was muss eine gute Traumatherapie beinhalten?

Was ist nun die Essenz aus der bisherigen Psychotherapieforschung hinsichtlich der Behandlung posttraumatischer Störungen? Alle hier vorgestellten Therapien (wobei unser Überblick bei weitem nicht erschöpfend war) legen den Schwerpunkt auf eine *Konfrontation* mit der traumatischen Erinnerung und dem Durcharbeiten des Erlebten. Dazu Perren-Klingler (im Druck): »Das Ziel jeder Traumatherapie ist, das Erlebte kognitiv einzuordnen, ohne dass die vormals damit verbundenen Emotionen zwanghaft wieder auftreten.« Van der Kolk, McFarlane & van der Hart (1996, S. 419): »The aim of therapy with traumatized patients is to help them move from being haunted by the past and interpreting subsequent emotionally arousing stimuli as a return of the trauma, to being fully engaged in the present and becoming capable of responding to current exigencies.«

Alle Autoren betonen die Bedeutung einer sicheren therapeutischen Beziehung, in die eine solche Arbeit mit der Erinnerung eingebettet sein muss, will sie nicht zu einer erneuten Traumatisierung führen.

Auch wenn die Methoden unterschiedlich sein mögen, ist die fundamentale Herangehensweise weitgehend dieselbe. Dies mag ein Grund sein, warum sich bisher keine Intervention einer anderen als grundsätzlich überlegen gezeigt hat.

Dabei profitieren nicht alle Personen von den beschriebenen Therapien auf gleiche Weise. Es sei noch einmal an die Zahlen von Kessler et al. (1995) zum Verlauf erinnert: Ein Drittel der Personen, die im Laufe ihres Lebens eine PTB entwickelt hatten, war auch Jahre nach dem Ereignis noch nicht symptomfrei, und zwar unabhängig davon, ob sie sich in Behandlung begeben hatten oder nicht. Sherman (1998) fasst in einer Meta-Analyse die Ergebnisse von 17 kontrollierten Psychotherapiestudien mit insgesamt 690 Teilnehmern zusammen (bei knapp der Hälfte handelte es sich dabei um Veteranen). Es waren vor allem im weiteren Sinne kognitiv-behaviorale Verfahren zur Anwendung gekommen (sowohl im Einzel- als auch im Gruppensetting), aber auch gemischte stationäre Programme, EMDR, Hypnotherapie und psychodynamische Ansätze. Sherman interpretiert den durchschnittlich gefundenen Effekt der Interventionen als moderat gut ($d = .52$; $r = .25$), d. h., die in den Studien verwendeten Verfahren sind hinsichtlich ihrer Wirksamkeit für die Behandlung einer PTB belegt und hielten auch den Follow-up-Untersuchungen stand. Anhand von sechs Studien (insgesamt 103 Teilnehmer und Teilnehmerinnen) ließ sich berechnen, dass 43% der Personen mit einer PTB nach der Behandlung die Kriterien für die Diagnose nicht mehr erfüllten: Angesichts der relativen Kürze mancher Interventionsprogramme und der Schwere der Störung wertet Sherman dies als recht gutes Ergebnis. Es bedeutet aber auch, daß die Therapieverfahren für posttraumatische Symptomatik durchaus verbesserungswürdig sind. Die Behandlung einer auf Jahre hinweg chronifizierten PTB mag dabei eine besondere Herausforderung darstellen. Shalev et al. (1996, S. 178) weisen darauf hin, dass bei langjähriger traumabedingter Störung die ursprünglich »ätiologischen« Mechanismen (wie Konditionierung, Dysregulation) nicht mehr reversibel sein mögen und deshalb der Schwerpunkt eher auf rehabilitativen Maßnahmen und Anpassungsprozessen liegen sollte: »... the imprint is indelible and hence immutable by current methods«. Aber Heilung bedeutet nie Löschung, sondern Integration und ein »Damit-Leben«. Wie diese Integration beschaffen sein mag, ist eine Definitionsfrage, die wir nicht vorschnell beantworten sollten. Möglicherweise ist es gar nicht bei allen Menschen angezeigt, das Trauma durchzusprechen, um ihm einen Platz im Leben zu geben. Zur differentiellen Ansprechbarkeit auf psychologisch-therapeutische Maßnahmen siehe auch Butollo (1982a).

Zukünftige Traumatherapieforschung muss sich vor allem der Frage nach der differentiellen Indikation stellen: Welche Intervention ist für wen geeignet und zu welchem Zeitpunkt? Dabei muss auch der Versuch unternommen werden, Therapien bei chronischer und komplexer PTB zu evaluieren, auch für spezielle Gruppen von Betroffenen. Dringend erforderlich sind Langzeit-Follow-ups (über ein Jahr hinaus), und zwar gerade bei den Interventionen, die bereits als etabliert gelten.

Eine gute Traumatherapie darf sich dabei nicht auf die Behandlung der sogenannten Positiv-Symptomatik beschränken, wie den Phänomenen des Wiedererlebens, bei denen die hier beschriebenen Methoden ihre beste Wirkung zeigen. Posttraumatische Therapie muss der Klientin, dem Klienten helfen, das Gefühl der Entfremdung und der emotionalen Taubheit abzubauen und wieder oder vielleicht zum ersten Mal Sicherheit in menschlichen Beziehungen zu finden.

Roth, DeRosa & Turner (1996, S. 286): »To define oneself in relation to others in a way that is self-enhancing rather than self-defeating is an important therapeutic goal for trauma survivors, and one that has perhaps been shielded from view by the focus on the symptoms of disorders such as PTSD as being the measure of treatment success.«

Harvey (1996) schlägt eine multidimensionale Definition von Heilung vor, in der sieben Bereiche Berücksichtigung finden, um ein positives Therapieergebnis zu umschreiben:

(1) Kontrolle über den Erinnerungsprozess *(authority over the remembering process)*: Die Klientin hat die Herrschaft über den eigenen Erinnerungsprozess, soweit dies möglich ist, wiedererlangt; d. h., bestehende Amnesien konnten weitgehend aufgehoben werden, und sie entscheidet, wann sie sich erinnert, statt das Trauma unkontrolliert wiederzuerleben.

(2) Integration von Erinnerung und Affekt *(integration of memory and affect)*: Die Klientin kann die mit der Erinnerung an das Trauma einhergehenden Gefühle in der Gegenwart zulassen, statt sie abzuspalten.

(3) Affekttoleranz *(affect tolerance)*: Die Klientin wird von diesen Gefühlen nicht überschwemmt, sie verfügt über ausreichend Impulskontrolle und ist nicht ständig in Alarmbereitschaft.

(4) Symptommanagement *(symptom mastery)*: Die Klientin kann noch vorhandene Stressreaktionen bewältigen und erkennt die entspre-

chenden Auslöser, auch wenn eine völlige Symptomfreiheit vielleicht nicht erreicht wurde.

(5) Selbstwert und Kohäsion des Selbst *(self-esteem and self-cohesion)*: Identitätstörungen, Gefühle der Depersonalisation, Gefühle der absoluten Minderwertigkeit und selbstschädigendes Verhalten können überwunden werden und durch ein konsistentes Selbstempfinden, ein realistisches Selbstwertgefühl und durch selbstschützende Verhaltensweisen ersetzt werden.

(6) Bindungsfähigkeit *(safe attachment)*: Sowohl Isolation als auch eine Neigung zur Reviktimisierung werden ersetzt durch die Fähigkeit, sichere und stützende Beziehungen zu knüpfen bzw. aufrechterhalten zu können; d. h., die Klientin besitzt die Fähigkeit zur Intimität, aber auch zur Grenzziehung.

(7) Sinnfindung *(meaning-making)*: Die Klientin kann die Erfahrung des Traumas in ihre Selbst- und Weltsicht integrieren, sie konnte über diese Erfahrung trauern, aber findet darin einen persönlichen Sinn, der es ihr ermöglicht, ihr Leben und sich selbst zu bejahen.

Traumatherapie darf sich nicht auf die Behandlung der klassischen PTB-Symptomatik beschränken, auch wenn Symptomerleichterung einen äußerst wichtigen Schritt auf dem Weg zur Heilung darstellt, sondern muss den Menschen in seinem ganzen Lebenszusammenhang betrachten und die existentielle Dimension einer traumatischen Erfahrung berücksichtigen. Siehe dazu auch Butollo, Krüsmann & Hagl (1998); Butollo, Rosner & Wentzel (1999).

Exkurs

Dilemmata der Therapieforschung bei Traumatisierungen

Die Entwicklung einer Traumatherapie muss sich mit der Frage auseinandersetzen, wie die Wiederherstellung des Selbst optimal zu unterstützen ist und welche Interventionen dieselbe behindern, vielleicht sogar zu einer Retraumatisierung führen. Kann man Antwort geben auf die Frage, welche Therapie bei welcher Art von Traumatisierung, in welchem Lebensalter, in welcher posttraumatischen Phase, bei welchen Symptomen etc. heilsam bzw. zielführend ist? Welche Techniken, welche Strategien innerhalb der einzelnen therapeutischen Schulen sind im Kontext der Traumatisierung hilfreich, welche kontraindiziert?
Um all diese Fragen zu klären, bedarf es einer kontextgemäßen Forschung.
Praktiker, die mit Klienten nach speziellen Traumatisierungen arbeiten, verfügen in der Regel über einen umfangreichen Katalog von einschlägigen Erfahrungen, gewonnen aus oft ungeschützten Anfängen praktischer klinischer Tätigkeit. Eine Studie aus unserem Institut zeigt, dass die Praktiker in der Regel ihre eigene »Komposition« therapeutischer Maßnahmen entwickeln, die sie aus quer über die Schulrichtungen gestreuten Elementen zusammenbauen (Butollo, Piesbergen & Höfling, 1996). Offensichtlich sorgt nicht zuletzt der Praxisdruck dafür, dass das Interesse der Therapeuten an einem optimalen Behandlungsangebot schulenspezifische Korsette sprengt und eine problemorientierte Handlungskompetenz formt. Doch wie sind diese Erfahrungen wissenschaftlich sicht- und prüfbar zu machen?
Leider fehlen dafür oft noch die Möglichkeiten adäquater Dokumentation, bzw. die Praktiker greifen auf vorhandene Methoden nicht im erwünschten Maße zurück. Dazu kommt, dass gerade die Arbeit mit akut traumatisierten Menschen persönlich so absorbierend ist, dass wenig Raum, Zeit und letztlich auch »Nerven« für eine objektivierende Dokumentation der eigenen Arbeit übrig bleiben. Hat man gut gearbeitet, »weiß« man es, hat man nicht gut gearbeitet, meint man es erst

recht zu wissen – ob das nun so stimmt oder ein die Selbstkritik immunisierender Mythos ist, wer kann das sagen? Nur, wie wird diese Erfahrung kommunizierbar, soll sie über die Grenzen der meist wohlgesonnenen und das Paradigma nicht mehr hinterfragenden Gesprächspartner innerhalb der eigenen, Konfluenz gewährenden Therapierichtung hinausreichen?

Sehr deutlich konnte ich (W. B.) dieses Dilemma im Rahmen eines während der Kriegsjahre 1993–1995 unter dem Patronat von UNICEF in Zentral-Bosnien durchgeführten Projektes quasi am eigenen Selbst feststellen (Butollo, 1996; 1997b). Ein auf gestalttherapeutischer Basis entwickeltes Training für Therapeuten/Berater mit verschiedenstem Erfahrungshintergrund wurde unter eher extremen Bedingungen durchgeführt. Während der Arbeit mit diesen äußerst gestressten Menschen, noch dazu in einer alles anderen als supportiven Umgebung, erscheint selbst der Ansatz eines Versuches von wissenschaftlicher Dokumentation zuerst einmal absurd. Man will schließlich seine Konzentration nicht vom Geschehen in der Begegnung mit den ohnehin weit über das Zumutbare belasteten Menschen abspalten, indem man externe Motive verfolgt, die nicht zum gegenwärtigen Kontext gehören. Traumatisierte Menschen, auf Grund ihrer Geschichte meist argwöhnisch und sehr sensibel für Sekundärinteressen der Helfer, reagieren dann mit Rückzug. Außerdem weiß man in solchen Situationen ohnehin nicht, ob man noch dazu kommt, die Papiere jemals auszuwerten.

In Anlehnung an Buber (1983) könnte man sagen: Wenn man mit dem *ganzen* Wesen arbeitet, bleibt wenig Zeit und Kraft, um laterale, die gegenwärtige Situation übersteigende Zielsetzungen zu berücksichtigen. Im Augenblick der Begegnung spalten die Gedanken an eine objektivierende Evaluation letztlich die Konzentration aller Beteiligten. Hinzuzufügen wäre allerdings Folgendes: Verzichtet man angesichts situativer Gegebenheiten auf die Dokumentation des Geschehens, fehlt einem später die objektive Rückmeldung. Sie mag zwar nicht mehr auf die erfasste Arbeit selbst zurückwirken, sie beeinflusst aber spätere Einsätze. Wir – ich wurde auf diesen Reisen von den Gestalttherapeutinnen Irena Bezic, Volga Svorinic und Roswitha Berkau begleitet – haben dieses Problem mit den bosnischen Kursteilnehmerinnen erörtert. Sie plädierten für die Dokumentation einschließlich der Fragebogenuntersuchung vor und nach den Seminaren. So können wir die Ergebnisse des SCL-90-R in unsere Ausführungen miteinbeziehen[1].

Abb. 2: Mittlere Skalenwerte psychischer Symptomatik vor und nach den Seminaren in Zenica (Z., 1994) und Makarska (M., 1995, N = 30)

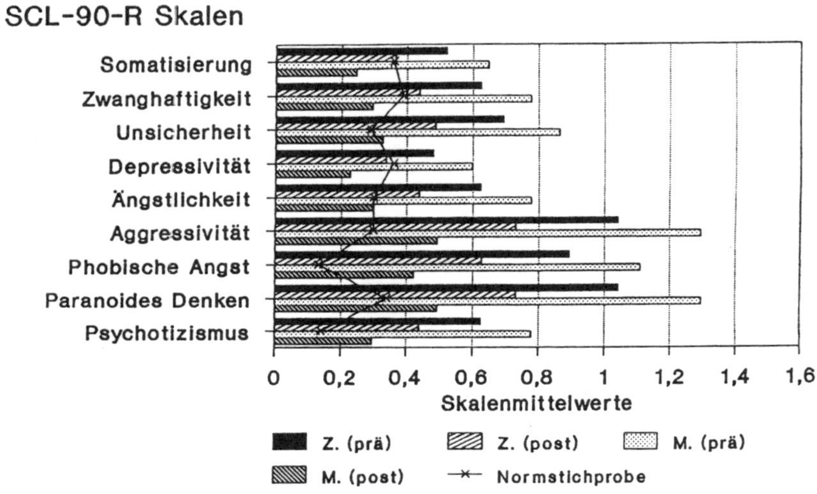

Das Diagramm zeigt die Veränderung in den einzelnen Skalen des Fragebogens vor und nach dem ersten Seminar (Zenica, Oktober 1994) sowie vor und nach dem letzten Seminar (Makarska, September 1995; n = 30). Es zeigt erstens, dass in fast allen Skalen *vor* Beginn der Seminare die Durchschnittswerte höher lagen als in der klinischen Referenzgruppe psychiatrischer Patienten. (Die Teilnehmer waren Ärzte und Ärztinnen, Psycholog(inn)en, »Psychopädagogen« aus Tuzla,

1 Ich muss allerdings einschränkend sagen, daß ich erst ein Jahr nach Abschluss unserer Arbeit innerlich in der Lage war, die Auswertung vorzunehmen. Denn unmittelbar nach den Seminaren war die Erfahrung irgendwie *abgeschlossen*. Wir hatten das Gefühl, dass diese Arbeit, so wie sie war, komplett war. Und sie *gehörte* denen, die als Teilnehmer und Kursleiter die Reise und das Risiko auf sich genommen haben. Darüber zu sprechen, so das damalige Gefühl, nimmt der Erfahrung etwas von seiner Kraft. Vielleicht handelt es sich dabei um eine Art »posttraumatischer Autismus«, und erst wenn er sich zu lösen beginnt, ist die Zeit reif, sich der wissenschaftlichen Auswertung zuzuwenden. In unserem Fall waren wir ein Jahr danach in der Lage, darüber zu schreiben und zu rechnen.

Zenica, Srebrenica und Mostar!). Es zeigt auch, dass sich die Werte gegen Ende eines jeden Seminars deutlich verbesserten – ein durchaus beabsichtigtes Nebenergebnis eines gestalttherapeutisch fundierten Trainings: schließlich soll es den Ausbildungsteilnehmern nach dem Training auch selbst besser gehen. Im Weiteren sieht man, dass gegen Ende des Krieges die Werte vor dem letzten Seminar *höher* waren als im Jahr davor. Die Ressourcen waren offensichtlich mehr als erschöpft. Ähnliche Erfahrungen gelten im Prinzip für die Arbeit mit jeder Art von akut traumatisierten Menschen: Auch wenn die Stimmung des Augenblicks dagegen spricht, eine Evaluation schafft zusätzliche Ebenen der Evidenz. Es bleibt schließlich bei einer Abwägung der Güter zugunsten der akuten Begegnung oder der späteren Verwertung von erhobenen Daten. Meine Erfahrung dabei weist in die Richtung, die Probleme der Dokumentation mit den Klienten und Klientinnen zu diskutieren. Ihre Kooperation bei der Datengewinnung wird ihnen dann wichtig, die Dokumentation erfolgt nicht über die Köpfe der Betroffenen hinweg, sondern *durch* sie. In den Psychotherapien, die oft noch zu sehr von den Mythen der Gründer und weniger von den später gewonnenen Einsichten geprägt sind, bietet dieses Vorgehen einen gangbaren, den Klienten respektierenden Weg, der zudem die Aufmerksamkeit der Klienten auf »faktische« Veränderung lenkt. (Zum Dilemma zwischen begegnungsorientierter Therapie und wissenschaftlicher Dokumentation – siehe Butollo, 1982b; 1990.)

Schluss

Kreativität und Destruktion posttraumatischer Bewältigung

Wir möchten nun auf den letzten Seiten dieses Buches kurz unseren eigenen Ansatz zur Behandlung posttraumatischer Störungen, die mehrphasige integrative Traumatherapie, vorstellen. Die theoretischen Konzepte, die diesen Ansatz tragen, können hier nur angeschnitten werden. Eine ausführliche Beschreibung der theoretischen Grundlagen sowie des Behandlungskonzeptes findet sich in dem Buch »Leben nach dem Trauma – Über den therapeutischen Umgang mit dem Entsetzen« (Butollo, Krüsmann & Hagl, 1998).

Die theoretischen Überlegungen stehen in Bezug zu folgenden Fragen:

- Was ist unter dem Konstrukt Trauma zu verstehen?
- Auf welchem psychologischen Modell lassen sich traumabedingte Veränderungen abbilden?
- Was bedeutet Heilung in diesem Zusammenhang?
- Wie können Therapeutinnen und Therapeuten der gesellschaftlichen Dimension der Thematik gerecht werden?

Der Begriff Trauma bezeichnet medizinisch gesehen eine körperliche Verletzung oder Schädigung durch einen äußeren Einfluss, eine oft lebensbedrohliche Veränderung von »Körpergewebe«. Analog dazu sprechen wir im psychologischen Sinne von einem Trauma, wenn »die Seele« durch einen äußeren Einfluss verletzt oder geschädigt wurde. Können wir auch davon ausgehen, dass ein Trauma lebensbedrohliche Veränderungen »psychischer Prozesse« – mit den entsprechenden Auswirkungen auf das Erleben und Verhalten – nach sich zieht?

Wir denken, Traumatisierung bedeutet im psychologischen Sinn genau das; eine existentiell bedrohliche Erfahrung, eine massive Verletzung unserer psychischen Wirklichkeit und daraus resultierende dramatische Veränderungen in allen psychologischen Variablen.

Eine traumatisierte Person muss also zum einen die *Verletzung* und die daraus resultierenden psychischen Veränderungen verkraften. Zum anderen muss sie zusätzlich dem Faktum Rechnung tragen, dass mit einem Schlag die *Sicherheit*, die durch ein konstantes inneres Erleben und diesem entsprechendes Verhalten vorhanden war, verloren gegangen ist. Dieser Verlust der Sicherheit macht die Phase der posttraumatischen Anpassung zu einer Zeit der erhöhten Vulnerabilität. So ist es nur logisch, dass sich eine Reihe von psychischen posttraumatischen Störungen erst einige Zeit nach dem Trauma entwickeln und nicht immer unmittelbar durch das Trauma ausgelöst werden.

Wie sich das Leben verändert, hängt von der Schwere der Traumatisierung, den somatischen Folgen des Traumas, den finanziellen und sozialen Ressourcen sowie – natürlich auch – von der prätraumatischen Persönlichkeitsstruktur, dem prätraumatischen Selbst ab, ist also immer der Dialektik zwischen inneren und äußeren Faktoren ausgesetzt.

Wie kann man sich diese psychische Beziehung zwischen Innen und Außen vorstellen, da der emotionale und kognitive Bezug zur Welt ja nicht – so wie der körperliche – sichtbar und greifbar ist?

Menschliches Bewusstsein und menschliche Bezogenheit entwickelt sich durch eine zunehmende Differenzierung in Innenwelt und Außenwelt. Um diese Differenzierung emotional und kognitiv leisten zu können, ist es zuerst einmal notwendig, dass ein Individuum zwischen sich selbst und dem Anderen unterscheiden kann. Innen und Außen müssen als voneinander getrennte Entitäten bewusst wahrgenommen werden. Dazu müssen beide Welten eine stabile Grenze aufweisen, denn an dieser Grenze findet die Unterscheidung und somit der Kontakt statt.

Die Qualität des Kontaktes zwischen Individuum und Welt ist von Anfang an abhängig von inneren und äußeren Faktoren. In den ersten Jahren überwiegen allerdings die äußeren Faktoren, und die Entwicklung der psychischen Grenzen passt sich an die Bedingungen im Lebensraum an.

Sind diese Grenzen einmal entwickelt, stabil oder nur partiell stabil, regeln wir über diese den Kontakt zur äußeren Welt und finden durch diese unsere spezifische und sichere Balance in unserem Lebensraum.

Folgt man diesen Gedanken, kann man davon ausgehen (und gestalttherapeutische Theoretiker wählen dieses Konstrukt als zugrunde liegendes Störungs- und Heilungskonzept), dass die Beziehungsfähigkeit eines Menschen von Stabilität und Flexibilität seiner psychischen Grenze, also seinen Möglichkeiten zur differenzierten Selbst- und Fremdwahrnehmung, abhängt.

Dieses Konzept erweist sich nun als geeignet für die theoretische Herleitung dessen, was durch eine traumatische Erfahrung und die Verarbeitung dieser im Individuum ausgelöst werden kann. Denn das, was aus einer Erfahrung ein traumatisches Ereignis macht, ist immer das Vorhandensein einer massiven und lebensbedrohlichen Verletzung der psychischen Grenzen durch einen äußeren Vorfall. Eine traumatische Erfahrung hat immer mit der Beziehung zwischen Innen und Außen, mit dem Erleben eines Verlustes äußerer Wirklichkeit oder der Verletzung durch äußere Realität zu tun. Eine traumabedingte Störung nun bezeichnet nach unserem Verständnis immer den Verlust oder die schwere Verletzung der Grenze zwischen Innen und Außen, wobei dieser Grenzverlust zum einen in der traumatischen Erfahrung, zum anderen aber auch in dem Prozess der Anpassung an diese Erfahrung stattfinden kann. Eine traumabedingte Störung bedeutet so die Unmöglichkeit, weiterhin die Repräsentation von Innen und Außen wahrzunehmen *und* zu verbinden und somit den Kontakt zwischen Innen und Außen herzustellen. Dies geschieht durch die traumabedingte Entstellung der Repräsentationen von Außen (gespeicherte Wahrnehmungen, Vorstellungen über Ereignisabläufe, aggressive Prozesse) und Innen (Ich, Selbst, der eigene Körper, eigene Fähigkeiten etc.) und damit auch der realen Interaktion derselben. Diese Prozesse verursachen natürlich eine dramatische Veränderung in der faktischen Beziehungsgestaltung.

Eine konstruktive Anpassung in diesem Sinn würde bedeuten, das Außen weiterhin als gegen das Innere abgegrenzt zu erleben, Außen und Innen als getrennt wahrzunehmen, mit all den schmerzhaften Konsequenzen, die sich durch die dramatischen Veränderungen ergeben haben.

Und, im psychologischen Sinne, muss die Beziehung zwischen Innen und Außen nach einem psychischen Trauma neu gefunden werden, denn die Grenze nach außen hin wurde verletzt und die innere Struktur geschädigt, das Individuum muss sich an diese Veränderungen anpassen. Für eine ausführlichere Analyse posttraumatischer Selbstprozesse sei auf Butollo (1999, im Druck) verwiesen.

Traumabedingte Anpassungsprozesse sind immer im Rahmen dieser Dialektik zu sehen und sollten niemals rein individuumzentriert gesehen werden. Auch beschränken sie sich nicht auf die in den gängigen Diagnosemanualen vorgegebenen Störungen, denn die sogenannte Posttraumatische Belastungsstörung stellt nur eine mögliche Form klinisch relevanter posttraumatischer Reaktionen dar. Neben dieser Störung findet sich eine Reihe von weiteren traumabedingten Reaktionen. Störungsbilder, die *auch* durch Intrusionen, Übererregung oder Vermeidung gekennzeichnet sind, die aber mit *weiteren* Syndromen einhergehen können. Zum Beispiel mit extremer Angst, mit depressiven Episoden, mit ausgeprägtem Suchtverhalten oder auch mit somatoformen Erkrankungen. Das bedeutet, wir haben ein breites Spektrum traumabedingter Störungen, deren gemeinsamer Nenner das Erleben einer traumatischen Erfahrung und daraufhin eintretende Veränderungen im Erleben und Verhalten darstellt.

Viele Geschädigte berichten, dass sie in der traumatisierenden Situation ein Höchstmaß an Hilflosigkeit und Endlichkeit, nicht selten gepaart mit Grausamkeit, erfahren. Die traumatische Erfahrung geht einher mit einer Vielzahl von dramatischen Veränderungen im bio-psycho-sozialen System. Diese Veränderungen haben – und dies ist ein wesentliches Merkmal einer traumatischen Erfahrung – in der Regel die Qualität eines existentiellen Verlustes. Dieser Verlust kann auf allen Ebenen stattfinden:

- der biologischen (z. B. Verlust von Körperteilen, bleibende Schädigungen),
- der psychologischen (Verlust von Wertesystemen oder Überzeugungen),
- der sozialen (Verlust von nahestehenden Personen, Verlust von sozialen Ressourcen) und/oder
- der spirituellen Ebene (Verlust einer zuvor vielleicht erlebten transpersonalen Verbundenheit).

Alle auf den Verlust hin stattfindenden Prozesse wirken auf das gesamte System.

Wie aber kann nun Heilung nach einem Modell aussehen, das die Be-

ziehung zwischen Individuum und Welt in den Vordergrund stellt und sich nicht auf reine Symptomkontrolle konzentriert?
Ebenso wie in dem zuletzt vorgestellten Ansatz von Harvey (1996)[1] gehen auch wir davon aus, dass sich ein Psychotherapiekonzept zur Behandlung posttraumatischer Symptome nicht allein auf die im DSM-IV bezeichneten Syndrome beschränken sollte. Denn die Habituation an traumabezogene Reize stellt zwar einen wichtigen Schritt zur Anpassung an die traumabedingten Veränderungen dar. Die heilsame Verarbeitung einer traumatischen Erfahrung aber, insbesondere dann, wenn sie durch menschliche Grausamkeit verursacht wurde, geht weit über diesen Gewöhnungsprozess hinaus.
Nach unserer (empirisch noch nicht überprüften) Erfahrung sind Dauer und Intensität der traumatischen Erfahrung nur eine der störungs- und therapierelevanten Dimensionen. Eine weitere wichtige Dimension stellt die *Intentionalität* dar, die willentliche, fahrlässige oder zufällige Verursachung, die hinter einer traumatischen Erfahrung stehen kann. Ob eine traumatische Erfahrung willentlich, von Menschen direkt verursacht oder durch technische oder natürliche Katastrophen ausgelöst wurde, hat einen direkten Einfluss auf die psychologische Verarbeitung der traumatischen Erfahrung. Um behandlungsrelevante Aussagen über den Zusammenhang zwischen Typus der traumatischen Erfahrung und Schwere der Symptomatik treffen zu können, schlagen wir, ausgehend von der bisherigen Typologisierung nach Terr (1991), einen zweidimensionalen Raum mit den Dimensionen »Intensität« und »Intentionalität« vor.
In der Therapie kommen den Variablen, die sich auf der Achse Intentionalität abbilden lassen – also »intendierte Handlung vs. unbeabsichtigter Unfall« (wobei Fahrlässigkeit sich auf dieser Achse entlang bewegt) –, eine besondere Bedeutung zu, und wir sollten nach einem Konzept vorgehen, das dem tatsächlichen Ausmaß an Verunsicherung und Veränderung gerecht wird.
Wir haben ein Modell vorgeschlagen, das den traumabedingten Prozess der Verletzung, der pathologischen Veränderung von Konstrukten wie z. B. Identität, Vertrauen und Sicherheit, über den Verlust oder die Ver-

---

1 Siehe Seite 170.

letzung von psychischen Grenzen und dem damit einhergehenden existentiellen Sicherheitsverlust erklärt.
Jedes Individuum entwickelt im Laufe seiner Entwicklung seine eigene Ordnung im Leben und gewinnt dadurch Sicherheit – eine mehr oder weniger stabile Leistung des kognitiven Systems der Menschen. Durch eine traumatische Erfahrung bricht diese prätraumatische Balance, die ein Individuum in dem Wechselspiel zwischen sich und der Welt entwickelt und repräsentiert hat, auseinander. Ihre beängstigende und existentielle Bedrohung findet eine traumatische Erfahrung in dem Umstand, dass durch sie Inneres – die psychische Struktur – zersplittert werden kann und zunehmend das Außen – die zerstörerische Welt – Inneres erfüllt. Die Grenze zwischen Innen und Außen kann nicht mehr aufrechterhalten werden. Intrusionen, Alpträume und die permanente gedankliche Beschäftigung mit der traumatischen Erfahrung können als Ausdruck des Zusammenbruchs der inneren psychischen Struktur bei gleichzeitiger Überschwemmung durch das Außen interpretiert werden.
In der Humanistischen Psychologie wird davon ausgegangen, dass sich Krankheit durch Abspaltung und Unterdrücken von Wahrnehmungsvorgängen an der Grenze zwischen Individuum und Welt entwickelt. Heilung entsteht dementsprechend dadurch, dass ein Klient sich seiner selbst, im Kontakt zur Welt, bewusster wird. Das dabei Entstehende kann er wahrnehmen und kommunizieren und so mit der Welt in Beziehung treten. Auf diese Weise wird Entwicklung und Wachstum durch den Austausch zwischen Innen und Außen, durch Geben und Nehmen an eben dieser Grenze wieder möglich. Dieser Austausch führt zu weiterer Differenzierung von Innen und Außen und zu der Überzeugung, für diesen Austausch kompetent zu sein und in der Folge zu einem besseren Selbst-Wert-Gefühl. So lautet – extrem verkürzt – das grundsätzliche Heilungsmodell. Um dieses leisten zu können, muss ein Klient ausreichend Stütze in seinem System finden. Ist dies nicht der Fall, muss diese Stütze im Rahmen der therapeutischen Beziehung wieder entdeckt, oder neu konstruiert, und in den Lebensraum des Klienten übertragen werden. Erst dann kann der manchmal schmerzhafte Prozess der Vertiefung der Selbst- und Fremdwahrnehmung, der Stärkung der psychischen Grenzen, begonnen werden.
Wir haben zu Grunde gelegt, dass traumabedingte Reaktionsformen

durch die prätraumatische Lebenshaltung, wie z. B. die erworbenen und erprobten Bewältigungsmethoden, beeinflusst werden. Ausschlaggebend und verantwortlich für die Entstehung der traumabedingten Veränderungen zeigen sich aber immer das Ausmaß und die Schwere der traumatischen Erfahrung. Die Beschäftigung mit Trauma, traumabedingter Veränderung und traumabedingter Störung führt daher immer auch zu gesellschaftspolitischen Fragen, führt immer auch zur Frage der Verantwortlichkeit, der Wiedergutmachung. Eine Therapeutin, die mit Menschen arbeitet, die eine traumatische Erfahrung erlebt haben, sollte – so denken wir – in diesem Arbeitsfeld eindeutig Stellung beziehen in den Bereichen Verantwortlichkeit, Schuldhaftigkeit und Verursachung der Störung. Der zynischen Argumentation, dass es doch eher persönliche Probleme seien, die schon vor z. B. einer Vergewaltigung oder einem Banküberfall bestanden haben, muss einerseits unbedingt und absolut entgegengetreten werden. Andererseits darf aber auch nicht geleugnet werden, dass prätraumatische Merkmale den Verlauf der Verarbeitung natürlich beeinflussen können und natürlich auch in der Behandlung berücksichtigt werden müssen. Trotzdem ist der Täter der Verursacher der Störung und daher alleinig verantwortlich.
Als Therapeuten sollten wir in Bezug auf die Frage der Verantwortlichkeit eindeutig Stellung beziehen, allerdings ohne dadurch in Konfluenz mit den Klienten zu geraten. Dies erreichen wir, indem wir mit den Klienten daran arbeiten, zumindest in der Vorstellung wieder fähig zu werden, mit dem Täter oder dem unfallbedingten traumatischen Schock in Kontakt bzw. in Konfrontation zu treten, dies allerdings bei gleichzeitiger Zurückweisung der Grenzverletzung.
Darüber hinaus müssen wir als Therapeuten die Bedingungen traumatischer Erfahrungen auch als Teil unserer persönlichen Wirklichkeit akzeptieren und integrieren können. Nur so bleiben wir ein Teil dieser äußeren bedrohlichen Welt, vor der eine Klientin oder ein Klient zuerst einmal pauschal zurückschreckte und sich in die Isolation zurückzog. Allmählich versuchen wir dennoch mit den Klienten in Kontakt zu treten und so die übergeneralisierte Abwehr zu differenzieren. Die therapeutische Beziehung kann dann ein Modell dafür werden, wie sich der Kontakt zur Welt, zu Menschen gestalten kann, ohne dass die Erinnerung an die traumatische Erfahrung vermieden werden muss.

Die mehrphasige integrative Traumatherapie

Grundsätzlich ist zu sagen, dass unsere Behandlungsmethode auf den langjährigen klinischen und wissenschaftlichen Erfahrungen mit der Integration von Gestalttherapie und lerntheoretisch fundierter Therapie bei der Behandlung von Angststörungen und traumabedingten Störungen basiert (Butollo, 1993, 1997a; Butollo, Rosner & Wentzel, 1999). Zudem bezieht sie sich auf die Forschungsergebnisse zur posttraumatischen Belastungsstörung und zu anderen traumabedingten Störungen. Es ist also eine Methode, die klinische und empirische Erfahrung gleichermaßen reflektiert.
Vor der Skizzierung des Behandlungsansatzes möchten wir einleitend die wichtigsten theoretischen und therapeutischen Basiskonzepte der Behandlung nennen.

Das sind einmal einige der Grundannahmen der Humanistischen Psychologie, die besagen, dass:

- die therapeutische Beziehung und das darin aktualisierte Kontaktgeschehen den wichtigsten Wirkfaktor darstellt,
- der gesamte Lebenszusammenhang des Klienten berücksichtigt werden muss,
- der Mensch grundsätzlich dazu tendiert, sich entsprechend seiner Möglichkeiten und Fähigkeiten weiterzuentwickeln, und dieses seelische Wachstum, wo immer der Mensch sich psychisch gerade »befindet«, gleichsam »markiert« (bewusst gemacht) und unterstützt werden kann,
- verstärkt auf die Ressourcen und weniger auf die Defizite zu achten ist und
- dass die gesellschaftspolitische und soziale Dimension psychischer Krankheit berücksichtigt und reflektiert werden muss.

Auch die Behandlungsstrategien der Gestalttherapie werden genutzt, wie etwa:

- das Aktivieren und Verarbeiten von vergangenen Erlebnisinhalten durch sogenannte Gestaltexperimente (Rollenspiel, Methoden des Psychodrama, Leere-Stuhl-Arbeiten),

- das Einüben von selbstunterstützendem Erleben und Verhalten,
- die Erhöhung der bewussten Selbstwahrnehmung (Awareness) im emotionalen Bereich,
- die Förderung der Selbstakzeptanz,
- die Integration von Selbstanteilen,
- Atem- und Groundingübungen,
- kreative Medien in der Therapie.

Dazu kommen Interventionshilfen aus dem kognitiven und behavioralen Spektrum, vor allem die:

- Interventionsstrategien zur Verringerung von Vermeidungsverhalten (Expositionsverfahren),
- Identifizierung und Überprüfung von dysfunktionalen Kognitionen.

Die mehrphasige integrative Traumatherapie ist eine Behandlungsmethode, die speziell für die Behandlung von traumabedingten Störungen entwickelt wurde, wobei unter dem Terminus traumabedingte Störungen eine Vielzahl von Prozessen subsumiert wird, die im Gefolge von traumatischen Erfahrungen auftreten können.

In der Behandlung werden die psychologischen Hauptkomponenten einer traumabedingten Störung sowie ihre symptomalen Ausprägungen aufgegriffen und bearbeitet.

Als Hauptkomponenten bezeichnen wir:

- die existentielle Verunsicherung durch die traumatische Erfahrung und die damit einhergehenden Veränderungen (Übererregtheit, Intrusionen),
- den gestörten Bezug zur Welt durch den Verlust oder die Verletzung der psychischen Grenze zwischen Innen und Außen,
- den gestörten oder blockierten Trauerprozess.

Es wird von einem hierarchischen Behandlungsmodell ausgegangen, wobei die verschiedenen Ebenen dieses Modells dem phasenhaften Verlauf der Traumaverarbeitung folgen.

Die folgende Abbildung zeigt den Aufbau des Modells (von unten nach oben zu lesen).

Abb. 3: Phasen der therapeutischen Behandlung

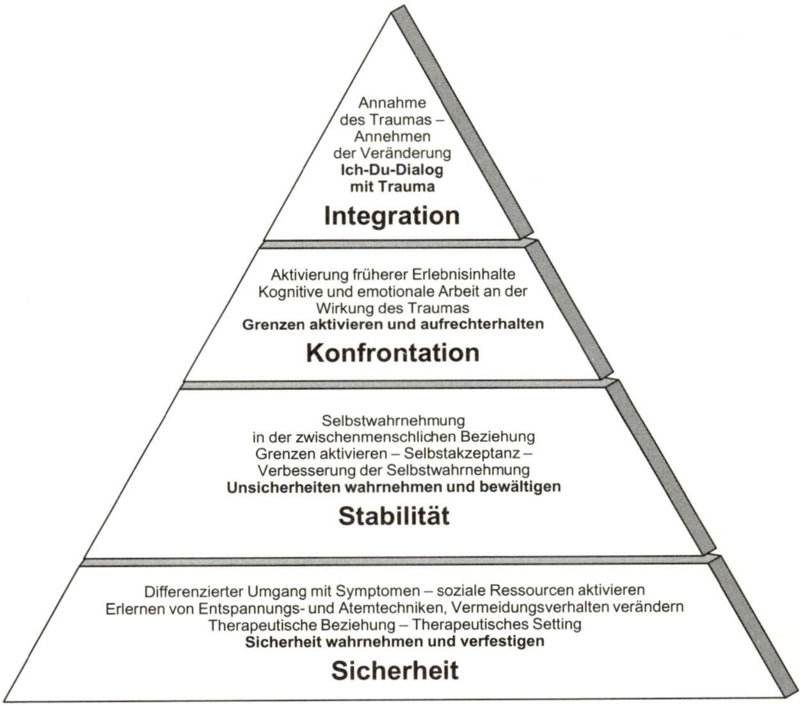

Im Rahmen dieser spezifischen Traumabehandlung werden – in Abhängigkeit von Dauer und Verlauf der traumabedingten Störung sowie vom Schweregrad der Symptomatik – Kurzzeitbehandlungen oder Langzeittherapien durchgeführt.

Grundsätzlich wird in diesem Modell davon ausgegangen, dass eine umfassende Traumabehandlung die Konfrontation mit traumatischen Erfahrungen *und* den traumabedingten Veränderungen beinhalten sollte. Diese Konfrontation fördert zum einen die Habituation an traumarelevante Stimuli, zum anderen kann eine emotionale Konfrontation mit den unwiderruflichen Auswirkungen der traumabedingten Veränderungen deren Integration fördern.

Die Therapiemethode geht davon aus, dass jede traumabedingte Störung zum einen durch die Folgen von Intrusionen und Übererregung gespeist wird, zum anderen aber immer auch ein gestörter Trauerprozess zugrunde liegt. Die Behandlung *dieses* gestörten Trauerprozesses zieht sich dabei als innere Ordnung durch das gesamte Behandlungskonzept.

Erst durch den bewusst erlebten Abschied von dem, was vor der traumatischen Erfahrung vorhanden war (sei es ein Mensch, das Gefühl von Ordnung und Sicherheit oder auch Gesundheit), kann die Grenze zwischen Innen und Außen wiederhergestellt werden und ein Kontakt zur Welt wird wieder möglich.

Diese Arbeiten sind aber nur dann fruchtbar, wenn die Patienten für sich und in ihrem System ausreichend Sicherheit und Stabilität wiedererlangen konnten. Mit den Inhalten der jeweils höheren Ebene oder Behandlungsphase sollte daher prinzipiell erst dann begonnen werden, wenn die Ziele der unteren Ebene erreicht sind.

Die Therapie erfolgt in *Modulen*, wobei die Patienten einzel- und gruppentherapeutische Module kombinieren können. Unabhängig davon, ob sich ein Patient in Einzel- oder Gruppentherapie befindet, verlaufen die therapeutischen Phasen nach den gleichen Prinzipien. In der Regel beginnen die Patienten mit Einzeltherapie, sie können dann zwischen der Verlängerung dieser oder dem Wechsel in eine Gruppe entscheiden.

In der Einzeltherapie werden primär die individuelle Symptomatik, aber auch eher intime Themen behandelt, die zumindest in der Anfangsphase einer Gruppe von den Klienten ausgeklammert werden. Erfahrungsgemäß betrifft dies alle schambesetzten Prozesse. In der therapeutischen Gruppe können Themenbereiche wie z. B. der Weg aus der Isolation, die Integration der traumatischen Erfahrung in das Welt- und Selbstbild oder auch Fragen der Sinnfindung bearbeitet werden.

Neben diesen beiden Modulen beinhaltet der Ansatz ein spezifisches Behandlungsmodul zur sekundären Prävention von traumabedingten Störungen. Dieses kommt zum Tragen, wenn sich ein Klient direkt nach einer traumatischen Erfahrung in Behandlung begibt. Wir gehen dabei allerdings nicht davon aus, dass es sich bei den Symptomen, die sich in den Tagen und Wochen nach einer traumatischen Erfahrung zeigen, bereits um einen pathologischen Prozess handelt. Wir halten den noch im DSM-III-R benutzten Terminus »Akute Posttraumatische

Belastungsreaktion« hier für sehr viel treffender als die nun übliche Diagnose »Akute posttraumatische Belastungsstörung«.
Im Rahmen einer Kurzzeitbehandlung werden die Klienten in dieser präventiven Behandlung psychoedukativ und unterstützend in ihrem Anpassungsprozess begleitet.

Interventionsmöglichkeiten im Rahmen der mehrphasigen integrativen Traumatherapie

Dem Menschenbild der Humanistischen Psychologie verpflichtet, sieht sich unser Behandlungsansatz dennoch als schulenübergreifende Methode. Bestimmte Methoden der Gestalttherapie, körperorientierte Techniken, natürlich Interventionen aus dem behavioralen und kognitiven Spektrum, aber auch kunst- oder musiktherapeutische Methoden können auf den verschiedenen Behandlungsebenen zum Tragen kommen.
Die Therapeutin oder der Therapeut kann aus einem Pool von Behandlungstechniken diejenige Intervention wählen, die den Bedürfnissen der jeweiligen Patienten angemessen erscheint und das Erreichen des Zieles der jeweiligen Ebene unterstützt. Dabei werden bestimmte Interventionsstrategien den Prozessen zugeordnet, die auf den jeweiligen Ebenen in Gang kommen können.
Welche der theoretisch möglichen Interventionsstrategien letztendlich angewandt werden, hängt grundsätzlich davon ab, in welcher posttraumatischen Verarbeitungsphase sich ein Patient befindet. Ist es einem Menschen nach einer traumatischen Erfahrung noch nicht gelungen, ein stabiles Sicherheitsgefühl aufzubauen – und zwar unabhängig davon, wie lange die traumatische Erfahrung zurückliegt –, wird im Rahmen dieser störungsspezifischen und personenzentrierten Therapie erst einmal an fundamentalen Sicherheitsaspekten gearbeitet werden. Dies bedeutet dann in der Regel ein relativ strukturiertes und direktives Vorgehen.
Patienten mit traumabedingten Störungen haben häufig ihre fundamentalen Erklärungsmodelle und damit die in ihrem bisherigen Leben

gewohnten Strukturen verloren. In der Regel sind diese Veränderungen mit Gefühlen der Unsicherheit verbunden, die mit einer im traumatischen Ereignis symbolisierten Bedrohung der gewohnten Lebenszusammenhänge begründet sind.

Deshalb ist zu Beginn jeder Traumatherapie unterstützendes und fürsorgliches Verhalten seitens der Therapeuten notwendig. Erst wenn die Betroffenen Veränderungen im eigenen Selbst und im sozialen System erkennen können, die eine Rückkehr in gewohnte Lebenszusammenhänge möglich erscheinen lassen, kann die Therapeutin ihre protektive Haltung zurücknehmen, um mehr Raum zu lassen für die sich nun entwickelnden Prozesse der Auseinandersetzung mit einzelnen Aspekten der traumatischen Erfahrung. Diese Prozesse können den Weg zur Gesundung markieren. Gesundheit kann dabei nach unserem Verständnis nur heißen, sich der Wirklichkeit, der eigenen und derjenigen, die in der Welt wartet, bewusst zu werden, um dann eine gefühlsmäßige und kognitive Einstellung zu finden, die einen weiterführenden Kontakt mit der Welt ermöglicht.

Menschen, bei denen ein Trauma nur destruktiv empfundene Veränderungen bewirkt hat, berichten von einem Verlust der Fähigkeit zu Kontakt und zur Begegnung. Traumatisierte Menschen, die ein Trauma konstruktiv verarbeiten konnten, berichten von intensiveren, bewussteren Begegnungen, erfüllenderen Kontakten. Es sind also in letzter Konsequenz auch nach einer traumatischen Erfahrung in erster Linie die Möglichkeiten zur Begegnung, die das Ausmaß von Wachstum und Entwicklung bedingen.

Die Wirkung einer traumatischen Erfahrung kann und wird auch meist zwei Seiten aufweisen, negative, quälende, destruktive Erfahrungen, aber auch konstruktive Veränderungen: bewusstere Entscheidungen, die Zuwendung zu prätraumatisch vielleicht vernachlässigten, aber wichtigen Persönlichkeitsanteilen. Die Konfrontation mit Endlichkeit, Verlust und Abschied bedeutet für die Mehrzahl der Menschen eine äußerst schmerzvolle Erfahrung, die aber durchaus mit konstruktiven, das Leben bereichernden Veränderungen verbunden sein kann.

Literatur

Abueg, F. R. & Fairbank, J. A. (1995). Verhaltenstherapeutische Behandlung der Posttraumatischen Belastungsstörung und eines gleichzeitig bestehenden Substanzmißbrauchs. In P. A. Saigh (Hrsg.), *Posttraumatische Belastungsstörung. Diagnose und Behandlung psychischer Störungen bei Opfern von Gewalttaten und Katastrophen* (S. 130–168). Bern: Hans Huber.

Adams, D. M. & Lehnert, K. L. (1997). Prolonged trauma and subsequent suicidal behavior: child abuse and combat trauma. *Journal of Traumatic Stress, 10* (4), 619–634.

Alexander, J. G., de Chesnay, M., Marshall, E., Campbell, A. R., Johnson, S. & Wright, R. (1989). Parallel reactions in rape victims and rape researchers. *Violence and Victims, 4,* (1), 57–62.

Anrade, J., Kavanagh, D. & Baddeley, A. (1997). Eye-movements and visual imagery: A working memory approach to the treatment of post-traumatic stress disorder. *British Journal of Clinical Psychology, 36,* 209–223.

Antonovsky, A. (1987). *Unraveling the mystery of health: How people manage stress and stay well.* San Francisco: Jossey-Bass.

Antonovsky, A. (1997). *Salutogenese. Zur Entmystifizierung der Gesundheit.* Dt. erw. Ausg. von A. Franke. Tübingen: dgvt.

APA (American Psychiatric Association) (1952). *Diagnostic and statistical Manuals: Mental Disorders* (1. Aufl.). Washington DC: American Psychiatric Association.

APA (American Psychiatric Association) (1968). *Diagnostic and statistical manuals of mental disorders* (2. Aufl.). Washington DC: American Psychiatric Association.

APA (American Psychiatric Association) (1980). *Diagnostic and statistical manual of mental disorders* (3. Aufl.). Washington DC: American Psychiatric Association.

APA (American Psychiatric Association) (1989). *Diagnostisches und statistisches Manual psychischer Störungen. DSM-III-R* (rev. 3. Aufl.). Dt. Bearb. v. Wittchen, H.-U., Saß, H., Zaudig, M. & Koehler, K. Weinheim: Beltz.

APA (American Psychiatric Association) (1994). *Diagnostic and statistical manuals of mental disorders* (4. Aufl.). Washington DC: American Psychiatric Association.

APA (American Psychiatric Association) (1996). *Diagnostisches und statistisches Manual psychischer Störungen. DSM-IV* (4. Aufl.). Dt. Bearb. v. Saß, H., Wittchen, H.-U. & Zaudig, M. Göttingen: Hogrefe, Verlag für Psychologie.

Armony, J. L. & LeDoux, J. (1997). How the brain processes emotional information. *Annals of the New York Acadamy of Sciences, 281,* 259–270.
Armstrong, M. S. & Vaughan, K. (1996). An orienting response model of eye movement desensitization. *Journal of Behavior Therapy and Experimental Psychiatry, 27,* 21–32.
Askevold, F. (1976, 1977). War sailor syndrome. *Psychotherapy and Psychosomatics, 27* (3-sup-6), 133–138.
Bauer, M. & Priebe, S. (1997). Psychopharmakotherapie. In A. Maercker (Hrsg.), *Therapie der posttraumatischen Belastungsstörungen* (S. 179–190). Berlin, Heidelberg: Springer.
Beck, A. T., Rush, A. J., Shaw, B. F. & Emery, G. (1986). *Kognitive Therapie der Depression.* München, Weinheim: Psychologie Verlags Union; Urban & Schwarzenberg.
Beck, A. T., Ward, C. H., Mendelsohn, M., Mock, J. & Erbaugh, J. (1961). An inventory for measuring depression. *Archives of General Psychiatry, 4,* 561–571.
Bengel, J. & Landji, Z. (1996). Symptomatik, Diagnostik und Therapie der Posttraumatischen Belastungsstörung. *Zeitschrift für Klinische Psychologie, Psychiatrie und Psychotherapie, 44,* 129–149.
Besems, T. & van Vugt, G. (1990). *Wo Worte nicht reichen – Therapie mit Inzestbetroffenen.* München: Kösel.
Blake, D. D., Weathers, F. W., Nagy, L. M., Kaloupek, D. G., Gusman, F., Charney, D. S. & Keane, T. M. (1995). The development of a Clinician-Administered PTSD Scale. *Journal of Traumatic Stress, 8,* 75–90.
Blanchard, E. B., Kolb, L. C., Gerardi, R. J., Ryan, P. & et al. (1986). Cardiac response to relevant stimuli as an adjunctive tool for diagnosing post-traumatic stress disorder in Vietnam veterans. *Behavior Therapy, 17* (5), 592–606.
Bonhoeffer, K. (1926). Beurteilung, Begutachtung und Rechtsprechung bei den sogenannten Unfallneurosen. *Deutsche medizinische Wochenzeitschrift, 52* (5), 179–182.
Boos, A., Ehlers, A., Maercker, A. & Schützwohl, M. (im Druck). Traumabezogene Kognitionen und chronische PTB: Eine Untersuchung an ehemaligen politischen Gefangenen der DDR. *Zeitschrift für Klinische Psychologie.*
Brenneis, B. C. (1994). Belief and suggestion in the recovery of memories of childhood sexual abuse. *Journal of the American Psychoanalytic Association, 42* (4), 1027–1053.
Breslau, N., Davis, G. C. & Andreski, P. (1995). Risk factors for PTSD-related traumatic events: A prospective analysis. *American Journal of Psychiatry, 152* (4), 529–535.

Breslau, N., Davis, G. C., Andreski, P. & Peterson, E. (1991). Traumatic events and posttraumatic stress disorder in an urban population of young adults. *Archives of General Psychiatry, 48* (3), 216–222.
Breslau, N., Davis, G. C., Peterson, E. L. & Schultz, L. (1997). Psychiatric sequelae of posttraumatic stress disorder in women. *Archives of General Psychiatry, 54*, 81–87.
Breslau, N., Kessler, R. C., Chilcoat, H. D., Schultz, L. R., Davis, G. C. & Andreski, P. (1998). Trauma and posttraumatic stress disorder in the community. The 1996 Detroit area survey of trauma. *Archives of General Psychiatry, 55*, 626–632.
Brewin, C. R., MacCarthy, B. & Furnham, A. (1989). Social support in the face of adversity: The role of cognitive appraisal. *Journal of Research in Personality, 23* (3), 354–372.
Brom, D., Kleber, R. J. & Defares, P. B. (1989). Brief psychotherapy for posttraumatic stress disorders. *Journal of Consulting and Clinical Psychology, 57*, 607–612.
Buber, M. (1983) (11. Aufl.). *Ich und Du.* Heidelberg: Lambert Schneider.
Buckley, T. C., Blanchard, E. B. & Hickling, E. J. (1998). A confirmatory factor analysis of posttraumatic stress symptoms. *Behavior Research and Therapy, 36*, 1091–1099.
Burgess, A. W. & Holstrom, L. (1974). Rape Trauma Syndrome. *American Journal of Psychiatry, 131*, 981–986.
Butler, L. D., Duran, R. E. F., Jasiukaitis, P., Koopman, C. & Spiegel, D. (1996). Hypnotizability and traumatic experience: A diathesis-stress model of dissociative symptomatology. *American Journal of Psychiatry, 153*, 42–63.
Butollo, W. (1982a). Präoperative Angst und ihre Bewältigung. In J. Shara (Hrsg.), *Deutscher Anaesthesiekongreß 1982*, Berlin: Springer.
Butollo, W. (1982b). Über das Dilemma der Psychotherapieforschung. *Verhaltensmodifikation, 3* (1), 40–49.
Butollo, W. (1990). Psychologie und Menschenwürde – Psychologie der Menschenwürde. Festvortrag. In S. Höfling & W. Butollo (Hrsg.), *Psychologie der Menschenwürde und Lebensqualität. Kongreßbericht Band 1* (S. 8–13). Köln, DVP.
Butollo, W. (1995). Selbstunterstützung, Kontakt und Dialog als Komponenten in der integrativen Behandlung Posttraumatischer Belastungsstörungen. *Hypnose und Kognition, 13* (1–2), 5–22.
Butollo, W. (1996). Psychotherapy integration for war traumatization – A training project in Central Bosnia. *The European Psychologist, 1* (2), 140–146.

Butollo, W. (1997a). *Traumatherapie. Die Bewältigung schwerer posttraumatischer Störungen.* München: CIP-Medien.
Butollo, W. (1997b). Psychologische Behandlung von Kriegstraumatisierten: Projekte in Bosnien. In H. Mandl (Hrsg.), *Bericht über den 40. Kongreß der Deutschen Gesellschaft für Psychologie in München, 1996* (S. 187–194). Göttingen: Hogrefe, Verlag für Psychologie.
Butollo, W. (1997c). Traumapsychologie und Traumapsychotherapie – Eine Herausforderung für psychotherapeutische Praxis und Forschung. *Psychotherapie, 2* (1), 23–34.
Butollo, W. (1999, im Druck). A social interaction model of the traumatized self. *Journal of Psychotherapy Integration.*
Butollo, W., Krüsmann, M. & Hagl, M. (1998). *Leben nach dem Trauma. Über den therapeutischen Umgang mit dem Entsetzen.* Stuttgart: Pfeiffer bei Klett-Cotta.
Butollo, W., Kelwing, Ch., Krüsmann, M., Maragkos, M. & Wentzel, A. (1997). Integration verschiedener psychotherapeutischer Ansätze bei Angststörungen: Gestalt- und Verhaltenstherapie. In: P. Hofmann, M. Lux, Ch. Probst, M. Steinbauer, J. Taucher, H. G. Zapotoczky (Hrsg.), Klinische Psychotherapie (S. 274–283). Wien: Springer.
Butollo, W., Krüsmann, M., Maragkos, M. & Wentzel, A. (1997). Verhaltens- und Gestalttherapie bei Angststörungen. In: Ch. Mundt, M. Linden & W. Barnett (Hrsg.), Psychotherapie in der Psychiatrie. Wien, New York: Springer.
Butollo, W., Piesbergen, C. & Höfling, S. (1996). Ausbildung und methodische Ausrichtung psychologischer Psychotherapeuten – Ergebnisse einer Umfrage. *Report Psychologie 21* (2/96), 126–137.
Butollo, W., Rosner, R. & Wentzel, A. (1999). Integrative Psychotherapie bei Angststörungen. Huber: Bern.
Carlson, J. G., Chemtob, C. M., Rusnak, K. & Hedlund, N. L. (1996). Eye movement desensitization and reprocessing treatment for combat PTSD. *Psychotherapy, 33* (1), 104–113.
Chemtob, C. M., Roitblat, H. L., Hamada, R. S., Carlson, J. G. & Twentyman, C. T. (1988). A cognitive action theory of Post-Traumatic Stress Disorder. *Journal of Anxiety Disorders, 2* (3), 253–275.
Cherepanova, E. M. (1993). Hypnose bei der Therapie des posttraumatischen Belastungssyndroms. *Experimentelle und Klinische Hypnose, 9,* 1–10.
Chu, J. A. & Dill, D. L. (1990). Dissociative symptoms in relation to childhood physical and sexual abuse. *American Journal of Psychiatry, 147* (7), 887–892.
Classen, C., Koopman, C., Hales, R. & Spiegel, D. (1998). Acute stress dis-

order as a predictor of posttraumatic stress symptoms. *American Journal of Psychiatry, 155* (5), 620–624.
Classen, C., Koopman, C. & Spiegel, D. (1993). Trauma and dissociation. *Bulletin of the Menninger Clinic, 57* (2), 178–194.
Cloitre, M., Tardiff, K., Marzuk, P. M., Leon, A. C. & Portera, L. (1996). Childhood abuse and subsequent sexual assault among female inpatients. *Journal of Traumatic Stress, 9* (3), 473–482.
Coons, P. M., Bowman, E. S. & Milstein, V. (1988). Multiple personality disorder: A clinical investigation of 50 cases. *Journal of Nervous and Mental Disease, 176* (9), 519–527.
Cooper, N. A. & Clum, G. A. (1989). Imaginal flooding as a supplementary treatment for PTSD in combat veterans: A controlled study. *Behavior Therapy, 20*, 381–391.
Creamer, M. (1995). A cognitive processing formulation of posttrauma reactions. In R. J. Kleber & C. R. Figley (Hrsg.), *Beyond trauma: Cultural and societal dynamics* (S. 55–74). New York: Plenum Press.
Creamer, M., Burgess, P. & Pattison, P. (1992). Reaction to trauma: A cognitive processing model. *Journal of Abnormal Psychology, 101*, 452–459.
Crump, L. D. (1984). Gestalt therapy in the treatment of Vietnam veterans experiencing PTSD symptomatology. *Journal of Contemporary Psychotherapy, 14* (1), 90–98.
Davidson, J. R. T. (1997). Biological therapies for posttraumatic stress disorder: An overview. *Journal of Clinical Psychiatry, 58* (suppl. 9), 29–32.
Davies, M. I. & Clark, D. M. (1998). Thought suppression produces a rebound effect with analogue post-traumatic intrusions. *Behavior Research and Therapy, 36*, 571–582.
Derogatis, L. R. (1986). Symptom-Check-Liste (SCL-90-R). In: Collegium Internationale Psychiatriae Scalarum (Hrsg.), *Internationale Skalen für Psychiatrie.* Weinheim: Beltz.
deVries, M. W. (1996). Trauma in cultural perspective. In B. A. van der Kolk, A. C. McFarlane & L. Weisæth (Hrsg.), *Traumatic stress: The effects of overwhelming experience on mind, body, and society* (S. 398–413). New York: Guilford Press.
Draijer, N. (1990). Die Rolle von sexuellem Mißbrauch und körperlicher Mißhandlung in der Ätiologie psychischer Störungen bei Frauen. *System Familie, 3*, 59–73.
Dunmore, E., Clark, D. M. & Ehlers, A. (1997). Cognitive factors in persistent vs. recovered Post-traumatic Stress Disorder: A pilot study. *Behavioural and Cognitive Psychotherapy, 25*, 147–159.
Ehlers, A. (1997). Ein kognitives Modell der chronischen Posttraumati-

schen Belastungsstörung. In H. Mandl (Hrsg.), *Bericht über den 40. Kongreß der Deutschen Gesellschaft für Psychologie in München, 1996* (S. 580–585). Göttingen: Hogrefe, Verlag für Psychologie.

Ehlers, A., Clark, D. M., Dunmore, E., Jaycox, L., Meadows, E. & Foa, E. B. (im Druck). Predicting response to exposure treatment in PTSD: The role of mental defeat and alienation. *Journal of Traumatic Stress.*

Ehlers, A., Mayou, R. A. & Bryant, B. (1998). Psychological predictors of chronic posttraumatic stress disorder after motor vehicle accidents. *Journal of Abnormal Psychology, 107* (3), 508–519.

Ehlers, A. & Steil, R. (1995). Maintenance of intrusive memories in Posttraumatic Stress Disorder: A cognitive approach. *Behavioural and Cognitive Psychotherapy, 23,* 217–249.

Ellerbrok, G., Heuft, G. & Senf, W. (1995). Zur Prävalenz sexuellen Mißbrauchs in der Vorgeschichte stationärer Psychotherapiepatienten. *Psychotherapeut, 40,* 9–16.

Emery, V. O., Emery, P. E., Shama, D. K., Quiana, N. A. & Jassani, A. K. (1991). Predisposing variables in PTSD patients. *Journal of Traumatic Stress, 4* (3), 325–343.

Eschenröder, C. T. (1997). Entwicklung und gegenwärtiger Status der EMDR – Ein Überblick. In C. T. Eschenröder (Hrsg.), EMDR: Eine neue Methode zur Verarbeitung traumatischer Erinnerungen (S. 11–65). Tübingen: dgvt-Verlag.

Fairbank, J. A. & Keane, T. M. (1982). Flooding for combat-related stress disorders: Assessment of anxiety reduction across traumatic memories. *Behavior Therapy, 13* (4), 499–510.

Figley, C. R. & Kleber, R. J. (1995). Beyond the »victim«: Secondary traumatic stress. In R. J. Kleber & C. R. Figley (Hrsg.), *Beyond trauma: Cultural and societal dynamics* (S. 75–98). New York: Plenum Press.

Fiske, S. T. & Taylor, S. E. (1991). *Social cognition (2nd ed.).* New York: McGraw-Hill Book Company.

Flannery, R. B. (1990). Social support and psychological trauma: A methodological review. *Journal of Traumatic Stress, 3* (4), 593–611.

Foa, E. B., Feske, U., Murdock, T. B., Kozak, M. J. & McCarthy, P. R. (1991). Processing of threat-related information in rape victims. *Journal of Abnormal Psychology, 100* (2), 156–162.

Foa, E. B., Hearst-Ikeda, D. & Perry, K. J. (1995). Evaluation of a brief cognitive-behavioral program for the prevention of chronic PTSD in recent assault victims. *Journal of Consulting and Clinical Psychology, 63,* 948–955.

Foa, E. B. & Kozak, M. J. (1986). Emotional processing of fear: Exposure to corrective information. *Psychological Bulletin, 99* (1), 20–35.

Foa, E. B. & Meadows, E. A. (1997). Psychosocial treatments for posttraumatic stress disorder: A critical review. *Annual Review of Psychology, 48*, 449–480.

Foa, E. B., Riggs, D. S., Dancu, C. V. & Rothbaum, B. O. (1993). Reliability and validity of a brief instrument for assessing post-traumatic stress disorder. *Journal of Traumatic Stress, 6* (4), 459–473.

Foa, E. B., Riggs, D. S. & Gershuny, B. S. (1995). Arousal, numbing, and intrusion: Symptom structure of PTSD following assault. *American Journal of Psychiatry, 152*, 116–120.

Foa, E. B., Rothbaum, B. O., Riggs, D. S. & Murdock, T. B. (1991). Treatment of posttraumatic stress disorder in rape victims: A comparison between cognitive-behavioral procedures and counseling. *Journal of Consulting and Clinical Psychology, 59*, 715–723.

Foa, E. B., Steketee, G. & Rothbaum, B. O. (1989). Behavioral/cognitive conceptualizations of post-traumatic stress disorder. *Behavior Therapy, 20* (2), 155–176.

Foa, E. B., Zinbarg, R. & Rothbaum, B. O. (1992). Uncontrollability and unpredictability in post-traumatic stress disorder: An animal model. *Psychological Bulletin, 112* (2), 218–238.

Follette, V. M., Polusny, M. A., Bechtle, A. E. & Naugle, A. E. (1996). Cumulative trauma: The impact of child sexual abuse, adult sexual assault, and spouse abuse. *Journal of Traumatic Stress, 9* (1), 25–35.

Frank, E., Anderson, B., Stewart, B. D., Dancu, C., Hughes, C. & West, D. (1988). Efficacy of cognitive behavior therapy and systematic desensitization in the treatment of rape trauma. *Behavior Therapy, 19* (3), 403–420.

Friedman, M. J. (1998). Current and future drug treatment for posttraumatic stress disorder patients. *Psychiatric Annals, 28* (8), 461–468.

Frommberger, U., Stieglitz, R.-D., Nyberg, E. & Berger, M. (1997). Die psychischen Folgen von Verkehrsunfällen. Epidemiologie, Symptomatik und Therapie. *Psychotherapie in Psychiatrie, Psychotherapeutischer Medizin und Klinischer Psychologie, 2* (1), 45–51.

Goldberg, J., True, W. R., Eisen, S. A. & Henderson, W. G. (1990). A twin study of the effects of the Vietnam War on posttraumatic stress disorder. *JAMA: Journal of the American Medical Association, 263* (9), 1227–1232.

Grace, M. C., Green, B. L., Lindy, J. D. & Leonard, A. C. (1993). The Buffalo Creek disaster: A 14-year follow-up. In J. P. Wilson & B. Raphael (Hrsg.), *International handbook of traumatic stress syndromes* (S. 441–449). New York: Plenum Press.

Green, B. L. (1990). Defining trauma: Terminology and generic stressor dimensions. *Journal of Applied Social Psychology, 20* (20, Pt 2), 1632–1642.

Green, B. L. (1993). Identifying survivors at risk: Trauma and stressors across events. In J. P. Wilson & B. Raphael (Hrsg.), *International handbook of traumatic stress syndromes* (S. 135–144). New York: Plenum Press.
Green, B. L., Lindy, J. D., Grace, M. C. & Leonard, A. C. (1992). Chronic posttraumatic stress disorder and diagnostic comorbidity in a disaster sample. *Journal of Nervous and Mental Disease, 180* (12), 760–766.
Green, B. L., Wilson, J. P. & Lindy, J. D. (1985). Conceptualizing post-traumatic stress disorder: A psychosocial framework. In C. R. Figley (Hrsg.), *Trauma and its wake: The study and treatment of Post-traumatic Stress Disorder* (S. 53–69). New York: Brunner/Mazel.
Harvey, A. G. & Bryant, R. A. (1998a). The relationship between acute stress disorder and posttraumatic stress disorder: A prospective evaluation of motor vehicle accident survivors. *Journal of Consulting and Clinical Psychology, 66* (3), 507–512.
Harvey, A. G. & Bryant, R. A. (1998b). The effect of attempted thought suppression in acute stress disorder. *Behavior Research and Therapy, 36*, 583–590.
Harvey, M. R. (1996). An ecological view of psychological trauma and trauma recovery. *Journal of Traumatic Stress, 9* (1), 3–23.
Herman, J. L. (1992). Complex PTSD: A syndrome in survivors of prolonged and repeated trauma. *Journal of Traumatic Stress, 5* (3), 377–391.
Herman, J. L. (1993). *Die Narben der Gewalt.* München: Kindler.
Hirsch, M. (1993). Inzest und Psychoanalyse. In G. Ramin, Inzest und sexueller Mißbrauch: Beratung und Therapie. Ein Handbuch (S. 105–127). o. O.: Junfermann.
His, W. (1926). Beurteilung, Begutachtung und Rechtsprechung bei den sogenannten Unfallneurosen. *Deutsche medizinische Wochenzeitschrift, 52* (5), 182–186.
Horowitz, M. J. (1976). *Stress response syndromes.* New York: Aronson.
Horowitz, M. J. (1993). Stress-response syndromes: A review of posttraumatic stress and adjustment disorders. In J. P. Wilson & B. Raphael (Hrsg.), *International handbook of traumatic stress syndromes* (S. 49–60). New York: Plenum Press.
Horowitz, M. J. (1997). Persönlichkeitsstile und Belastungsfolgen. Integrative psychodynamisch-kognitive Psychotherapie. In A. Maercker (Hrsg.), *Therapie der posttraumatischen Belastungsstörungen* (S. 145–177). Berlin, Heidelberg: Springer.
Horowitz, M., Wilner, N. & Alvarez, W. (1979). Impact of scale: a measure of subjective stress. *Psychosomatic Medicine, 41* (3), 209–218.
Janoff-Bulman, R. (1985). The aftermath of victimization: Rebuilding shat-

tered assumptions. In C.R. Figley (Hrsg.), *Trauma and its wake: The study and treatment of Post-traumatic Stress Disorder* (S. 15–35). New York: Brunner/Mazel.
Janoff-Bulman, R. (1989). Assumptive worlds and the stress of traumatic events: Applications of the schema construct. Special Issue: Stress, coping, and social cognition. *Social Cognition*, *7*, 113–136.
Jiranek, D. (1993). Use of hypnosis in pain management and post-traumatic stress disorder. *Australian Journal of Clinical and Experimental Hypnosis*, *21*, Spec Issue 75–84.
Jones, J. C. & Barlow, D. H. (1990). The etiology of posttraumatic stress disorder. *Clinical Psychology Review*, *10* (3), 299–328.
Jones, J. C. & Barlow, D. H. (1995). Ein neues Modell der Posttraumatischen Belastungsstörung: Folgerungen für die Zukunft. In P. A. Saigh (Hrsg.), *Posttraumatische Belastungsstörung. Diagnose und Behandlung psychischer Störungen bei Opfern von Gewalttaten und Katastrophen* (S. 169–189). Bern: Hans Huber.
Jongedijk, R. A., Carlier, I. V. E., Schreuder, B. J. N. & Gersons, B. P. R. (1996). Complex posttraumatic stress disorder: An exploratory investigation of PTSD and DES NOS among Dutch war veterans. *Journal of Traumatic Stress*, *9* (3), 577–586.
Joseph, S. A., Brewin, C. R., Yule, W. & Williams, R. (1993). Causal attributions and post-traumatic stress in adolescents. *Journal of Child Psychology and Psychiatry and Allied Disciplines*, *34*, 247–253.
Joseph, S. A., Brewin, C. R., Yule, W. & Williams, R. M. (1991). Causal attributions and psychiatric symptoms in survivors of the Herald of Free Enterprise disaster. *British Journal of Psychiatry*, *159*, 542–546.
Joseph, S. A., Hodgkinson, P., Yule, W. & Williams, R. (1993). Guilt and distress 30 months after the capsize of the Herald of Free Enterprise. *Personality and Individual Differences*, *14* (1), 271–273.
Joseph, S., Williams, R. & Yule, W. (1995). Psychosocial perspectives on post-traumatic stress. *Clinical Psychology Review*, *15*, 515–544.
Joseph, S., Yule, W. & Williams, R. (1993). Post-traumatic stress: Attributional aspects. *Journal of Traumatic Stress*, *6* (4), 501–513.
Kardiner, A. (1941). *The traumatic neuroses of war.* New York: Hoeber.
Kaufman, J. & Zigler, E. (1987). Do abused children become abusive parents? *American Journal of Orthopsychiatry*, *57* (2), 186–192.
Keane, T. M. & Kaloupek, D. G. (1982). Imaginal flooding in the treatment of a posttraumatic stress disorder. *Journal of Consulting and Clinical Psychology*, *50* (1), 138–140.
Keane, T. M. & Wolfe, J. (1990). Comorbidity in post-traumatic stress dis-

order: An analysis of community and clinical studies. *Journal of Applied Social Psychology, 20* (21, Pt 1), 1776–1788.
Kessler, R. C. (1997). The effects of stressful life events on depression. *Annual Review of Psychology, 48,* 191–214.
Kessler, R. C., McGonagle, K. A., Zhao, S., Nelson, C. B., Hughes, M., Eshleman, S., Wittchen, H.-U. & Kendler, K. S. (1994). Lifetime and 12-month prevalence of DSM-III-R psychiatric disorders in the United States. *Archives of General Psychiatry, 51* (1), 8–19.
Kessler, R. C., Sonnega, A., Bromet, E., Hughes, M. & Nelson, C. B. (1995). Posttraumatic stress disorder in the National Comorbidity Survey. *Archives of General Psychiatry, 52* (12), 1048–1060.
Kilpatrick, D. G., Veronen, L. J. & Resick, P. A. (1982). Psychological sequelae to rape: Assessment and treatment strategies. In D. M. Dolays & R. L. Meredith (Hrsg.), *Behavioral medicine: Assessment and treatment strategies* (S. 473–479). New York: Plenum Press.
Kingsbury, S. J. (1988). Hypnosis in the treatment of posttraumatic stress disorder: An isomorphic intervention. *American Journal of Clinical Hypnosis, 31*, 81–90.
Kinzl, J., Biebl, W. & Hinterhuber, H. (1991). Die Bedeutung von Inzesterlebnissen für die Entstehung psychiatrischer und psychosomatischer Erkrankungen. *Nervenarzt, 62,* 565–569.
Kleber, R. J. (1995). Epilogue. In R. J. Kleber, C. R. Figley & B. P. R. Gersons (Hrsg.), *Beyond Trauma: Cultural and Societal Dynamics* (S. 299–308). New York: Plenum Press.
Kleinknecht, R. A. & Morgan, M. P. (1992). Treatment of posttraumatic stress disorder with eye movement desensitization. *Journal of Behavior Therapy and Experimental Psychiatry, 23* (1), 43–49.
Kolb, L. C. (1987). A neuropsychological hypothesis explaining posttraumatic stress disorders. *American Journal of Psychiatry, 144* (8), 989–995.
Koopman, C., Classen, C. & Spiegel, D. (1996). Dissociative responses in the immediate aftermath of the Oakland/Beverly firestorm. *Journal of Traumatic Stress, 9* (3), 521–540.
Kulka, R. A., Schlenger, W. E., Fairbank, J. A., Hough, R. L., Jordan, B. K., Marmar, C. R. & Weiss, D. S. (1990). *Trauma and the Vietnam war generation: Report of findings from the National Vietnam Veterans Readjustment Study.* New York: Brunner/Mazel.
Lang, P. J. (1977). Imagery in therapy: an information processing analysis of fear. *Behavior Therapy, 8*, 862–886.
Lang, P. J. (1979). A bio-informational theory of emotional imagery. *Psychophysiology, 16* (6), 495–512.

Lebowitz, L. & Roth, S. (1994). »I felt like a slut«: The cultural context and women's response to being raped. *Journal of Traumatic Stress*, *7* (3), 363–390.

LeDoux, J. (1998). *Das Netz der Gefühle. Wie Emotionen entstehen.* München, Wien: Carl Hanser.

Lee, K. A., Vaillant, G. E., Torrey, W. C. & Elder, G. H. (1995). A 50-year prospective study of the psychological sequelae of World War II combat. *American Journal of Psychiatry*, *152*, 516–522.

Leung, J. (1994). Treatment of post-traumatic stress disorder with hypnosis. *Australian Journal of Clinical and Experimental Hypnosis*, *22*, 87–96.

Little, L. (1990). Gestalt therapy with females involved in intimate violence. In: S. M. Stith & M. B. Williams (Hrsg.), *Violence hits home: comprehensive treatment approaches to domestic violence* (S. 132–167), New York: Springer.

Litz, B. T., Schlenger, W. E., Weathers, F. W., Caddell, J. M., Fairbank, J. A. & LaVange, L. M. (1997). Predictors of emotional numbing in posttraumatic stress disorder. *Journal of Traumatic Stress*, *10* (4), 607–618.

Lohr, J. M., Tolin, D. F. & Lilienfeld, S. O. (1998). Efficacy of Eye Movement Desensitization and Reprocessing: Implications for behavior therapy. *Behavior Therapy*, *29*, 123–156.

Lyons, J. A. (1991). Strategies for assessing the potential for positive adjustment following trauma. *Journal of Traumatic Stress*, *4* (1), 93–111.

Maercker, A. (1997). Erscheinungsbild, Erklärungsansätze und Therapieforschung. In A. Maercker (Hrsg.), *Therapie der posttraumatischen Belastungsstörungen* (S. 3–49). Berlin, Heidelberg: Springer.

Manolias, M. B. & Hyatt-Williams, A. (1993). Effects of postshooting experiences on police-authorized firearms officers in the United Kingdom. In J. P. Wilson & B. Raphael (Hrsg.), *International handbook of traumatic stress syndromes* (S. 385–394). New York: Plenum Press.

March, J. S. (1993). What constitutes a stressor? The »criterion A« issue. In R. T. Davidson & E. B. Foa (Hrsg.), *Posttraumatic Stress Disorder: DSM-IV and beyond* (S. 37–54). Washington, DC: American Psychiatric Press.

Marks, I., Lovell, K., Noshirvani, H., Livanou, M. & Trasher, S. (1998). Treatment of posttraumatic stress disorder by exposure and/or cognitive restructuring. A controlled study. *Archives of General Psychiatry*, *55*, 317–325.

Marmar, C. R., Weiss, D. S., Metzler, T. J. & Delucchi, K. (1996). Characteristics of emergency services personnel related to peritraumatic dissociation during critical incident exposure. *American Journal of Psychiatry*, *153*, 94–102.

Marsella, A. J., Friedman, M. J. & Spain, E. H. (1994). Ethnocultural aspects of posttraumatic stress disorder. In Pynoos, R. S. & et al. (Hrsg.), *Posttraumatic stress disorder: A clinical review* (S. 17–41). Lutherville: Sidran Press.

McCann, D. L. (1992). Post-traumatic stress disorder due to devastating burns overcome by a single session of eye movement desensitization. *Journal of Behavior Therapy and Experimental Psychiatry, 23* (4), 319–323.

McFarlane, A. C. & de Girolamo, G. (1996). The nature of traumatic stressors and the epidemiology of posttraumatic reactions. In B. A. van der Kolk, A. C. McFarlane & L. Weisæth (Hrsg.), *Traumatic stress: The effects of overwhelming experience on mind, body, and society* (S. 129–154). New York: Guilford Press.

McFarlane, A. C. (1995). The severity of the trauma: Issues about its role in posttraumatic stress disorder. In R. J. Kleber & C. R. Figley (Hrsg.), *Beyond trauma: Cultural and societal dynamics* (S. 31–54). New York: Plenum Press.

McFarlane, A. C., Atchison, M., Rafalowicz, E. & Papay, P. (1994). Physical symptoms in post-traumatic stress disorder. *Journal of Psychosomatic Research, 38* (7), 715–726.

McFarlane, A. C. & Yehuda, R. A. (1996). Resilience, vulnerability, and the course of posttraumatic reactions. In B. A. van der Kolk, A. C. McFarlane & L. Weisæth (Hrsg.), *Traumatic stress: The effects of overwhelming experience on mind, body, and society* (S. 155–181). New York: Guilford Press.

McNally, R. J., Kaspi, S. P., Riemann, B. C. & Zeitlin, S. B. (1990). Selective processing of threat cues in posttraumatic stress disorder. *Journal of Abnormal Psychology, 99*, 398–402.

Meichenbaum, D. (1974). *Cognitive behavior modification.* Morristown, NJ: General Learning Press.

Meichenbaum, D. (1994). *A clinical handbook/practical therapist manual for assessing and treating adults with post-traumatic stress disorder (PTSD).* Waterloo, ON, Canada: Institute Press.

Meiss, O. (1997). Hypnotherapeutische Methoden zur Aufarbeitung von belastenden und traumatischen Erfahrungen. *Psychotherapie in Psychiatrie, Psychotherapeutischer Medizin und Klinischer Psychologie, 2* (1), 58–63.

Miller, D. T. & Porter, C. A. (1983). Self-blame in victims of violence. *Journal of Social Issues, 39* (2), 139–152.

Mitchell, J. T. & Everly, G. S. J. (1995). The critical incident stress debriefing (CISD) and the prevention of work-related traumatic stress among high risk occupational groups. In G. S. J. Everly & J. M. Lating (Hrsg.), *Psychotraumatology: Key papers and core concepts in post-traumatic stress* (S. 267–280). New York: Plenum Press.

Morgan, C. A. & Grillon, C. (1998). Accoustic startle in individuals with posttraumatic stress disorder. *Psychiatric Annals, 28* (8), 430–434.

Mowrer, O. H. (1960). *Learning theory and behavior.* New York: J. Wiley.

Mueser, K. T., Goodman, L. B., Trumbetta, S. L., Rosenberg, S. D., Osher, F. C., Vidaver, R., Auciello, P. & Foy, D. W. (1998). Trauma and post-traumatic stress disorder in severe mental illness. *Journal of Consulting and Clinical Psychology, 66* (3), 493–499.

Newman, E., Orsillo, S. M., Herman, D. S., Niles, B. L. & Litz, B. T. (1995). Clinical presentation of disorders of extreme stress in combat veterans. *Journal of Nervous and Mental Disease, 183* (10), 628–632.

Newman, E., Riggs, D. S. & Roth, S. (1997). Thematic resolution, PTSD, and complex PTSD: The relationship between meaning and trauma-related diagnoses. *Journal of Traumatic Stress, 10* (2), 197–213.

Niederland, W. G. (1968). The problem of the survivor. The psychiatric evaluation of emotional disorders in survivors of Nazi persecution. In H. Krystal (Hrsg.), *Massive psychic trauma* (S. 8–22). New York: International Universities Press.

Nishit, P. & Resick, P. A. (1997). Kognitive Verarbeitungstherapie für Opfer sexuellen Mißbrauchs. In A. Maercker (Hrsg.), *Therapie der posttraumatischen Belastungsstörungen* (S. 193–228). Berlin, Heidelberg: Springer.

Ogata, S. N., Silk, K. R., Goodrich, S., Lohr, N. E., Westen, D. & Hill, E. M. (1990). Childhood sexual and physical abuse in adult patients with borderline personality disorder. *American Journal of Psychiatry, 147* (8), 1008–1013.

Olafson, E., Corwin, D. L. & Summit, R. C. (1993). Modern history of child sexual abuse awareness: Cycles of discovery and suppression. *Child Abuse and Neglect, 17* (1), 7–24.

Page, A. C. & Crino, R. D. (1993). Eye movement desensitization: a simple treatment for post-traumatic stress disorder? *Australian and New Zealand Journal of Psychiatry, 27,* 288–293.

Pelcovitz, D., van der Kolk, B., Roth, S., Mandel, F., Kaplan, S. & Resick, P. (1997). Development of a criteria set and a structured interview for disorders of extreme stress (SIDES). *Journal of Traumatic Stress, 10* (1), 3–16.

Perkonigg, A. & Wittchen, H.-U. (im Druck). Prevalence and comorbidity of traumatic events and posttraumatic stress disorder in adolescents and young adults. In A. Maercker, M. Schützwohl & Z. Solomon (Hrsg.), *Posttraumatic stress disorder: A lifespan developmental perspective.* Hogrefe v. Huber Publishers.

Perls, F. S. (1981). *Gestalt-Wahrnehmung. Verworfenes und Wiedergefundenes aus meiner Mülltonne.* Frankfurt/Main: Verlag für humanistische Psychologie – Werner Flach KG.

Perren-Klingler (im Druck). Posttraumatische Belastungsstörung. In D. Revenstorf & B. Peter (Hrsg.), *Hypnose in Psychotherapie und Psychosomatik. Ein Manual für die Praxis.*

Peterson, C. & Seligman, M. E. (1983). Learned helplessness and victimization. *Journal of Social Issues, 39* (2), 103–116.

Pitman, R. K., Altmann, B., Greenwald, E., Longpre, R. E., Macklin, M. L., Poiré, R. E. & Steketee, G. S. (1991). Psychiatric complications during flodding therapy for posttraumatic stress disorder. *Journal of Clinical Psychiatry, 52* (1), 17–20.

Pitman, R. K. & Orr, S. P. (1990). Twenty-four hour urinary cortisol and cathecholamine excretion in combat-related post-traumatic stress disorder. *Biological Psychiatry, 27,* 245–247.

Pitman, R. K. & Orr, S. P. (1995). Psychophysiology of emotional memory networks in Posttraumatic Stress Disorder. In J. L. McGaugh, N. M. Weinberger & G. Lynch (Hrsg.), *Brain and memory. Modulation and mediation of neuroplasticity* (S. 75–83). New York, Oxford: Oxford University Press.

Pitman, R. K., Orr, S. P., Altmann, B., Longpre, R. E. & Macklin, M. L. (1996). Emotional processing during eye movement desensitization and reprocessing therapy of Vietnam veterans with chronic posttraumatic stress disorder. *Comprehensive Psychiatry, 37,* 419–429.

Pitman, R. K., Orr, S. P. & Shalev, A. Y. (1993). Once bitten, twice shy: Beyond the conditioning model of PTSD. *Biological Psychiatry, 33* (3), 145–146.

Pribor, E. F., Yutzy, S. H., Dean, J. T. & Wetzel, R. D. (1993). Briquet's syndrome, dissociation, and abuse. *American Journal of Psychiatry, 150* (10), 1507–1511.

Puk, G. (1991). Treating traumatic memories: a case report on the eye movement desensitization procedure. *Journal of Behavior Therapy and Experimental Psychiatry, 22,* 149–151.

Putnam, F. W., Guroff, J. J., Silberman, E. K., Barban, L. & Post, R. M. (1986). The clinical phenomenology of multiple personality disorder: Review of 100 recent cases. *Journal of Clinical Psychiatry, 47* (6), 285–293.

Raphael, B., Wilson, J., Meldrum, L. & McFarlane, A. C. (1996). Acute preventive interventions. In B. A. van der Kolk, A. C. McFarlane & L. Weisæth (Hrsg.), *Traumatic stress: The effects of overwhelming experience on mind, body, and society* (S. 463–497). New York: Guilford Press.

Renfrey, G. & Spates, C. R. (1994). Eye movement desensitization: A partial dismantling study. *Journal of Behavior Therapy and Experimental Psychiatry, 25* (3), 231–239.

Resick, P. A. & Schnicke, M. K. (1992). Cognitive processing therapy for sexual assault victims. *Journal of Consulting and Clinical Psychology, 60,* 748–756.

Resnick, H. S., Kilpatrick, D. G., Best, C. L. & Kramer, T. L. (1992). Vulnerability-stress factors in development of posttraumatic stress disorder. *Journal of Nervous and Mental Disease, 180* (7), 424–430.

Resnick, H. S., Kilpatrick, D. G., Dansky, B. S., Saunders, B. E. & Best, C. L. (1993). Prevalence of civilian trauma and posttraumatic stress disorder in a representative national sample of women. *Journal of Consulting and Clinical Psychology, 61* (6), 984–991.

Resnick, H. S., Yehuda, R., Pitman, R. K. & Foy, D. W. (1995). Effect of previous trauma on acute plasma cortisol level following rape. *American Journal of Psychiatry, 152* (11), 1675–1677.

Robins, L. N., Helzer, J. E., Croughan, J. L., Williams, J. B. W. & Spitzer, R. L. (1981). *NIMH diagnostic interview schedule. Version III* (Publication No. ADM-T-42- [5-81, 8-81]). Rockville, MD: NIMH, Public Health Service.

Roemer, L., Orsillo, S. M., Borkovec, T. D. & Litz, B. T. (1998). Emotional response at the time of a potentionally traumatizing event and PTSD symptomatology: A preliminary retrospective analysis of the DSM-IV criterion A-2. *Journal of Behavior Therapy and Experimental Psychiatry, 29,* 123–130.

Ross, C. A., Miller, S. D., Reagor, P., Bjornson, L., Fraser, G. A. & Anderson, G. (1990). Structured interview data on 102 cases of multiple personality disorder from four centers. *American Journal of Psychiatry, 147* (5), 596–601.

Roth, S. & Batson, R. (1997). *Naming the shadows: A new approach to individual and group psychotherapy for adult survivors of childhood incest.* New York: The Free Press.

Roth, S., DeRosa, R. R. & Turner, K. (1996). Cognitive-behavioral interventions for PTSD. In: E. L. Giller Jr & L. Weisæth (Hrsg.), *Post-traumatic stress disorder* (S. 37–81). Baillière's Clinical Psychiatry. International Practice and Research, Bd. 2 *(2).* London: Baillière Tindall.

Roth, S., Newman, E., Pelcovitz, D., van der Kolk, B. A. & Mandel, F. S. (1997). Complex PTSD in victims exposed to sexual and physical abuse: results from the DSM-IV field trial for posttraumatic stress disorder. *Journal of Traumatic Stress, 10* (4), 539–556.

Rothbaum, B. O. (1997). A controlled study of eye movement desensitization and reprocessing in the treatment of posttraumatic stress disordered sexual assault victims. *Bulletin of the Menninger Clinic, 61*, 317–334.

Rothbaum, B. O. & Foa, E. B. (1992). Exposure therapy for rape victims with posttraumatic stress disorder. *The Behavior Therapist, 15*, 219–222.

Rothbaum, B. O. & Foa, E. B. (1993). Subtypes of Posttraumatic Stress Disorder and duration of symptoms. In R. T. Davidson & E. B. Foa (Hrsg.), *Posttraumatic Stress Disorder: DSM-IV and beyond* (S. 22–35). Washington, DC: American Psychiatric Press.

Rothbaum, B. O. & Foa, E. B. (1996). Cognitive-behavioral therapy for posttraumatic stress disorder. In B. A. van der Kolk, A. C. McFarlane & L. Weisæth (Hrsg.), *Traumatic stress: The effects of overwhelming experience on mind, body, and society* (S. 491–509). New York: Guilford Press.

Rothbaum, B. O. & Foa, E. B. (1997). Kognitive Verhaltenstherapie für posttraumatische Belastungsstörungen. Formen und Wirksamkeit. In A. Maercker (Hrsg.), *Therapie der posttraumatischen Belastungsstörungen* (S. 51–73). Berlin, Heidelberg: Springer.

Rothbaum, B. O., Foa, E. B., Riggs, D. S., Murdock, T. & Walsh, W. (1992). A prospective examination of post-traumatic stress disorder in rape victims. *Journal of Traumatic Stress, 5* (3), 455–475.

Saxe, G. N., Chinman, G., Berkowitz, R., Hall, K., Lieberg, G., Schwartz, J. & van der Kolk, B. A. (1994). Somatization in patients with dissociative disorders. *American Journal of Psychiatry, 151* (9), 1329–1334.

Saxe, G. N., van der Kolk, B. A., Berkowitz, R., Chinman, G., Hall, K., Lieberg, G. & Schwartz, J. (1993). Dissociative disorders in psychiatric inpatients. *American Journal of Psychiatry, 150* (7), 1037–1042.

Schnyder, U. & Sauvant, J.-D. (Hrsg.) (1993). *Krisenintervention in der Psychiatrie*. Bern: Hans Huber.

Scott, M. J. & Stradling, S. G. (1994). Post-traumatic stress disorder without the trauma. *British Journal of Clinical Psychology, 33*, 71–74.

Serok, S. (1985). Implications of Gestalt therapy with post traumatic patients. *The Gestalt Journal, 8* (1), 78–89.

Shalev, A. Y. (1992). Posttraumatic stress disorder among injured survivors of a terrorist attack: Predictive value of early intrusion and avoidance symptoms. *Journal of Nervous and Mental Disease, 180* (8), 505–509.

Shalev, A. Y., Bonne, O. & Eth, S. (1996). Treatment of posttraumatic stress disorder: A review. *Psychosomatic Medicine, 58* (2), 165–182.

Shalev, A. Y., Orr, S. P., Peri, T., Schreiber, S. & Pitman, R. K. (1992). Physiologic responses to loud tones in Israeli patients with posttraumatic stress disorder. *Archives of General Psychiatry, 49* (11), 870–875.

Shalev, A. Y., Orr, S. P. & Pitman, R. K. (1992). Psychophysiologic response during script-driven imagery as an outcome measure in posttraumatic stress disorder. *Journal of Clinical Psychiatry, 53* (9), 324–326.

Shapiro, F. (1989a). Efficacy of the Eye Movement Desensitization procedure in the treatment of traumatic memories. *Journal of Traumatic Stress, 2* (2), 199–223.

Shapiro, F. (1989b). Eye movement desensitization: A new treatment for post-traumatic stress disorder. *Journal of Behavior Therapy and Experimental Psychiatry, 20* (3), 211–217.

Shapiro, F. (1995). *Eye movement desensitization and reprocessing: Basic principles, protocols, and procedures.* New York: Guilford Press.

Sherman, J. J. (1998). Effects of psychotherapeutic treatments for PTSD: A meta-analysis of controlled clinical trials. *Journal of Traumatic Stress, 11* (3), 413–435.

Skodol, A. E., Schwartz, S., Dohrenwend, B. P., Levav, I. & et al. (1996). PTSD symptoms and comorbid mental disorders in Israeli war veterans. *British Journal of Psychiatry, 169* (6), 717–725.

Smith, E. M. & North, C. S. (1993). Posttraumatic stress disorder in natural disasters and technological accidents. In J. P. Wilson & B. Raphael (Hrsg.), *International handbook of traumatic stress syndromes* (S. 405–419). New York: Plenum Press.

Smith, W. H. (1991). Antecedents of posttraumatic stress disorder: Wasn't being raped enough? *International Journal of Clinical and Experimental Hypnosis, 39* (3), 129–133.

Southwick, S. M., Yehuda, R. & Wang, S. (1998). Neuroendocrine alterations in posttraumatic stress disorder. *Psychiatric Annals, 28* (8), 436–442.

Spiegel, D. (1989). Hypnosis in the treatment of victims of sexual abuse. *Psychiatric Clinics of North America, 12*, 295–305.

Spiegel, D., Koopman, C. & Classen, C. (1994). Acute stress disorder and dissociation. *Australian Journal of Clinical and Experimental Hypnosis, 22*, 11–23.

Steil, R. (1997). *Posttraumatische Intrusionen nach Verkehrsunfällen. Faktoren der Aufrechterhaltung.* Frankfurt am Main: Peter Lang.

Steil, R., Ehlers, A. & Clark, D. M. (1997). Kognitive Aspekte bei der Behandlung der posttraumatischen Belastungsstörung. In A. Maercker

(Hrsg.), *Therapie der posttraumatischen Belastungsstörungen* (S. 123–143). Berlin, Heidelberg: Springer.

Steinkopff, B. (1997). Psychosoziale Behandlung bei traumatisierten Flüchtlingen. *Psychotherapie in Psychiatrie, Psychotherapeutischer Medizin und Klinischer Psychologie, 2* (1), 35–44.

Stutman, R. K. & Bliss, E. L. (1985). Posttraumatic stress disorder, hypnotizability, and imagery. *American Journal of Psychiatry, 142*, 741–743.

Summerfield, D. (1995). Addressing human response to war and atrocity: Major challenges in research and practices and the limitations of Western psychiatric models. In R. J. Kleber & C. R. Figley (Hrsg.), *Beyond trauma: Cultural and societal dynamics* (S. 17–29). New York: Plenum Press.

Taylor, S., Kuch, K., Koch, W. J., Crockett, D. J. & Passey, G. (1998). The structure of posttraumatic stress symptoms. *Journal of Abnormal Psychology, 107* (1), 154–160.

Tedeschi, R. G., Park, C. L. & Calhoun, L. G. (1998). *Posttraumatic Growth: Positive changes in the aftermath of crisis.* Mahwah, New Jersey, London: Lawrence Erlbaum Associates.

Terr, L. C. (1991). Childhood traumas: An outline and overview. *American Journal of Psychiatry, 148* (1), 10–20.

Tichenor, V., Marmar, C. R., Weiss, D. S., Metzler, T. J. & Ronfeldt, H. M. (1996). The relationship of peritraumatic dissociation and posttraumatic stress: Findings in female Vietnam theater veterans. *Journal of Consulting and Clinical Psychology, 64*, 1054–1059.

Timmons Mitchell, J., Chandler Holtz, D. & Semple, W. E. (1996). Posttraumatic stress symptoms in mothers following children's reports of sexual abuse: An exploratory study. *American Journal of Orthopsychiatry, 66* (3), 463–467.

Turnbull, G. J. & McFarlane, A. C. (1996). Acute treatments. In B. A. van der Kolk, A. C. McFarlane & L. Weisæth (Hrsg.), *Traumatic stress: The effects of overwhelming experience on mind, body, and society* (S. 480–490). New York: Guilford Press.

Ursano, R. J., Grieger, T. A. & McCarroll, J. E. (1996). Prevention of posttraumatic stress: Consultation, training, and early treatment. In B. A. van der Kolk, A. C. McFarlane & L. Weisæth (Hrsg.), *Traumatic stress: The effects of overwhelming experience on mind, body, and society* (S. 441–462). New York: Guilford Press.

van der Hart, O., Brown, P. & Turco, R. N. (1990). Hypnotherapy for traumatic grief: Janetian and modern approaches integrated. *American Journal of Clinical Hypnosis, 32* (4), 263–271.

van der Kolk, B. A. (1988). The trauma spectrum: The interaction of biolo-

gical and social events in the genesis of the trauma response. *Journal of Traumatic Stress, 1* (3), 273–290.
van der Kolk, B. A. (1996a). The complexity of adaptation to trauma: Self-regulation, stimulus discrimination, and characterological development. In B. A. van der Kolk, A. C. McFarlane & L. Weisæth (Hrsg.), *Traumatic stress: The effects of overwhelming experience on mind, body, and society* (S. 182–213). New York: Guilford Press.
van der Kolk, B. A. (1996b). The body keeps the score: Approaches to the psychobiology of posttraumatic stress disorder. In B. A. van der Kolk, A. C. McFarlane & L. Weisæth (Hrsg.), *Traumatic stress: The effects of overwhelming experience on mind, body, and society* (S. 214–241). New York: Guilford Press.
van der Kolk, B. A., Hostetler, A., Herron, N. & Fisler, R. E. (1994). Trauma and the development of borderline personality disorder. *Psychiatric Clinics of North America, 17* (4), 715–730.
van der Kolk, B. A., McFarlane, A. C. & van der Hart, O. (1996). A general approach to treatment of posttraumatic stress disorder. In B. A. van der Kolk, A. C. McFarlane & L. Weisæth (Hrsg.), *Traumatic stress: The effects of overwhelming experience on mind, body, and society* (S. 417–440). New York: Guilford Press.
van der Kolk, B. A., Pelcovitz, D., Roth, S., Mandel, F. S., McFarlane, A. & Herman, J. L. (1996). Dissociation, somatization, and affect dysregulation: The complexity of adaption to trauma. *American Journal of Psychiatry, 153* (Suppl), 83–93.
van der Kolk, B. A., Perry, J. C. & Herman, J. L. (1991). Childhood origins of self-destructive behavior. *American Journal of Psychiatry, 148* (12), 1665–1671.
van der Kolk, B. A. & Saporta, J. (1993). Biological response to psychic trauma. In J. P. Wilson & B. Raphael (Hrsg.), *International handbook of traumatic stress syndromes* (S. 25–33). New York: Plenum Press.
van der Kolk, B. A. & van der Hart, O. (1989). Pierre Janet and the breakdown of adaptation in psychological trauma. *American Journal of Psychiatry, 146* (12), 1530–1540.
van der Kolk, B. A., Weisæth, L. & van der Hart, O. (1996). History of trauma in psychiatry. In B. A. van der Kolk, A. C. McFarlane & L. Weisæth (Hrsg.), *Traumatic stress: The effects of overwhelming experience on mind, body, and society* (S. 47–74). New York: Guilford Press.
Warda, G. & Bryant, R. A. (1998). Cognitive bias in acute stress disorder. *Behavior Research and Therapy, 36*, 1177–1183.
Weiner, B. (1994). *Motivationspsychologie* (3. Aufl.). Weinheim: Psycholo-

gie Verlags Union (amerik. Original: *Human Motivation.* New York: Holt, Rinehart & Winston, 1980).

Weisæth, L. (1989). A study of behavioural responses to an industrial disaster. *Acta Psychiatrica Scandinavica, 80* (355, Suppl.), 13–24.

Weisæth, L. & Eitinger, L. (1993). Posttraumatic stress phenomena: Common themes across wars, disasters, and traumatic events. In J. P. Wilson & B. Raphael (Hrsg.), *International handbook of traumatic stress syndromes* (S. 69–77). New York: Plenum Press.

WHO (Weltgesundheitsorganisation) (1993). Internationale Klassifikation psychischer Störungen. ICD-10 Kapitel V (F) (2. korr. Aufl.; übersetzt und herausg. v. Dilling, H., Mombour, W. & Schmidt, M. H.). Bern: Hans Huber.

WHO (World Health Organization) (1992). *The ICD-10 classification of mental and behavioral disorders: clinical descriptions and guidelines.* Genf: WHO.

Winter, H. (1996). *Posttraumatische Belastungsstörung nach Verkehrsunfällen.* Frankfurt am Main: Peter Lang.

Wolpe, J. & Abrams, J. (1991). Post-traumatic Stress Disorder overcome by eye-movement desensitization: A case report. *Journal of Behavior Therapy and Experimental Psychiatry, 22,* 39–43.

Yalom, I. D. (1996). Theorie und Praxis der Gruppenpsychotherapie: ein Lehrbuch (4. Aufl.). Stuttgart: Pfeiffer bei Klett-Cotta (Original erschienen 1970: The theory and practice of group psychotherapy).

Yapko, M. D. (1994). Suggestibility and repressed memories of abuse: a survey of psychotherapist's beliefs. *American Journal of Clinical Hypnosis, 36* (3), 163–171.

Zlotnick, C. & Pearlstein, T. (1997). Validation of the structured interview for disorders of extreme stress. *Comprehensive Psychiatry, 38* (4), 243–247.

Zlotnick, C., Zakriski, A. L., Shea, M. T., Costello, E., Begin, A., Pearlstein, T. & Simpson, E. (1996). The long-term sequelae of sexual abuse: support for a complex posttraumatic stress disorder. *Journal of Traumatic Stress, 9,* 195–205.